村野藤吾建築案内

村野藤吾研究会 編

TOTO出版

村野藤吾 建築案内

序文

「サムシング・ニュー」菊竹清訓

日本の建築の独自性や存在感は、今や世界が認めるところであろう。とくに「和風」は強烈である。そして、この現代建築に日本の風土や人間味を織り込んだ「和風」を強く推し進められた建築家が、村野先生であることに異論はないだろう。

村野先生の作品には、日本の歴史性や地域性を感じさせつつ、必ず新たな可能性を見いだす「サムシング・ニュー」がある。この「サムシング・ニュー」への挑戦こそ、その本流を突き進んだ村野作品のすべてに脈々と息づく魅力ではないだろうか。このあくなき挑戦の証として、私には忘れられない体験がいくつかある。

ひとつは、現代建築の実験の場としての村野自邸（主屋は非現存）を見た時だった。この建築家の自邸ほど、ことごとく追求されつくした対象はないだろう。しかし、地震で建物が全壊し、あの見事な床柱も、繊細な建具も共に消えてしまった謎は、いつしか解き明かされる日がくるに違いない。もうひとつは、赤坂迎賓館完成の時だった。先生は、何くわぬ顔で“これも現代建築としてやった”とおっしゃって、西洋の様式建築復元の傍ら、庭の奥にひっそり小さなせせらぎをあしらわれていたことを明かされた。これは元からあったものではなく、ふち石から、敷石、杭まで、すべて村野先生が自ら指揮して新たに付け加えられた「和み」のしつらえであって、ささやかながら、なくてはならない「村野和風」となっていたことに、ひたすら感銘をうけた。

さらに、外柵を白色に塗り替えられたことについてお尋ねすると、眼光鋭く“黒は権力の象徴であって、日本はこれから民主的環境を目指さなければならない。そのためです”と大変厳しくおっしゃった。私の勝手な想像かもしれないが、様式建築の改修という条件のもとですら、村野先生の“できるところで徹底的にやる”という覚悟は揺らぐことなく、「サムシング・ニュー」への厳然たる信念に突き動かされていたのではないか。

こうして列挙していくときりがないが、外観はもとより、家具や調度、照明、色彩、ディテール、材料に至るまで村野先生の強靱な感性が貫かれており、その成果は村野作品の随所にちりばめられている。劇場、ホテルなどもさることながら、庁舎やオフィスといった制限の厳しいものにも必ず「サムシング・ニュー」があり、それが「村野流」、「村野好み」である。

今回の『村野藤吾建築案内』ほど包括的に村野作品をとりあげたものはない。それはきっと、現代の私達にも何かを問いかけてくれるだろう。是非この案内書を頼りに、村野先生の思索の軌跡を各人で実際に見届けて欲しい。そこで村野先生の抵抗と決断に触れる時、現代建築、さらには私たちの生活をより人間的なものにする、あなた自身の「サムシング・ニュー」の発見につながるかもしれない。

目次

コラム

資料編

略歴

村野藤吾《むらのとうご》

1891［明治24］年	出生（5月15日佐賀県唐津） 10歳位まで乳母の家（漁師）の家に育つ
1913［大正2］年	早稲田大学入学
1915［大正4］年	早稲田大学電気学科から建築学科に転科
1918［大正7］年	早稲田大学理工学部建築学科卒業 渡辺節建築事務所入所
1919［大正8］年	論文「様式の上にあれ」を『建築と社会』に発表
1920［大正9］年	日本興行銀行の設計準備のためアメリカ出張
1929［昭和4］年	渡辺節建築事務所退所 村野建築事務所開設
1930［昭和5］年	建築研究のためアメリカ・ヨーロッパ外遊
1935［昭和10］年	ドイツ政府から赤十字名誉賞受賞
1949［昭和24］年	村野・森建築事務所と改称
1953［昭和28］年	建築研究のためアメリカ・ヨーロッパ外遊　日本芸術院賞受賞 大阪府芸術賞受賞
1954［昭和29］年	丸栄百貨店により日本建築学会賞受賞
1955［昭和30］年	日本芸術院会員
1956［昭和31］年	世界平和記念聖堂により日本建築学会賞受賞
1957［昭和32］年	建築研究のためアメリカ・南アメリカ外遊
1958［昭和33］年	建築行政に関し大阪府知事から表彰を受ける 建設大臣から表彰を受ける　藍綬褒章受賞
1959［昭和34］年	日本建築家協会関西支部長
1960［昭和35］年	建築研究のためアメリカ外遊　八幡市民会館により第1回BCS賞受賞
1962［昭和37］年	輸出繊維会館により第3回BCS賞受賞　日本建築家協会会長 建築研究のためアメリカ外遊
1963［昭和38］年	王立イギリス建築家協会名誉会員　中央建築士審議会会員 早稲田大学文学部により建築年鑑賞受賞
1964［昭和39］年	尼崎市庁舎により第5回BCS賞受賞
1965［昭和40］年	日本生命日比谷ビル（日生劇場）により日本建築学会賞受賞
1967［昭和42］年	文化勲章受賞
1969［昭和44］年	大阪ビルヂング（八重洲）・千代田生命本社ビルにより 第10回BCS賞受賞
1970［昭和45］年	バチカンより大聖グレゴリウス騎士章受賞 アメリカ建築家協会名誉会員
1972［昭和47］年	永年にわたる優秀な建築の創作活動による建築界への貢献により 日本建築学会建築大賞受賞 箱根樹木園休息所により第13回BCS賞受賞
1973［昭和48］年	早稲田大学より名誉教授称号授与される
1974［昭和49］年	迎賓館改装の功績に対し皇室より御紋章入り銀盃壱組下賜、 総理大臣・建設大臣より感謝状を受ける
1975［昭和50］年	日本興業銀行本店により第16回BCS賞受賞
1976［昭和51］年	西山記念会館により第17回BCS賞受賞
1977［昭和52］年	小山敬三美術館により毎日芸術賞受賞
1980［昭和55］年	迎賓館改修により第6回明治村賞受賞 箱根プリンスホテルにより第21回BCS賞受賞 カトリック教徒としてラサール神父より受洗を受ける
1984［昭和59］年	新高輪プリンスホテルにより第25回BCS賞受賞 11月26日心筋梗塞のため死去

21世紀に村野藤吾が甦る —— その歴史的な意味を探る

長谷川 堯 建築評論家／武蔵野美術大学名誉教授

村野藤吾

最近になって、村野藤吾という1891（明治24）年生まれの、つまり19世紀の世紀末に生まれ、20世紀の第2四半期以降、設計者として持続的に活躍し、1984（昭和59）年、93歳という高齢で亡くなる直前まで設計活動に従事してきたひとりの建築家についての《再評価》の試みが、各方面で行われ始めている。

現在、村野藤吾という建築家が改めて注目されている理由は、一言で言うとすれば、20世紀の建築と都市のあり方を提言し、実際にその提言内容を実現してきた《モダニズム》の思想や理念が根本から揺るぎ始め、彼ら〈モダニスト〉たちが永遠のものとして築き上げた“バベルの塔”が、まさに崩壊の危機に直面しているからである。後で述べるように、村野は彼が本格的に設計活動を開始した1920年頃から、亡くなるまでの60数年間の間、建築設計者として一度もこの《モダニズム》の理念や手法に、根底から賛意を表明したことはなかったし、自分自身の立場を〈モダニスト〉として表明したことはなかったからである。

1920年代の中頃に、この《モダニズム》の建築論を世界に向かって声高に叫んだ先駆的な〈モダニスト〉たち、たとえばル・コルビュジエやワルター・グロピウスたちは、《モダニズム》が将来実現するであろう建築的世界は、まったく新しく、また歴史的にみても前例のないような建築や都市であり、その実現によってこれまでのすべての建築や都市は、いわば過去の遺産として整理され、清算されて消えていくことになるだろう、と。言い換えれば、歴史の中で、これまでさまざまな変遷と積層を重ねてきた建築《様式》はすべて廃棄され、最終的には、一部に歴史的な記念建造物などを残すだけで、後は

《新様式》つまりは《モダニズム》のスタイルで統一されることになるだろうと予言し、またそれを断言した。同時にその《革新的様式》は、目覚ましい発達を遂げる科学技術を背景にした高度の工業力の進展によって、地球上のあらゆる地域の自然環境の変化にも負けない、世界共通の《国際建築》として実現するはずであるとも提言し、その結果として、歴史という〈時間軸〉からも、風土という〈空間軸〉からも解き放たれ、それらすべてを超越した、文字通り最終結論、最終到達点としての《新様式》となるだろう、と高らかに宣言した。彼らはこのような建築や都市が実現する《未来》に向かって邁進することこそが、近代建築家としての基本的な姿勢であると公言して憚らなかったし、それとともに自分たちが設計する建築の中から、過去の建築《様式》を少しでも連想させるようなものは徹底的に排斥しようとし、そうした残滓が少しでも設計の中に見出されることを一種の〈罪悪〉とさえ考えるまでになっていたのだ。

森五商店東京支店(1931)

日本の建築界へ、この種の本格的な《モダニズム》の建築の理念や設計手法がヨーロッパから伝達され始めたのは1920年代の終わり頃であった。その直後の1930年代の初め、村野藤吾も、たとえば森五商店東京支店(1931 p214)や大阪パンション(1932 p048)といった、一見合理主義的な幾何学形態で全体が統一された作品を発表し、その種の建築が日本の建築界にほとんど見出せなかったこともあって、先駆的な《モダニスト》のひとりとして脚光を浴びたことがあった。

キャバレー・アカダマ(1933)

叡山ホテル(1937)

しかし村野は、こうした〈モダン〉な印象の強い作品とほぼ並行して、同じ時期に《表現主義》を思わせる神戸大丸舎監の家(1931 p244)や、《ロシア構成派》風のキャバレー・アカダマ(1933)や、さらには日本の《数寄屋造》を思わせるような屋根をもつドイツ文化研究所(1934 p194)や叡山ホテル(1937)を設計するといった具合に、《モダニスト》たちが嫌悪した、(村野自身の言葉を借りて使えば)《折衷主義》の手法を、自分の設計方法として決して手放すようなことはしなかったのだ。

こうした村野の設計手法を見て、純粋な《モダニズム》の世界、つまり〈歴史〉や〈風土〉といった制約を超越した世界の実現を目指す側の建築家たちからは、その後村野は事あるごとにその"不徹底"さを指摘され非難されることになり、戦後に至っては、読売会館・そごう東京店(1957 p124)や、大阪新歌舞伎座(1958 p146)や、日本生命日比谷ビル[日生劇場](1963 p152)などのデザインによって、村野はもはや近代建築家と呼ぶに値しない、それよりもそれ以前の《様式主義》の建築家のいわば生き残りというべきだ、といった評価を押しつけられるようになり、少なくとも1960年代までは、彼が設計した作品のほとんどは、いわば時代遅れの乱れ咲き、といった侮蔑的なまなざしのもとに見られることが多かったのである。

大阪新歌舞伎座(1958)

しかし《モダニズム》一色に塗りつぶされた観のあった1950〜60年代の日本の建築界の一般的な評価は、村野の側からすれば非常に心外なものであったことは言うまでもないことであり、さまざまな場面で村野は《モダニスト》たちとの間で意見を対立させ、同時に〈モダニスト〉たちの教条的ながなり立ての中で、自らの真意がかき消されてしまうことに苛立ちを隠さなかったように思われる。

村野が、いわば教条主義的な《モダニスト》たちに向かって最も強く主張したいと考えた点は、彼らが執拗に確信しているように、《モダニズム》の建築はそれ以前のさまざまな建築の歴史をすべて超越した後の、最終到達点といったものとは到底認められない、ということであり、と同時に高度の工業力を背景とした近代建築といえども、地球上の多様な地理的位相が生み出す、それぞれの環境の差異や、その中で醸成されてきた風土性といったものを無視した建築設計、つまり《国際建築》などはもともと成立するはずのないものである、という点であったに違いない。結論を先にすれば、村野はそうした《モダニズム》の側の主張を、それが叫び始められたほとんど最初の時点から"虚偽""欺瞞"の説として、まったく信用していなかったはずだし、そうした《未来》を実現することが近代建築家の〈使命〉だなどとは、彼は露ほども考えていなかったのである。

逆に村野は、《モダニズム》が提示するような建築デザインもまた、新しい時代が生んだ新しい1つの《様式》であることは認めるとしても、それはまさしく数多くの《様式》の中の、新参の1つの《様式》であって、他のすべての様式を駆逐したり凌駕したりするような特別のものではないし、ある時、自分の建築設計に《モダニズム》の形態や空間を採用したとしても、"one of those"としての選択であり、《ロココ》や《表現主義》や《数寄屋》を選んでデザインする場合と基本的に変わるところはない、と相対化して扱うのである。

現在の深刻な“地球温暖化”の大きな原因の1つとして、大量の建築空間を〈生産〉するために大量のエネルギーが使われることだけではなく、その空間を〈消費〉する過程で、ランニング・コストとして建築や都市がその内外で使う膨大なエネルギーがあったことは明らかである。地球上どこに行っても出合うようなこのような《国際》的な建築様式に埋め尽くされた巨大な都市環境を考えると、《モダニズム》の誤った世界観や建築観がもたらした弊害の深さを思い知らされるような気がしてならない。

村野は大学の建築科を卒業した翌年の1919(大正8)年、「様式の上にあれ」という長編の論文を大阪の建築雑誌に寄稿して、タイトル通りにこれからの建築家は、〈過去〉の様式はおろか、〈現在〉や〈未来〉の様式をも離脱しなければならないと書いているが、注目すべき点は、彼がなぜ〈未来〉の《新様式》をも放棄し、すべての様式的な制約を超越しなければならないと考えたか、という点である。

「現代は目的に真理を認めんとするの時代か、過程に真理を認めんとするの時代かと云えば、大観して之れを後者なりと断言せざるを得ない」

とし、その「過程」を生きる者、つまり「現在」を生きる自分を、《未来主義者》でも《過去主義者》でもない、まさに《現在主義者《プレゼンチスト》》であると規定した後、次のように書いている。

「現代建築様式の煩悶は、如何にして此の無目的なる傾向を宗教と倫理とに約して、その商を見出さんかと云ふに存する。換言すれば、如何にして過程の真を目的の真に調和せしめんかと云ふにある。之がためには即ち科学をヒュウマナイズする以外に、吾等に残されたる何等の方法もないと信ずるものである」「つまり現代建築様式の邪道に陥りし原因は、将に破綻せる科学に対する無批判なる全信頼に存するのである」

村野が1919年において目撃している現実と、それから1世紀近くも後の私たちが眼前にしている現実との間の内容の差は、あまりにも大きなものがあり、この2つを同じように論じることはできないとしても、村野がそこで指摘している事実、たとえば「破綻せる科学に対する無批判なる全信頼」や、「過程の真を目的の真に調和」させるためには、「科学をヒュウマナイズする以外に、吾等に残された何等の方法もない」という見解は、今現在においても基本的に間違った指摘とはいえないように思われる。科学や技術を無制御に発展させ、野放図にのさばらせるのではなく、人間や、その他この地球上で生きとし生けるものの側にそれを引きよせて制御すること。そうした制御の手法として村野は建築のデザインを考えたいと、ここで高らかに宣言しているのは、間違っているどころか、慧眼に驚くばかりである。村野はこのとき「現代建築様式の邪道に陥りし」姿を典型的に示す例として、ニューヨークですでに林立しはじめていた「スカイスクレーパー」による「マンハッタンの奇観」をあげていたが、まさにそのような《未来主義》的な野放図が、工業技術に対する「無批判なる全信頼」の結果として、約1世紀後の今、世界中の都市や建築として出現してしまったのである。

村野建築の紐解き方――村野建築の見所を探る

佐藤健治　建築家／矩須雅建築研究所／元村野・森建築事務所所員

アプローチ

控えめで静かな佇まいが印象的であり、まさに序章の感がある。道は折れ曲がり、植栽に隠されて建築はなかなか全貌を見せない。どこか茶室の露地を彷彿とさせるのは、村野が武者小路千家の茶人という一面をもっていたからなのかも知れない。

ファサード

渡辺節建築事務所での修行時代、村野は「様式を学んだのではなくその様式美のもつ本質――プロポーションや陰翳の効果を学んだ」と語っている。自身の処女作といわれる森五商店東京支店（1931 p214）では窓回りの意匠に徹底してこだわることによって、シンプルでありながら建築表現のもつ本質を追求したように感じられる。この作品を原点として村野のファサードデザインは多様に変化してゆく。

足元回り

「地面から生え出たような」とも形容される足元回りの意匠は、村野独特の造形スタイルである。ル・コルビュジエが提唱し、ピロティによって建築が地面から切り離された時代にあっても、村野の作品はしっかりと大地に根を下ろす。この手法は変わることがなく、その姿勢は晩年まで続いた。他の作家に例をみない村野独自の優れた造形性の1つといえるだろう。

植栽

植栽は建築の一部であり、切り離せないものである。箱根プリンスホテル（1978 p063）のロビーはその正面に樹木が見えるように位置が決定されたともいわれている。村野はその配置だけでなく建物に落とす影の表情にまでこだわりぬいたといわれている。作為的に映るものを嫌い、自然でさりげない雑木林のような風情を好んだ。

屋根・パラペット

屋根は勾配を緩く軒を深くして、陰翳の深い静かな佇まいを醸し出している。時には大胆に曲線を用いて変幻自在である。ビルのパラペット（最上部）は装飾を施したり、透かしや角《つの》状に突起を出したりして、その建築ごとに表現が変わり興味深い。スカイラインは建築のシルエットが美しく見えるように細心の注意が払われている。

キャノピー（庇）

キャノピーはそれ自体が完成された彫刻である。建築を訪れて最初に引き付けられるのが表情豊かなキャノピーである。船舶工場で加工された1枚鋼板の叩き出し、コンクリート、鉄骨、アルミダイキャストまで構造や素材、大きさや形状に至るまでさまざまであり、目を楽しませてくれる。村野の人を建築へ迎えることへの強い思いが感じられる。

目地

タイル貼りの壁面は目地の表情ひとつでまったく異なる印象を与えるものである。世界平和記念聖堂（1954 p020）では、粗い表情の目地が建物全体に優しい陰翳を生み出し、深い印象を与えている。作品の中で村野の目地へのこだわりは、幅や深さにとどまらず、出目地、すり切り目地、洗出しといった目地そのものの表情にまで及んでいる。

螺旋階段

村野が得意とする螺旋階段は美しい曲線が多用され、上り下りする時の視覚の変化や歩行感、手すりの滑らかさといった感覚を通して人と建築が一体となるように考えられている。階段の1段目は床から浮いて見えるようにデザインされ、また最初の踊り場が低めにあることも人の感覚（人に与える安心感）と造形美の融合に迫ろうとする村野の意気込みが感じられる。村野作品に見られる階段はそれ自体が完成された一個の芸術作品のようである。

インテリア
「肌触りのよい建築」と表現されるように、人が馴染みやすく心地のよい空間をつくるために視覚的にやわらかく深みのある素材感やテクスチャーを追求した。柱や梁、家具などのすべての角《かど》を取り、空間が優しい印象を与えるよう細部まで丁寧に考えられている。面で空間が変わるとまでいわれ、出角は平面や丸面、入角はアールに処理するなど端部の取り合いに特別の配慮がみられる。

家具
村野は「家具をちゃんとデザインすることができれば、大きな建築の設計も十分こなすことができる」と話していた。その言葉通り家具は機能と美を備えていなければならない。村野作品で家具は空間を強く印象付ける中心的な役割を担っている。そうして出来上がった椅子は座り心地はもちろんのこと、座った時にその人が美しく見えるようにデザインされている。

照明器具
素材はさまざまで、ガラスはもちろんのことFRP、雲母、和紙、木、布、金属、アクリルを使ったものなどがある。モビールの釣竿、ガラスの灰皿やサラダボールを転用したシーリングライトやダウンライト、玩具や植物さらには生物までモチーフに用いるなど、常識にとらわれない創意工夫がみられる。

素材
門扉や手すりの装飾などにアルミダイキャストが用いられる程度であった時代にビルの外装としてアルミを大々的に用いたり、工芸品の装飾に使われていたアコヤ貝を大胆に劇場の天井に貼るなど、村野独自の発想で今まで存在しなかった空間が実現した。インド砂岩のモルタルによる塗り込め、アクリルの飾り、ドレープを用いた美術館の天井など、素材と職人芸、伝統と当時の最先端の技術が一体となって空間を包み込んでいる。

協力芸術家
ガラスモザイクやステンドグラスを手がけた作野丹平、タイル壁画や大阪新歌舞伎座の鬼瓦などを手がけた彫刻家の辻晋堂、世界平和記念聖堂の欄間を手がけた圓鍔勝三、新高輪プリンスホテルのうず潮にある彫刻を手がけた多田美波、早稲田大学文学部ホールおよび日生劇場ホワイエの床の大理石モザイクを手がけた長谷川路可、箱根プリンスホテル宴会場の大理石モザイク壁画を手がけた矢橋六郎、日生劇場や千代田生命のガラス彫刻を手がけた岩田藤七、日生劇場のレストラン壁画やテキスタイルデザインのリチ・上野・リックス、丸栄や髙島屋のエレベータ扉の東郷青児など多くの芸術家が村野の作品に彩りを添えている。

和風
装いは作品や部屋ごとに異なり、それぞれに卓越した設えを見ることができる。特に残月床には特別のこだわりがあり、多くの作品に残され村野和風の代名詞にもなっている。洞床や木瓜の形は村野自らが引いた線をそのまま職人が写し取って仕上げたといわれる。天井では和紙や網代を使った光天井をいち早く取り入れ、現代の数奇屋空間での照明のあり方を見事に解決している。作家の井上靖は村野自身を「きれい寂び」と評した。

教会・修道院・寺院

作品解説：内田文雄［HU］
越後島研一［KE］
小田恵介［KO］

手の集積として
内田文雄

村野藤吾は、さまざまな施主の依頼を受けて、商業建築を中心に自在に設計活動を展開しているが、宗教建築においてもキリスト教系、仏教系を問わず、いくつもの興味深い作品を残している。純粋な宗教建築としては、南大阪教会(1928 p018)、世界平和記念聖堂(1954 p020)、宝塚カトリック教会(1965 p024)、西宮トラピスチヌ修道院(1969 p028)などのキリスト教教会、桜井寺(1968 p026)、信貴山成福院客殿(1970 p031)などの仏教系施設である。ここではほかに大学キャンパス内にある教会として、日本ルーテル神学大学礼拝堂(1969 p027)が加えられている。

とりわけ、世界平和記念聖堂、宝塚カトリック教会、西宮トラピスチヌ修道院は、村野の設計活動の中で特に重要な意味をもっている作品である。

宗教施設は、コストの問題はあるが、純粋に建築空間の実現へ力を集中できるという特徴がある。村野の作品に通底する、近代合理主義建築が触れなかった科学で分析できない人間の感覚や印象を、具体的な空間とどのようにつないでいくか、人間の精神性や人間性を具体的な建築空間の中でどう実現していくかという一貫したこだわりを、これらの作品において現場でのものづくりの手法の中に強く見ることができる。

世界平和記念聖堂の設計においては、日本的空間の実現、現代建築としての合理性、宗教建築としての印象性、記念建築としての荘厳性を備えることなどが求められた。現場に関わる人の思いをつなぐこと、力を合わせてものをつくる人の手の集積と美しい精神的な労働に包まれていることを大切にしたものづくりを実践している。村野は、竣工時、難航した工事を振り返り、期待通りの結果が得られなかったことを詫びながら「10年経った時には何とか見られるようになりましょう」と挨拶した。そしてその予言の通り、その後全体がくすみ、銅板葺きの屋根は緑青が吹いて、何とも言えぬ味わいが増してきている。時間という概念を建築の中に位置づけ、近代合理主義建築に対して無言の警鐘を鳴らしている。

宝塚カトリック教会では、建物を植物のように地面から生え出るような形でつくり、大地と建築をつなぐ意図が明確だ。これはその後の日本ルーテル神学大学や箱根樹木園休息所(1971 p058)、谷村美術館(1983 p040)等の造形へつながっている。また、西宮トラピスチヌ修道院では、機能に従っていくつかのブロックをつくり、それらを回廊や廊下でつないで中庭をつくり出している。中庭に向けて建物を開いて建築全体を呼吸させるという空間構成は、建築が自然や環境の中でどうあらねばならないかについて強い示唆を与え、その後の建築作品へつながる重要な意味をもっている。

建築家／山口大学大学院教授

南大阪教会

1928年／1981年[改築]

大阪市阿倍野区阪南町1-30-5

南大阪教会は、大阪基督教会の50周年事業として設立された。
村野が渡辺節建築事務所を退所し独立する前に匿名で設計したもので、村野個人としては事実上第1作目の作品であり、現存する最初期の作品として貴重である。1928年の竣工当時は、鉄筋コンクリート3階建ての塔と、木造平屋建ての礼拝堂とで構成されていた。その後、老朽化と収容力の問題で1981年に村野の設計で改築されている。塔の部分は竣工当初のまま残され、礼拝堂は新たに建て替えられた。塔部分の単純で明快な形態とコンクリート面にモルタルを塗り、筋目の残る掻き落しのざらっとした質感と、西面の開口(透かしの壁)の対比が美しい。塔の意匠にはオーギュスト·ペレのル·ランシーの教会堂の影響を窺うことができる。改築された礼拝堂は曲面の壁の組み合わせで構成し、光を取り込む工夫が凝らされ、その後の谷村美術館(1983 p040)などにつながる造形を見ることができる。[HU]

2

3

4

①礼拝堂内部
②礼拝堂内部側面
③祭壇上部の見上げ（トップライト）
④聖歌隊席上部見上げ（トップライト）
⑤側壁開口部に設けられたシート
⑥2階聖歌隊席
⑦建設当時の姿が残っている道路側の塔
⑧改築された礼拝堂エントランスまわり

世界平和記念聖堂［カトリック幟町教会］

1954年

広島市中区幟町4-42

原爆により倒壊した教会を、世界各国のカトリック信者からの多大な寄付によって世界平和への祈りをこめて、1954年に再建したものである。
大きな会堂、高塔、記念聖堂、洗礼堂などのボリュームのバランスが美しい調和の妙を見せている。外観はラーメン構造の柱と梁をコンクリート打ち放しで表し、その間に現地の砂を含んだセメントレンガを積んでいる。レンガは目地を大きく取り粗く仕上げ、所々飛び出させて積んであるため、陰影をもち、光の動きとともに豊かな表情をたたえている。
教会堂は、身廊の単純な骨組みに添ってアーチ状の側廊が並び、カトリック教会の伝統的空間形式を踏襲している。壁面は、蛭石入りのプラスター塗りで、白い平らな平面がやわらかく聖堂の内部を包んでいる。簡素に仕上げられた内部空間に、伝統的な州浜型開口部にはめ込まれたステンドグラスを通した光が深い色を投げかけている。2006年、国の重要文化財に指定された。終戦後の村野の代表的な作品である。［HU］

2

①西側正面外観
②正面入口扉
③南側外観：円筒状内部は授洗聖堂
④北側外観
⑤内陣外部のバラ窓
⑥北側塔まわり
⑦外壁詳細

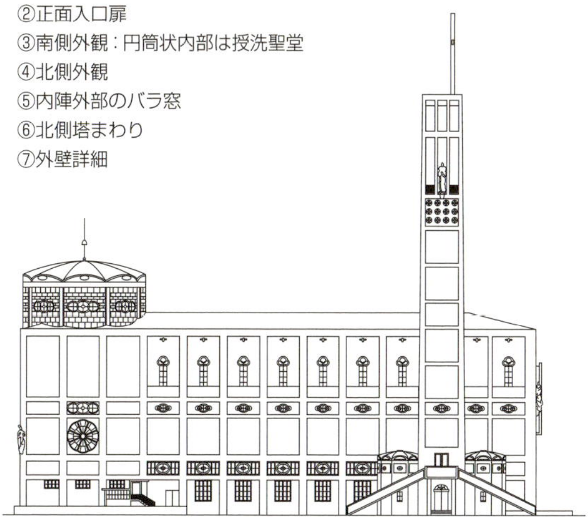

立面

世界平和記念聖堂

⑧聖堂内部：2階回廊から見る
⑨照明器具
⑩聖堂内部
⑪内陣
⑫側廊見上げ
⑬聖堂全景
⑭ステンドグラス
⑮回り階段

9

10

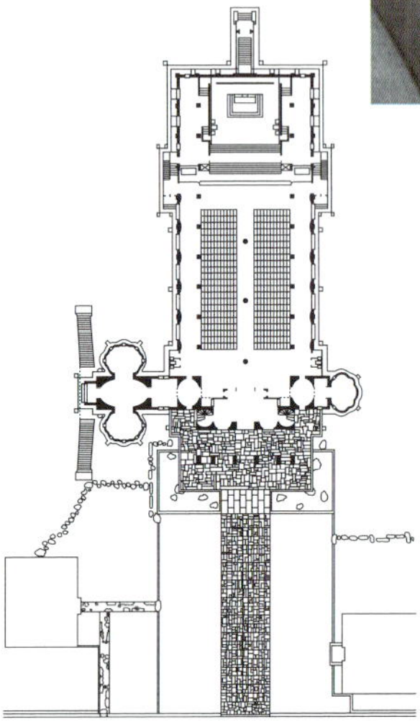

平面

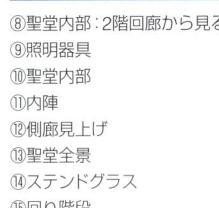

8

11

12

13

14

15

宝塚カトリック教会

1965年

兵庫県宝塚市南口1-7-7

阪急今津線の線路脇の狭い敷地に建ち、東西に長い三角形の平面で構成されている。西側を正面として湾曲する壁の北寄りに入口がある。東側の頂点に祭壇が置かれ、西南の角に小聖堂が配されている。全体はうねるような曲面で構成され、一部つまみ上げたように高くなったところが塔となり、その下に祭壇がある。外壁は粗い色モルタルの吹き付けで仕上げられ、荒削りの質感が全体のうねるような形態を強調している。地元では、「白くじら」「なめくじ教会」などの愛称で親しまれている。

外観の印象は内部空間へも連続し、信者席の天井は波打つようなやわらかい小幅の板張りで、祭壇へ向かって高くなり、祭壇の後には塔から落ちる光が降り注ぐ。側面の壁はずらされ、スリット状の隙間から粗い吹き付けの壁を舐めるように光が差し込む。外壁と大地の境目を曖昧にし、大地から生え出るような造形は、その後の、日本ルーテル神学大学（1969 p208）、箱根樹木園休息所（1971 p058）、小山敬三美術館（1975 p037）へとつながっていく。[HU]

3

①東側外観：祭壇の上部が塔を兼ねる
②西側全景
③入口側外観
④信者席：祭壇を見る
⑤アルコーブ
⑥信者席天井

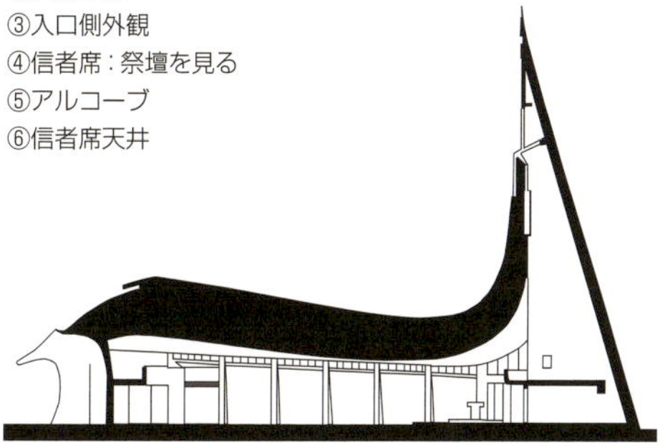

断面

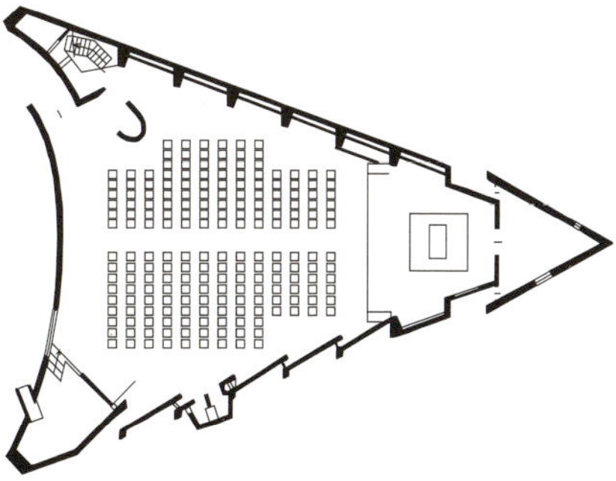

平面

桜井寺

1968年

奈良県五條市須恵1-3-26

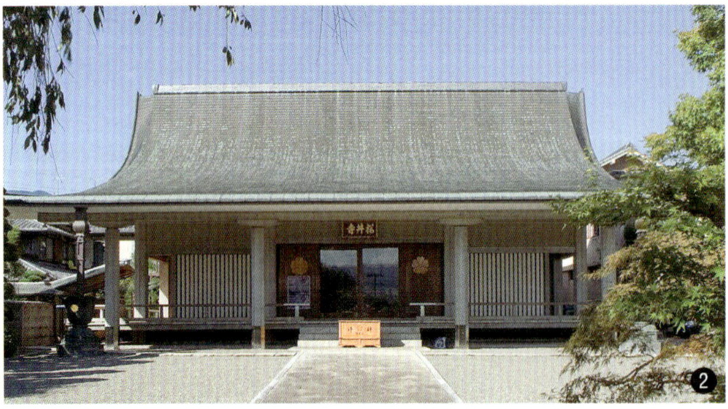

幕末、尊王攘夷派の天誅組が挙兵し本陣とした浄土宗の古刹。天暦年間(947-957)、桜井康成の創建と伝えられている。1968年、村野の設計により鉄筋コンクリート造で建て替えられた。JR和歌山線五条駅に程近く、国道24号線に沿って北側の一段高いレベルに位置している。
東側から階段を上って山門をくぐり右に折れると正面に本堂。本堂と対峙して南の端に鐘楼があり、西側には参道からは塀で仕切られた信徒会館がある。参道に佇むと、山門、本堂、鐘楼、信徒会館に囲まれて心地よいスケールで構成されている。
それぞれの建物は大きな反りのある銅板葺きの屋根が棟をずらして拝むように合わせられた形が特徴的である。本堂の正面には八角形に面取りされたコンクリート打ち放しの4本の柱が立ち並び、根元は厚いステンレスで巻かれている。この本堂のまわりには広い回り縁がめぐり地面から浮いている。
山門と鐘楼の柱は丸型の鉄骨で白く塗られた軽快な構成である。南西の吉野川沿いの旧街道には江戸時代からの町並みが保存されている。[KO]

①本堂外観詳細：屋根が手前に大きく延びている
②本堂正面
③山門：屋根は本堂と同様反りがある
④墓地から見る鐘楼と庫裏·本堂の屋根
⑤本堂内部

内覧は要申込　map07

日本ルーテル神学大学 礼拝堂［現：ルーテル学院大学 礼拝堂］

1969年
東京都三鷹市大沢3-10-20

村野の他の教会作品は片側に塔がそびえるが、この礼拝堂は例外。高さではなく、対称性の強調と、他施設から際立った造形の密度によって、過度な強調を避けた、しかし確かな主役となっている。
表現の基調は、「壁」というより「板」の造形で、外観では、対称軸を強調する「垂直面の並立」に集約されている。こうした並立の姿は、日本の近代建築が変わりつつあることを象徴する兆候でもあった。日本興業銀行本店（1974 p108）や西山記念会館（1975 p158）にも見られ、老村野の時代感覚の鋭さを映している。内部でも、板状の柱と梁がかみ合う姿をはじめとする、ダイナミックな構造表現が空間の強さをつくる。加えて、縦長の開口の巧みな扱い、簡易ながらも微妙な光の変化をつくるステンドグラスなどが、静謐で簡素だが豊穣な礼拝空間を演出している。
このキャンパス全体の印象を独自なものにしている要因の1つが、外壁の足下が見切られずに地面と連続するように表現されている点だ。礼拝堂の接地部分では特にそれが顕著で、外壁は単なる垂直面ではない、生きた、なめらかに大地から生え上がる存在となっている。[KE]

①チャペル
②洗礼室
③ステンドグラス
④チャペル内部と庭
⑤東側外観

西宮トラピスチヌ修道院［シトー会西宮の聖母修道院］

1969年

兵庫県西宮市鷲林寺町3-46

①中庭全景：外壁はRC打ち放し、
現在はモルタルガン吹き付け
②中庭とガーゴイル（雨水排出口）
③回廊
④中庭

正式名称は「シトー会西宮の聖母修道院」。日本では西宮をはじめ函館、那須、伊万里にあるシトー会系修道院のひとつである。六甲の南東斜面山林の中にあり、森林を伐採した以外はほとんど自然の地形をそのままにして建てられている。シトー会系修道院には踏襲すべき理想的平面形があり、村野も設計過程でその理想型の実現に取り組んでいる。聖堂は南北に軸を置き、至聖所を北側に置いたラテン十字型プランの構成になっている。至聖堂の東側には納室、集会室、食堂（下層階は裁縫室·製木室など作業室）の棟が延び、聖堂の南側には病室、勉強室、ドミトリーの棟が延び、2つの棟を会議室（下層階はドミトリー）の棟がつなぎ、中庭を構成している。中庭をめぐる吹き放ちの空中回廊が施設全体をつないでいる。南東斜面のレベル差を列柱による四層の立体的な構成で解決している。修道院の理想型を追求する過程で、コルビュジエのラ·トゥーレットを意識していたことが窺われるが、ル·トロネ修道院によりどころを求めたことは明らかで、「まわりの美しい自然環境と建物が一体化するようなものであること、女子修道院としてある種の優しさと暖かさが必要だと思った」という村野のイメージが実現されている。［HU］

1

2

4

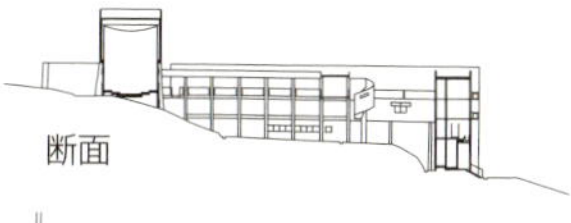

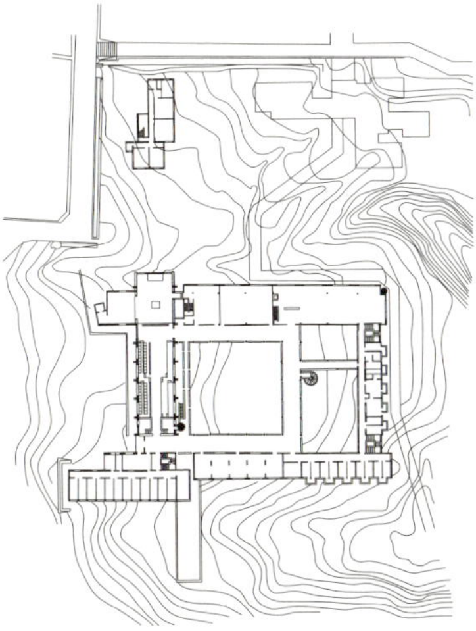

西宮トラピスチヌ修道院

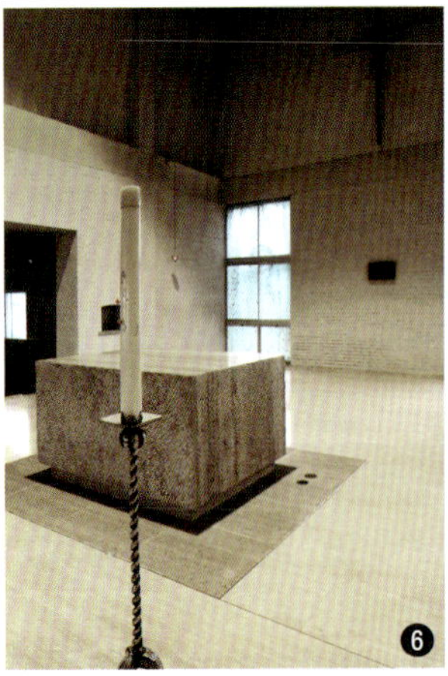

⑤聖堂：窓はすべてステンドグラス
⑥至聖所
⑦ステンドグラス詳細（作野旦平作）
⑧祭壇より
⑨ドミトリー：バルコニーが表情をつくる
⑩聖堂の門番入口へ

信貴山成福院客殿

1970年
奈良県生駒郡平群町信貴山

大和国信貴山は、聖徳太子の開山による日本最初の毘沙門天の霊山。毘沙門天は寅年・寅日・寅刻に信貴山に出現され、七福神の随一、商売繁盛、福徳開運、交通安全のご利益あらたかな福の神さまとして古来より人々の篤い信仰を集めてきた。大門池にかかる開運橋を渡って大寅のいる赤門に至る。緑が鬱蒼と繁る山内には多くの塔頭がひしめき、千手院、本坊、成福院、玉蔵院、本堂へと続く。本堂からは大和平野を一望できる。
この成福院客殿は、宿坊、信徒会館として、大阪万博来訪者の宿泊施設として建設された。外壁はコンクリート打ち放しで、全体に優雅な曲線の銅版葺きの大屋根がかけられている。2、3階の廊下は梁間方向に各階ごとに縁を切って片持ちの構成として外観に軽快な印象を与えている。1階は10畳間が4室連続してあり、2階は南北方向に6畳間に床の間、押入付きの部屋が2間つながったものが東西に4室、3階は正面に仏壇、2室に区切れる45畳間と36畳間の大広間という構成で、照明を埋め込んだ平格天井。大勢での宿泊、小人数での法要など、柔軟に対応できるよう工夫されている。[KO]

①東側外観
②カーブを用いた妻側外観
③遠望
④3階大広間

村野事務所草創の頃

石原季夫　建築家／石原建築事務所／元村野建築事務所所員

――建築の道はどのようにして入られましたか。

15歳の時、手伝っていた義兄の工務店で見よう見まねで小住宅の図面の書き方などができるようになり、当時建築科が設けられていた関西商工学校に入学しました。一般教養科目の予科を経て、本科に進み、そこで村野先生との出会いとなりました。若い、とても素敵な先生でした。早稲田大学を出て渡辺建築事務所で設計を担当されている先生だと生徒仲間ではよい評判でした。1924(大正13)年9月建築科(本科)の担当講師として村野先生が教壇に立たれて、講義の第一声を上げられました。

「諸君、諸君はホーマーの詩を読まれたことがありますか」。生徒はみんな一瞬ポカンとした表情でした。この瞬間が、私の建築家への道の踏み出しでした。以来65年、村野先生の不肖の弟子として生きてきました。

その当時の村野先生は、今日の言葉でいえば「カッコイイ」アメリカ帰りの若き建築家の姿でした。それは建築家の卵たちの憧れの的でした。私も若者のひとりとして先生を通して憧れの建築家を夢見たものでした。

1925(大正14)年9月30日、村野先生のおられる事務所で働かせていただきたい一心で、卒業設計や日頃画き習った図面の束をかかえて渡辺建築事務所(中之島の大ビル旧館)にお伺いして、自分の気持ちを話し、お願いしました。しばらく待つようにいわれ、「今、渡辺先生のお許しを得たから、明日から出所しなさい。出勤時間は朝の8時だよ。遅刻しないようにね」と。今でも胸がドキドキするような感激を覚えています。

――その頃の渡辺事務所の所員は何人でしたか。

渡辺事務所は大阪と東京にあって、大阪事務所には設計部員7〜8名、現場担当者が4〜5名、マネージャー、事務員等で14〜15名ぐらい。東京事務所は20数名ほど、全員で40名ぐらいだったと思います。

――当時のお仕事はどのようなものでしたか。

渡辺建築事務所に5年間ぐらいおりましたが、その間の事務所内の仕事は許される限り何でも勉強しました。勧業銀行大阪支店、横浜正金銀行大阪支店のほか住宅等で、最後には綿業倶楽部の図面をまかせていただきました。私にとっては恵まれた時期だったといえます。

――村野先生が独立された時の仕事は何をなされていたのですか。

南大阪教会(1928 p018)が終わった頃には近江帆布三瓶工場(1931)や、その頃の大軌電鉄の小さな遊園地施設(あやめ池温泉劇場、1929)や、大丸神戸店の独身寮と舎監住宅(神戸大丸舎監の家、1931 p244)、東京の森五ビル(森五商店東京支店、1931 p214)等でした。1929(昭和4)年の夏から秋にかけて十合百貨店の指名コンペにも参加しておりました。その年の末、十合百貨店の案が入選したのでした。

――村野事務所はどこで開設されたのですか。

事務所を開くことになった時には阿倍野の常盤通りの泉岡宗助さんの貸家に移っておられました。貸家ではありましたがちょっと余裕のある間取りで2階の部屋が事務所として使われました。ちょっとゆとりがあるといっても先生の書斎風な部屋とサンルーム、机に製図板を載せれば3台ぐらいで、歩くにはT定規をかわしながら打ち合わせをしたものでした。

そしてその年(1930年)早春から先生は第3回目の世界視察に洋行されました。留守中は私がまだ渡辺事務所に籍があって綿業倶楽部の図面をひいておりましたが、夜は村野事務所の設計図をまとめるというようなありさまでした。先生は旅行途中から手紙で、森五ビルのロビー天井に使う予定の硝子モザイクタイルや新建材の見本案等も送ってこられました。7月末に帰国され、8月末に渡辺事務所を正式に退職されました。その時に私は渡辺先生の部屋に呼ばれて、「君は村野君の事務所でシッカリ勉強するように」と申し渡されました。

――村野先生のお話の中に泉岡語録が残されています。泉岡さんのお話を聞かせてください。

当時日本一の大きい村が天王寺村であったとかで、そこの村長さんを泉岡家代々の方がやっておられたとか聞いております。なんでも若いというか、子供の時から英国人の家庭教師について勉強をされたと聞きました。英国の土地は踏まないがロンドンの街から街へ、街角の店舗の飾り付けの話までできたとのことでした。

泉岡さんと村野先生との出会いはよくは知り

聞き手：吉田龍彦 和風建築社

ませんが、南大阪教会の建築がその仲立ちとなったのではないかと思います。泉岡さんとは何度かお目にかかり、お話を聞かせていただくこともありました。とてもハイカラで、また日本文化の粋を身につけられていらっしゃった方だと今もそんな印象が残っております。数寄屋建築のお話等も一度うかがいましたが、道楽の極地から普請道楽をなさっていらっしゃるような感じが残っております。

ご存じのように村野先生の和風建築は、和風の中に洋風の手法があり、洋風建築の中へ和風の感覚がモディファイされているものですから、そんな感覚が泉岡さんにも好まれ、お互いに尊敬し合っていたのではないかと思います。百楽荘等へは折りにふれて村野先生をお招きされていたようでした。そうしてお互いに良いものを身につけられたと思います。

── 村野先生は庭について昔から興味をおもちでしたか。

建築は自然の風景と共にあるものです。街中の建物はその街の風景の要素でしょうし、京都の名園はそこにある建築ととけ合い、助け合っての名所でしょう。建築家は建物を建てるだけではなく、そこに良い風景をつくることも計算されていなければならないのです。

村野先生はいうまでもなく庭はお好きな方で、我流ながらご自身も庭づくりには興味をもっておられました。

── 京都あたりへも見学に行かれましたか。

ことさらの見学というより何かを感じ、何かが身につくようにとの自然体ではなかったかと。建築家に限りませんが、どこそこを参考にしたとか、それをモディファイしたとか、そしてこの作品が自信作だという芸術家もいらっしゃいますが、参考にされたものを超えるとか、オリジナリティを出そうとしてもなかなかできるものではないと思います。村野先生は参考にされたものが生きてこそ、という立場をとっておられたと思います。

要するに、その土地、その場所に必然性があるように、そこに建てられるべき建物は、その建物の必然性をまとめた設計が作品といえるのだと思います。

── 戦争中、村野先生はマルクスの資本論を読み返されたとか聞きましたが。

その昔、若き建築学生は一応社会主義的な理解もしておきたかったのではないかと思います。渡辺事務所に就職されたはじめの頃に、建築のストラクチュラルライフ（構造的生命）とコマーシャルライフ（経済的生命）について、論文を書いていらっしゃるのですが、建築物の価値付けを科学的に分析されたのは、当時は村野先生だけだったと私は記憶しております。資本論はその裏付けに役立ったのではないでしょうか。また先生は資本論の一方で万葉集を読まれていたようでした。

── 石原さんは村野事務所をいつ頃やめられたのですか。

1945（昭和20）年の5月に私にまで赤紙が来たのです。その時は日本国中の主な都市は、一物あますところなくと表現されるように、焼け野原でした。しかしわれらが事務所は無事で、11月に訪ねましたが、何をすることもできない状態でした。先生だって何もできません。現実は厳しい世の中でした。私は私の家族と生活というか、生きるために先生のご了解を得て1946（昭和21）年1月に独立しました。

── 最後に村野先生を陰から支えた奥様のことについてお聞かせください。

おふたりで苦労の上にお築きになられた人生は、わかりやすくいえば奥様なくして村野先生はなかったといえるでしょう。先生は自らのお仕事の分野には誰の言葉もお聞き入れにならないようでありながら、奥様のそれとない助言はよくお聞き入れになっていたと思います。それはそれぞれのお心に別々の信仰を通じた神への道があったからだと、なにかしらわかるものが感じられます。

若き日の先生はデザインがまとまりかけると、長唄の船弁慶の一節を朗々と唄い続けられるのでした。それは渡辺事務所の残業の宵の風情でもありました。

（『住宅建築』 別冊25号「村野藤吾 和風建築作品詳細図集 1」／企画編集：和風建築社 発行：建築資料研究社、抜粋再構成）

美術館

大地と光と時間と
安田幸一

村野藤吾が設計した美術館の作品数は4件である。村野が世に残した膨大な作品数を考えると案外と少ない数字ではないだろうか。4件の美術館は村野の比較的後期につくられており、兵庫県立近代美術館(1970 p036)から小山敬三美術館(1975 p037)、八ヶ岳美術館(1979 p038)、谷村美術館(1983 p040)というように、ほぼ4、5年ごとに建てられている。

兵庫県立近代美術館(以下兵庫近美)は大規模の公共建築であり、他の3つの美術館は規模も小さな個人美術館である。このことが美術館の全体構成、立面等に特徴として表れている。

兵庫近美は無窓の大きな壁面ボリュームをもち上げるように地面と切り離して浮遊させ、1階は透明ガラスが入ったピロティになっている。前面道路を通行する市民は元来閉鎖的な箱であるはずの展示室を外部から垣間見ることができ、また展示室を通して奥の庭園までも積極的に見せている。つまり、この透明性は村野が兵庫近美を公共建築として強く意識していることを示している。また展示作品を特定しないため、建築の構成要素も直線を主体として、抽象的な単純矩形の平面と断面を採用している。

一方、小山敬三美術館、八ヶ岳美術館、谷村美術館の3つの美術館は、地元出身の特定の個人作家の作品を展示することを特定している。個々の作家およびその作品にぴったり

作品解説:安田幸一[KY]

と合う空間をあつらえることができた。展示コーナーを有機的につなぎ止めることによって特徴あるシークエンスをつくっている。

八ヶ岳美術館は円弧と直線を組み合せた平面形をもち、セメントブロックが積み上がり、プレコンのドームが載っている。小山敬三美術館と谷村美術館では、平面と断面において自由な曲線を多用し、優美でやわらかい表現としている。作家のもつ作風との調和を村野は重要視している。外装は荒々しい吹き付け仕上げとし、時の経過とともに刻々と美術館の表情が変化することを意図している。当然ながら、美術と光の関係は深く、村野は美術館建築でも光の使い方に最大限の注意を払っている。

一方、外観は閉鎖的に見せ、建築が地面から生え上がっているように扱われている。このことは美術作家が地元出身であり、彼らの作品を展示収蔵する建築もまた、その土地にしっかりと根差しているべきだ、という村野の主張が強く表れている。特に谷村美術館のシルクロードの民家のような外観は、中に収められている仏像が伝来した歴史を彷彿させ、美術館が建っている大地が遠いアジアともつながっていることを改めて意識させる。

建築家／安田アトリエ／東京工業大学大学院教授

兵庫県立近代美術館［現：原田の森ギャラリー］

1970年
兵庫県神戸市灘区原田通3-8-30

当初、現代美術作品のみを対象とするよう企画されたが、最終的には近代というやや長期にわたる作品展示を可能とするスペースをつくることになったという経緯がある。
県民と美術館との関わりを保つため、美術館前を道行く人々が1階の展示室を透して南側の庭園まで、広がりをもった空間として強く意識できるように設計されている。1階の大型ガラス、街路に沿って2列に配列されたプラタナス、自由に出入りできるピロティや池などを配置し、奥行きの浅いこの敷地を最大限に生かし、美術作品と県民との触れ合いをめざした。
展示室は北側採光を採用して白色を基調とし、フレキシブルな展示構成を活かすため、2階は60m×24mの無柱空間とした。作品の重量、大型化に対応したエリアを設定し、展示会の規模により3つの空間に区分できる。2階へ導くためのゆったりとしたスロープは、老人や幼児、車椅子使用者に配慮した計画となっている。村野は建築委員・基本設計者として参加した。
2002年10月、新県立美術館の誕生により、その分館「原田の森ギャラリー」として再出発した。[KY]

①庭園よりの外観
②道路側外観
③ピロティより道路側を見る

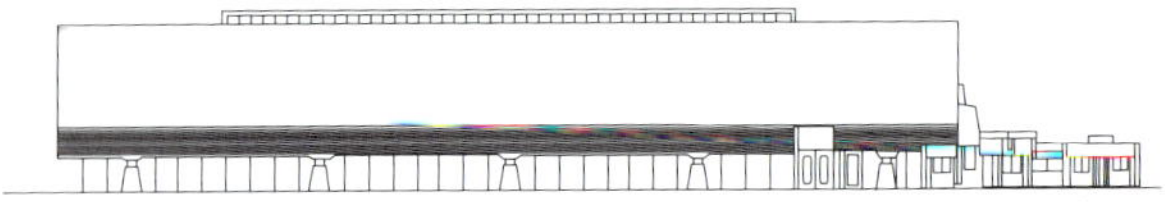

立面

小山敬三美術館

1975年
長野県小諸市丁221

①東側外観
②うねる壁面
③展示室

長野県小諸の古城趾「懐古園」の西端部、眼下に千曲川を望み、浅間山や日本アルプス、そして八ヶ岳を遠望する崖に小山敬三美術館は建っている。
小山敬三画伯は、藤島武二に師事した後、島崎藤村の勧めによって渡仏した小諸出身の洋画家である。村野は重厚な筆致をもつ画伯の画風を建築化することを意図し、傾斜面敷地にうねった曲線と短い直線を断続的につないだ平面と自由な造形の屋根をつくり上げた。壁のスタッコの荒々しいテクスチャーは優美な曲面壁を強調し、屋根のアスファルトシングルと対比している。外壁のスタッコの一部は地面にこぼれ、足元の植栽と混じり合う。壁の白のスタッコ仕上げはもち出した床下までまわり込み、建築に一体感を与えている。また、ガーゴイルの下の壁面は水跳ねを考慮し丸い形状に斫《しゃく》ってあるように、村野独自の風情を大切にした意匠が随所に見られる。
展示室内部は、湾曲した外壁面の隙間から採光し、床には緩やかな勾配が取られている。展示室間にはアーチ状の開口が用いられ、展示空間をやわらかくつないでいる。[KY]

断面1

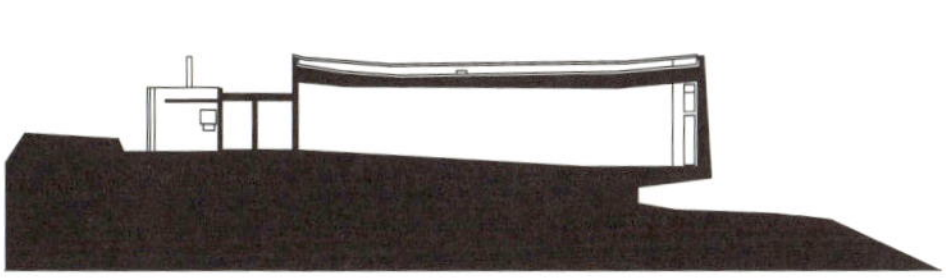

断面2

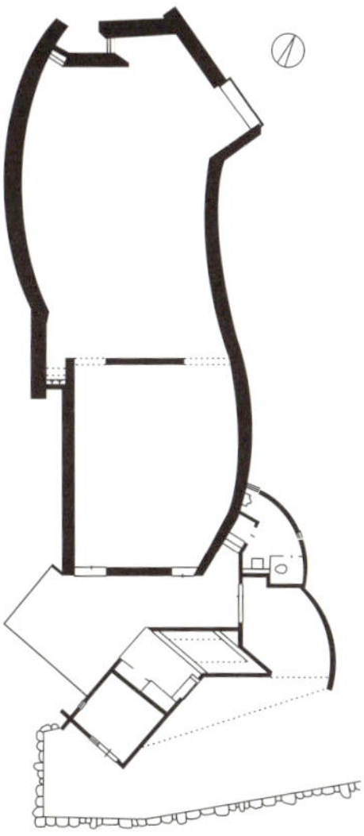

平面

八ヶ岳美術館［原村歴史民俗資料館］

1979年
長野県諏訪郡原村17217-1611

八ヶ岳連峰の西麓のカラ松の樹林に、この美術館はひそやかに佇んでいる。美術館構想は、1977年、名誉村民の彫刻家・清水多嘉示が自作を原村に寄贈したことからスタートした。村が4,500坪の彫刻の森を設定し、そのうちの400坪が極力この美しい自然を損なわない美術館用敷地として選定された。
建築は樹々の間からうっすらと見え隠れしている。山脈や連峰を想起させる連続ドーム形の屋根のシルエットが目を引く。ドーム形状の屋根は半球型のPCを壁面の躯体上部に取り付けたもので、表面は半ツヤ消し処理が施されている。円形の外壁はセメントブロックを素地のまま使用している。
展示室内部は「曲面のところに彫刻を、線のできるところに絵画を」というルールで全体構成がまとめられた。展示室の天井にはレースのカーテンが絞り吊りされ、間接照明からの明かりに包まれたやわらかな雰囲気の中で作品を鑑賞できるようになっている。［KY］

4

①全景
②ガーゴイル
③アプローチ
④展示室
⑤展示室の天井詳細

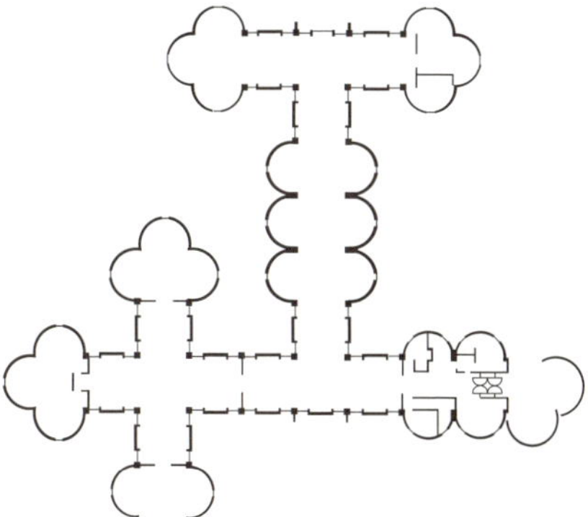

平面

谷村美術館［澤田政廣作品展示館］

1983年

新潟県糸魚川市京ケ峰2-1-13

3

4

5

①全景
②外壁詳細
③④⑤外壁足元詳細
⑥アプローチの回廊より見る

彫刻家·澤田政廣による木彫仏像を展示する美術館である。展示室内部は外光が巧妙に調節され、壁と天井が一体化した曲面によって構成されており、石窟に入ったような印象を受ける。来館者は内部空間をゆっくりと歩みながら刻々と変化するシークエンスを楽しむ。展示室を少しずつ進むと予期せぬ新たな空間と遭遇し、安置された仏像群に連続的に出合う。やわらかいほのかな自然光の中で仏像が浮かび上がるアルコーブは、仏像と一体化された空間となっている。内部壁は木毛カルシウム板下地に荒い聚楽のようなラフトン吹き付けがなされ、陰影がやわらかく出て、優美な曲線が強調されている。美術館の外観は、シルクロードの砂漠地帯の家と環境を原風景とし、硬い印象のスタッコ吹き付けの抽象的な塊が対峙するようにすっと立っている。美術館を取り囲むように配された直線的な構成の木造回廊と、美術館脇に植えられた松との強いコントラストが特徴的である。[KY]

7

9

10

⑦展示室C
⑧展示室B2
⑨展示室C
⑩展示室E
⑪展示室A
⑫展示室D

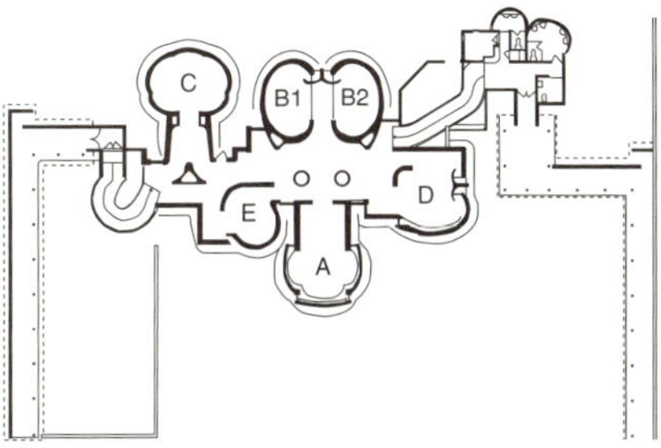

平面

渡辺節建築事務所時代の村野藤吾

安達英俊 建築家／安達英俊建築研究所

綿業会館（1931）：外観

1917（大正6）年、渡辺節（1884-1967）は2代目の京都駅の竣工を見とどけ、鉄道院を辞して、大阪と東京に事務所を開設する。

翌年、早稲田大学在籍中の村野藤吾の作品を見て、大林組に内定していたところを所員として採用する。渡辺、34歳、村野、27歳の時である。

当時、渡辺節建築事務所は、大阪、玉江橋浪華倉庫2階にあった。

ゼツェッシオンを志向した村野にとって、様式建築に特化する渡辺の思考にはつらいものがあったと推察される。しかし渡辺は、神戸海洋気象台（1920）や大阪ビルディング（1925）のコンペで村野の力量がわかり、1921（大正10）年、日本興業銀行の貸金庫と大ビルのテラコッタの調査のため、村野を、海路、カナダ・バンクーバー経由で、アメリカ・ニューヨークへ向かわせる。この時、渡辺は村野に、ホテルやレストランをはじめ、散髪、マニキュアなどに至るまで、見学の細かい指示を出し、それが、後の村野のホテル建築の源泉となる。

村野は、13歳下の須藤員雄（1904-1941）を渡辺節建築事務所の後継者として指導し、1930（昭和5）年、綿業会館が竣工する直前に同建築事務所を辞する。

渡辺における「京都駅」のように、村野にとって「綿業会館」は卒業課題の意味をもつ。当時を振り返り、村野は、下記の記述を残している。

「結局は、時代の変化に自然な結果なのです。15年もいますといろいろな社会情勢がだんだんと変わり、それに連れて建築に対する世の中の要請も変わってきます。様式的なものではこなせない条件が出てくる。この二つで独立することを決めました」(『建築年鑑』1965年・私の建築観)

綿業会館は1927(昭和2)年に設計が始まり、1930(昭和5)年に着工、1931(昭和6)年の12月に完成をみる。

綿業会館の重要部についてみてみよう。3階談話室のインテリアの見どころは2ヵ所ある。東壁面の京都・泰山タイルによる「タピストリアン・タイル」と、西面より南面に伸びるアイアンワークの階段である。いつもこの空間に身をおくと、空間に溶け合いながらも、齟齬する感は否めない。

渡辺節は、最終段階において、この談話室を2層吹き抜けとしている。つまり、かつての計画では、西面の階段は存在していないのである。

東面は、渡辺節が助手を使わないで、1枚1枚、自ら貼り巡らした記述がある。

片方の階段については何も記述がないが、上階に緩やかにのびる、手すりのアール・ヌーボー風のケースメントの意匠は、魅力的である。この階段を観察すると、その後の、村野藤吾が創り出す「階段」は、これを簡略化し、モダンデザインを加えたものと推測できる。

様式美を重視した渡辺に対し、村野はあくまでも階段を有する空間の重要性で挑んだ。独立後の村野建築の階段意匠の原点がここにあると、私が考える由縁である。

渡辺節建築事務所における階段と便所のデザインは、常に特記すべき最重要事項であった。

翌1932(昭和7)年、モダニズムに彩られた大阪パンション(p048)を村野は完成させる。

綿業会館：内観

ホテル・迎賓館

建築はフィクション
石田潤一郎

村野藤吾が最初に手がけたホテルは京都の名門、都ホテル(1936 p049)である。片岡安設計による本館への増築であったが、既存部分が純洋風であるのに対して、むくり屋根を印象的にあしらって、和風を演出した。内部は一層数寄屋色が濃い。屋根による伝統性の表現は、これにわずかに先立つドイツ文化研究所(1934 p194)の深い軒で試みられていたが、ここではより自由な変奏が見られる。これに続く叡山ホテル(1937)、志摩観光ホテル(1951 p053)では、製材していない木材で架構を構成して、民家の意匠を取り入れている。住宅スケールを超えた規模でのこの種のデザインとしては、きわめて先進的である。

高度成長期に入ると、都心部に多層階のホテルを次々と手がけることとなる。そうしたシティホテルは、同形の窓が連続する箱形の外観を呈することになりがちだが、村野藤吾はルーバーやバルコニーの造形によって、訴求力を付与することをめざしている。外壁面の外側に別の外被を付加する「ファサードの二重性」とでもいうべき手法は、村野藤吾の大きな特徴である。新・都ホテル(1975 p062)では「1個5,000円」のバルコニーで見違えるほどホテルの格式を上げたと喧伝されたが、単純な外観がもう1つの外装と重ね合わされることで、にわかに精彩に富んでくる村野藤吾の手腕は、ホテル建築でことに際立っている。

作品解説：石田潤一郎[JI]
松下迪生[MM]
槇谷亮祐[RM]
三宅拓也[TM]
平井直樹[NH]

村野藤吾のホテル設計において見落とせないのは、使われ方から新しい提案を見いだそうとする姿勢である。新高輪プリンスホテル(1982 p066)を完成させた時、彼は「ベッドメイクから」考え始めたと語っている。そのほかにも、洗面台の形状を変更することで所要面積を圧縮するといった細かな工夫を重ねている。こうした設計態度の源泉には彼が艤装で鍛えられた経験もあるだろうが、やはり建築は現実的な合理性に基盤があるという彼の信念の表れであろう。その一方で新高輪プリンスホテルを含む晩年のホテル建築では、実に大胆な——建築的常識を転倒させようとするかのような——造形に踏み込んでいる。曲面の多用や装飾性の増大は1970年代以降の村野作品に共通する傾向だが、ホテルではそれを特に全面的に展開している観がある。

さて、ホテル以外の宿泊施設として、ここでは寄宿舎や迎賓館も紹介する。大阪パンション(1932 p048)は村野藤吾がもっともモダニズムの語法に接近した作品の1つであるが、即物的な単純性や透明性を排除する姿勢は明瞭である。一方、迎賓館[旧赤坂離宮改修](1974 p060)においては、文化財修理と変わらないほど原形を尊重しつつ、外構の変更に顕著なように、歴史様式からも距離を置いて、与条件と現代的な感覚に適合させている。

ホテル・迎賓施設では、ホスピタリティのための洞察に基づいた形態の百花斉放を満喫することができる。その融通無碍さは「建築はフィクションだ」という村野藤吾の真骨頂といえよう。

建築史家／京都工芸繊維大学大学院教授

非現存

大阪パンション

1932年

大阪市西成区

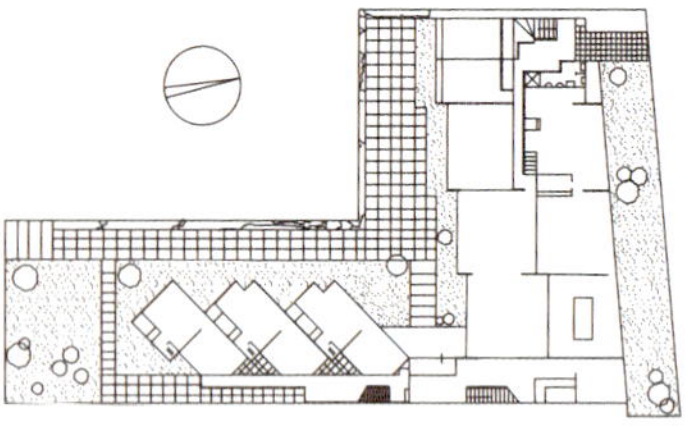

平面

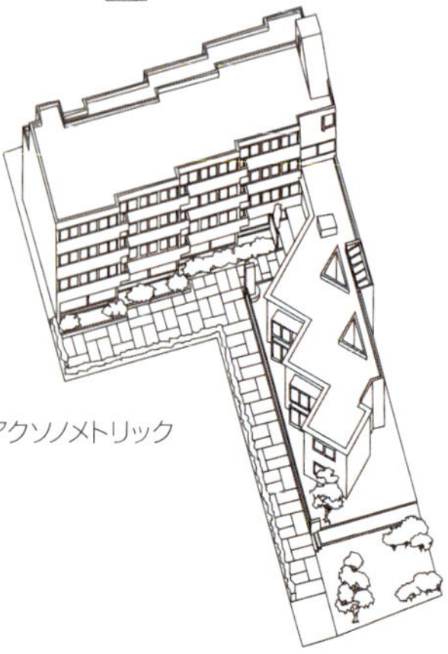

アクソノメトリック

大阪南郊の西成区玉出に存在したアパートメントホテル。村野が渡辺節建築事務所から独立して間もない時期に手がけた。
建物は、4階建てのパンション(ペンション、フランス語で下宿屋の意)部分と2階建てのアパート部分からなり、それらがL字形の敷地に合わせて配置されている。個室はプライバシーと採光への配慮から雁行して接続している。その結果現れる連続して屈折する白色に近い外壁面とバルコニーがもたらす陰影や、外壁面と同面に納められた水平連続窓の扱いなど、村野作品の中でも造形的にもっとも顕著にインターナショナルスタイルの特色を見せるものの1つといえる。内部にはサロンやバー、ビリヤード室が設けられ、地元の名士が集う社交場にもなったという。形態的特徴だけでなく提案された生活様式の点でもきわめて先進的な建築であった。[MM+JI]

①外観見上げ
②アプローチより見る

利用者のみ見学可　一部非現存　map33

都ホテル［現：ウェスティン都ホテル京都］

1936年〜1988年

京都市東山区三条蹴上げ

5号館（1936）

都ホテルは東山山麓に位置し、京都で屈指の格式を誇る。1900年に貸席遊園「吉水園」内の洋風宿泊施設として開業して以来、増改築を繰り返し、現在に至る。この建物は、1924年竣工の本館（現存せず。設計は片岡安）の裏に増築する形で建てられた。村野が都ホテルの建築として初めて設計したものであり、これ以後、村野は1980年代まで一貫して都ホテルの施設を手がけるようになった。

外観は当時日本に定着しつつあったモダニズム的意匠を基調としながらも、緩やかなむくりのある切妻の瓦屋根を戴くことにより、数寄屋のイメージを併せもつ。こうした伝統的な演出は内装にも見られ、とりわけ既存部分との間を結ぶ渡り廊下の天井を黄檗《おうばく》天井風の曲面に仕上げているのが印象的である。

1985年、新館の建設のために解体され、姿を消した。[RM+JI]

2

3

4

①5号館（1936）：外観
②新本館（1960）：北側外観
③新本館：西側外観
④新本館：屋上

都ホテル

新本館（1960）
この建物は戦後増大する観光需要に対応すべく、片岡安の設計による旧本館に隣接して建てられた新本館である。三条通側の北立面においては旧本館の意匠を継承して調和を図る一方、西立面においては、客室バルコニーをコンクリート打ち放しのブリーズソレイユとしている。薄い庇と千本格子をイメージさせる横桟によって数寄屋風の雅やかさを演出する。そのディテールには常套的な京都らしさに収まらない創意がそこここに顔を出し、設計者のこだわりを見せる。現在は西隣に新館が建っているため、近くから西立面を見上げることはできなくなったものの、ほぼ往時の姿が保たれている。
一方インテリアは改装された部分が多い。その中にあってエントランスロビーの階段は比較的当初の形を残していて、敷地の傾斜に沿って雛壇状にセットバックする各階が緩やかな階段でつながっていく様子が、斜めに抜けるボイドを介して一望できる。[RM+JI]

⑤新本館：外観詳細
⑥新本館：中庭
⑦北側全景（現状）
※現在の内装は「都ホテル」から「ウェスティン都ホテル京都」に変わった際のもので、村野藤吾が手がけたインテリアはほとんど現存しない

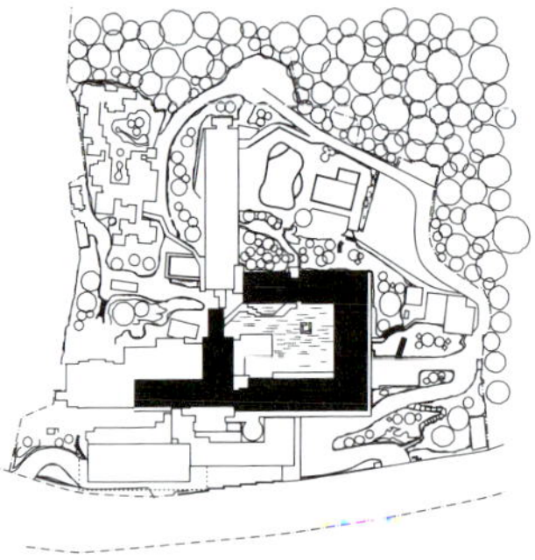

配置［1969年当時］

新館（1988）：村野没後、生前の基本構想に基づいて完成
⑧新館：宴会ロビーの階段
⑨新館：宴会棟につづくコロネード
⑩新館：新宴会場玄関

非現存

観光ホテル丸栄・丸栄ピカデリー劇場

1949年

愛知県名古屋市

戦災で焼けビルとなった丸栄百貨店を改修増築し、百貨店・ホテル・映画館からなる複合施設として再生させたものである。既存建物の3階以下を百貨店、4階以上をホテルとして利用し、その間の踊り場に直結してロビーを増築、さらに連続して隣地に劇場を新築した。ふたつのファサードは一体としてデザインされ、劇場の大壁面と前面に突出したロビー、そして屹立する既存部を含めた明快なボリューム構成が印象的な外観を呈していた。
直線的な構成と対比させるかのように、内部空間には随所に曲線が配され、小ぶりながらも伸びやかなスケール感と相まって、穏やかな雰囲気をつくり出していた。ロビー吹き抜けを貫く柱は瓢箪型の断面をもち、その先端は光の中へと消える。この特徴的な柱は外部にも表出し、やわらかな内部空間を暗示していた。人々が集う場所には東郷青児や猪熊弦一郎による壁画が描かれ、建築と絵画が共存する空間としても親しまれた。
ホテルの建替えを理由に、1962年に取壊された。[TM+JI]

①ホテルの西側に連続して建つ丸栄ピカデリー劇場の正面外観
②ロビー吹き抜け

志摩観光ホテル［現：志摩観光ホテル クラシック］

1951年［東館］／1960年［西館］／1969年［本館］／1983年［宴会場］
三重県志摩市阿児町賢島

志摩観光ホテルは英虞湾の要である賢島に建つ。英虞湾は真珠の養殖で名高いが、表情ある海岸線と大小の島々とで織りなされた景勝の地でもある。戦時中に村野が鈴鹿に設計した海軍将校倶楽部（1943）の一部を移築改造して1951年に開業し、その後、2つの宿泊棟と宴会場が増築された。最初の建物は地形に合わせて屈曲した平面をもち、大和屋根風の突出が重層する屋根に景趣を添える。増築部は高層とされたが、重層する軒や屋根による軽快な外観は既存の周辺環境に溶け込み、英虞湾に浮かぶ養殖筏同様に風景の一部として存在している。
内部空間は新旧が巧みに組み合わされ、露出させた粗く太い古材の柱梁や、素朴ながらも繊細にデザインされた細部意匠ゆえに民家風の和やかな雰囲気を醸す。英虞の美しい風景とひとつになって人々を迎えようとした村野の心遣いを随所に感じ取ることができる、素朴ながらも心地よいもてなしの空間である。［TM+JI］

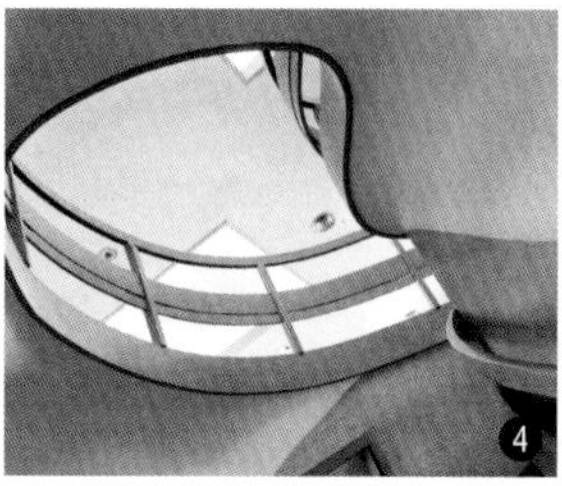

①開業当時の全景（旧館）
②外観
③旧館食堂
④螺旋階段

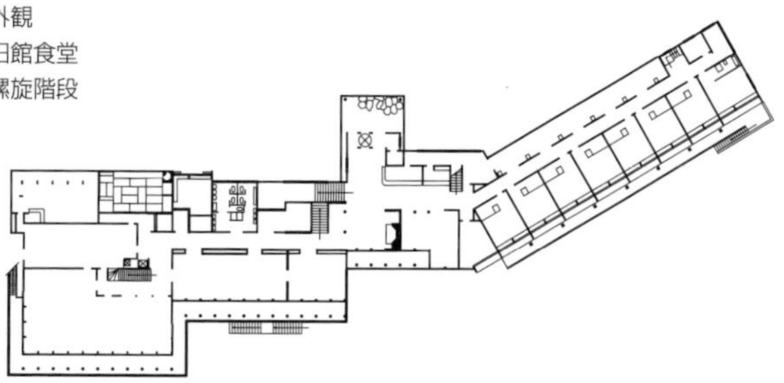

平面（旧館）

志摩観光ホテル

⑤新館から旧館・増築棟を見る
⑥⑦⑧旧館部分（改装後）
⑨増築時全景
⑩英虞湾からの全景（増築棟は現存しない）
⑪新館外観
⑫ロビー
⑬メインダイニング
⑭ホワイエ
⑮螺旋階段

10

11

12

13

14

15

非現存

名古屋都ホテル

1963年

愛知県名古屋市

名古屋都ホテルは名古屋駅近くに位置したシティホテルである。都市の玄関口に建つこのホテルの特徴はそのファサードのデザインに集約される。足下から屋上まで、ファサードの全面に規則的に敷き詰められたアルミの窓枠は、一見すると構造的に意味があるように思えるほどである。玄関まわりなどの開口部においてもアルミフレームの規則的パターンが地として扱われ、もはや窓枠としての存在を超えて、この建築独自の表象として存在していた。建物本体には黒がかったガラスモザイクタイルが全面に貼られ、アルミフレームの存在感を引き締めている。建材ブロックの広告からヒントを得たというこのファサードは、立面デザインが決定する前に本体工事が開始されたため、後から取り付けられるものとして考案された。あらゆる素材を知悉《ちしつ》し、それを構築的に扱うだけではなく、表現として自在に操る村野によってこそ生まれたものだといえるだろう。ホテル需要の変化に伴い、2000年にその姿を消した。[TM+JI]

①全景
②エントランス
③ロビー
④隅部外観見上げ

利用者のみ見学可　map05

高輪プリンスホテル旧館改装［現：グランドプリンスホテル高輪 貴賓館］

1972年
東京都港区高輪3-13-1

高輪プリンスホテル旧館（旧竹田宮邸洋館）の改装設計である。元来は御用邸として計画されたものであったが、新築中に下賜されて竹田宮邸となった。設計は片山東熊を筆頭に足立鳩吉、木子幸三郎、渡辺譲らによって行われ、明治末に竣工した。
洋館はフランス古典主義建築に範をとった折衷様式で、胴蛇腹から下は石造風に仕上げられている。急勾配のスレート葺きマンサード屋根に配されたドーマー窓、櫛形ペディメントを持つベネチア窓がこの建築を特徴づけ、細部に施された装飾が華やかさを演出している。
改装は内部を中心に行われ、レリーフやモールディング、金具等が修復・復元された。また、宴会場として再生するにあたって、絨毯や壁布は新しく製作され、空調機器や電気設備、排煙口なども全体の意匠に配慮して新たに配置された。旧赤坂離宮改修（1974 p060）での経験が生かされており、現代的な要素をうまく取り入れた再生の事例といえよう。なお、増築部分は村野・森建築事務所の設計ではない。［NH+JI］

①1階の部屋：窓側を見る
②2階の部屋
③庭側外観

箱根樹木園休息所

1971年

神奈川県足柄下郡箱根町元箱根139

西武グループの国土計画（当時）が芦ノ湖東岸53haの土地に整備した箱根樹木園内に立地する休憩・レセプション施設。

外観の最大の特徴は、木々の間から姿をのぞかせる茅葺きの3つの円錐形屋根で、地面から生え出たような足元の造形とも相まって、キノコを連想させるユーモラスな形態である。また、柱と壁に施された「鉄平石砕石モルタル塗り込め」も独特の味わいを出す。

正三角形状に3つの円形平面の部屋が独立して配置され、各室同士を玄関ホールや廊下、ユーティリティなどがつなぐ。玄関ホールから見て、右手が特別室（貴賓室）、左手がロビー・展示ホール、奥が食堂で、3つの部屋に囲まれた中央部が厨房となる。特筆すべきは、昭和天皇の来訪を念頭に設けられた特別室のインテリアで、壁や曲面の天井にリチ・上野・リックスのデザインによる川島織物製の紫色の布が張られ、高貴な雰囲気が創出された。また、釣竿を使った軽快なモビール状のシャンデリアも見逃せない。職人の手仕事の粋が凝縮され、素朴さと気品を湛えた建築である。[MM+JI]

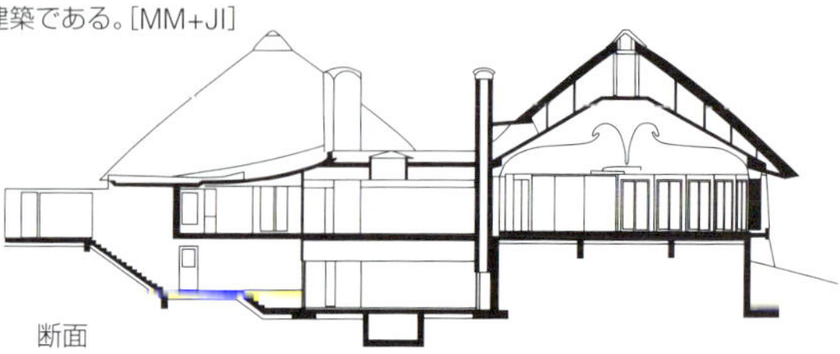

断面

①外観：屋根は茅葺き
②③⑤外観：柱型は鉄平石砕石モルタル塗り込め
④貴賓室：天井・壁は布地貼り、床はテラゾーブロック本磨き
⑥ロビー・展示ホール：奥に食堂

迎賓館［旧赤坂離宮改修］

1974年

東京都港区元赤坂2-1-1

2

国公賓のための宿泊施設として旧赤坂離宮を改修したものである。赤坂離宮は宮廷建築家の片山東熊によって東宮御所として設計され、1909(明治42)年に完成した。フランスなどの宮殿建築に範を取ったネオ·バロック様式で、明治期を代表する洋風建築であった。
改修にあたっては、原形を尊重しながらも、全体のイメージを更新して現代的な居住環境を実現することが求められた。1階には随員の宿泊室、2階には国·公賓室や公的諸室が置かれ、便所や浴室が適宜増設された。門扉や柵の色は黒から白に変更され、アプローチは道幅を狭めて中門が設けられた。さらに、門衛所が新設され、前庭には松の植樹が行われた。また、すべての絨毯は新しくつくられた。特に朝日の間の敷物は日本風のぼかしで桜花をモチーフにした紫色の緞通が敷かれた。
改修という条件下で村野の演出的手腕が存分に発揮された秀作である。築後100年を迎えた2009年、近代の建造物として初めて国宝に指定された。[NH+JI]

3

4

5

①正面外観
②主庭園側外観
③東玄関の庇
④⑤正門門衛所
⑥2階ホールへの階段
⑦2階大食堂
⑧2階大ホール天井柱頭詳細
⑨2階ホール
⑩2階レセプションホール

新・都ホテル

1975年
京都市南区西九条院町17

1970年代に入って、それまで以上に増え続ける京都への観光客の受け入れ態勢の強化を図るべく、都ホテルは客室の大幅な増設を検討していた。しかし、特別風致地区の制約等を考慮した結果、従来の敷地での大規模な増築は困難と判断し、最終的にはJR京都駅南側八条通沿いにあった近鉄の所有地を譲り受けて新館を建設することで落ち着いた。
都市型のホテルとしてはかなり大きな部類に属し、客室数は竣工当時京都最多の714 室。系列ホテルとのサービスのバランスを取って、ツインルームを主体とする部屋構成となった。
平面形状は、ホテルには珍しいH字形。丸みのある小振りの籠型バルコニーがアイボリーホワイトの壁一面に規則正しく並ぶ様は、のちの新高輪プリンスホテル（1982 p066）のファサードにも通ずる印象を与える。
2005年には、南側に7階建ての別館（サウスウィング、272室）が日建設計の設計により増築された。[RM+JI]

①平滑な外壁面を彩る
籠型バルコニー
②北側外観

箱根プリンスホテル［現：ザ・プリンス箱根］

1978年
神奈川県足柄下郡箱根町元箱根144

国立公園内、芦ノ湖東岸に建つリゾートホテル。敷地は、アプローチが取られた東側から湖に向かって緩やかに傾斜している。この地形を有効に生かしながら、玄関棟、ロビー棟、会議場棟および円環状の客室棟2棟が、樹木を一切伐採することなく既存の空地に収まるように配置された。芦ノ湖から眺めると、客室棟に花弁のようにめぐらされたバルコニーや外壁を分節する柱型がやわらかな印象を与え、建物は樹林に抱かれるような佇まいを見せる。
水平性を強調した外観の玄関棟に入り、天井を低く抑えたホールから、一転して天井を高く取り、奥行きの深いロビーへと至る一連の空間演出は秀逸である。ロビーの左右両側には、ガラス窓に面した談話スペースを区切りながら柱壁が連続し、ロビーを見通すと、天井まで大きく取られたガラス窓越しに見える木々がアイストップとなる。このロビーや客室棟最下階の食堂などでは、外装にも使われているインド砂岩やレンガタイルなどの仕上げ材が選択され、内外部の区分が曖昧な空間が創出されている。
現在はザ・プリンス箱根と改称され、内装にも変更が見られる。[MM+JI]

①芦ノ湖からの眺め
②駒ヶ岳ロープウェーからの眺め

箱根プリンスホテル

4

5

6

7

8

9

10

11

12

③南西側外観
④外観見上げ
⑤客室（改修後）
⑥中庭
⑦客室バルコニー
⑧階段
⑨ロビー全景
⑩食堂
⑪ロビー：談話スペース
⑫宴会場

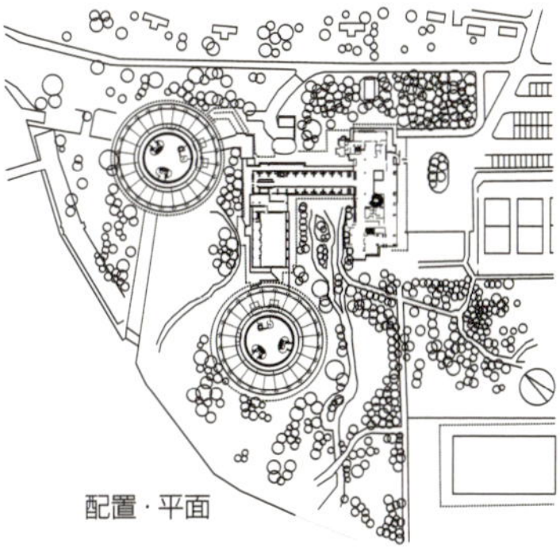

配置・平面

新高輪プリンスホテル［現：グランドプリンスホテル新高輪］

1982年

東京都港区高輪3-13-1

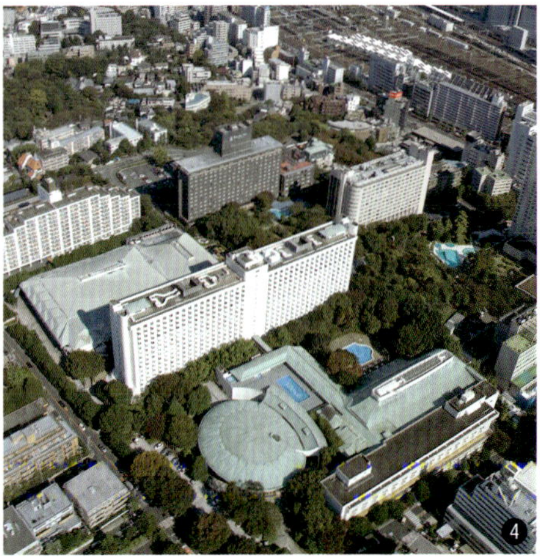

①③客室棟外観
②客室棟バルコニー
④空撮
⑤大宴会場「飛天」

JR品川駅の西側高台に位置し、敷地南側はざくろ坂に接する。建築は東西方向に延びる高層の宿泊棟と低層のロビー棟（地下にレセプションホール「さくら」を設ける）、レストラン棟、大宴会場「飛天」とそのエントランスホール「うずしお」から構成される。
宿泊棟は中廊下型で現在938室の客室を有する。7〜16階は改装時に仕様が変更されたが、2〜6階の客室入口にはアルコーブがあり、門扉と門燈が据え付けられている。外壁は白の特製タイル（45の2丁掛け細目地）で仕上げられ、部屋ごとに設けられた半円形のバルコニーが壮麗なファサードを形づくっている。宿泊ロビーの反対側に設けられた「うずしお」の入口から地下へと続くスロープを下り、「さくら」を抜けると「飛天」のロビーに至る。「飛天」は2,000m²を超える大空間で、トップライトをもつアコヤ貝貼りの天井と4基の大シャンデリアが幻想的な非日常の空間を演出している。
村野が最晩年に取り組んだ都市型ホテルの大作で、それまでに試みられてきたさまざまな手法が結集されている。現在はグランドプリンスホテル新高輪と改称され、内装にも変更が見られる。[NH+JI]

新高輪プリンスホテル

⑥大宴会場専用のエントランスホール「うずしお」
⑦レセプションホール「さくら」
⑧玄関棟足元外観

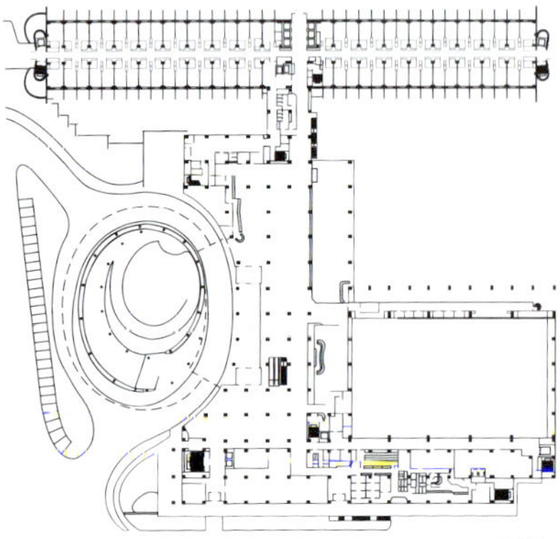

平面

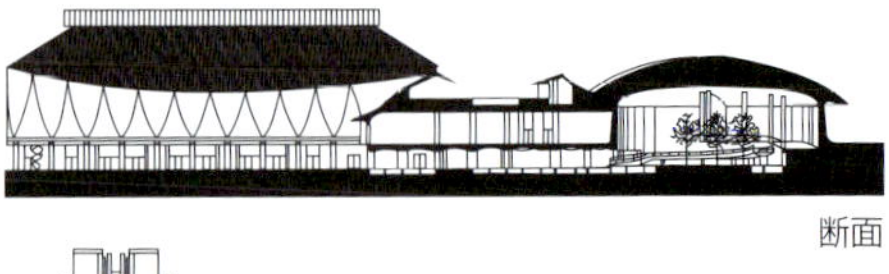

断面

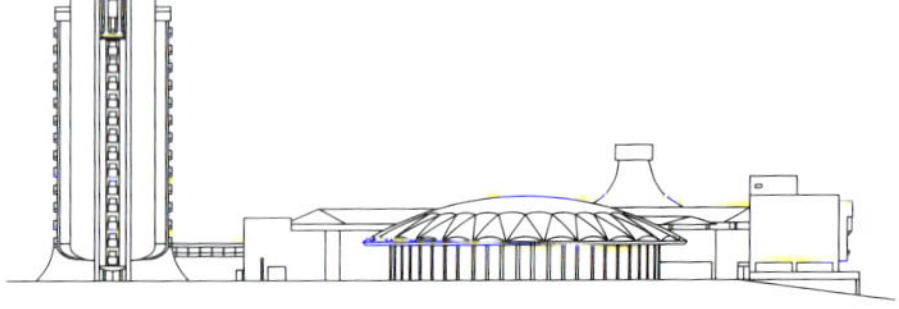

立面

map44

宇部興産ビル［宇部全日空ホテル］

1983年

山口県宇部市相生町8-1

オフィス、ホテルおよび国際会議場からなる複合施設。L字形平面の高層棟のうち東側はオフィス、西側はホテルが入り、螺旋階段を収容する巨大な円柱でもち上げられた低層棟は国際会議場である。現在は低層棟ピロティは駐車場になっているが、かつてはその中央の柱の周囲に円形の池と噴水がめぐらされていた。また、その柱の上部に設置されていた照明が組み込まれたオブジェも現在は取り払われている。
外壁は、高層棟の窓が並ぶ面にはアルキャスト、その他の面にはマホガニーレッドの本磨きが採用された。アルキャストは、加工が容易でサッシレスが可能になることから、村野が好んだ外装材であった。軽快さと重厚さを備えた外装材の対比的な使用が、建物全体の表情にめりはりを与えている。また、ホテル棟の角の1ヵ所が大きく曲面で削り取られたような造形は、外観のアクセントとなり、この建物をランドマークたらしめている。
宇部市渡辺翁記念会館（1937 p138）から半世紀近く、最晩年に至るまで村野は宇部と関わり続けた。[MM+JI]

1

2

3

4

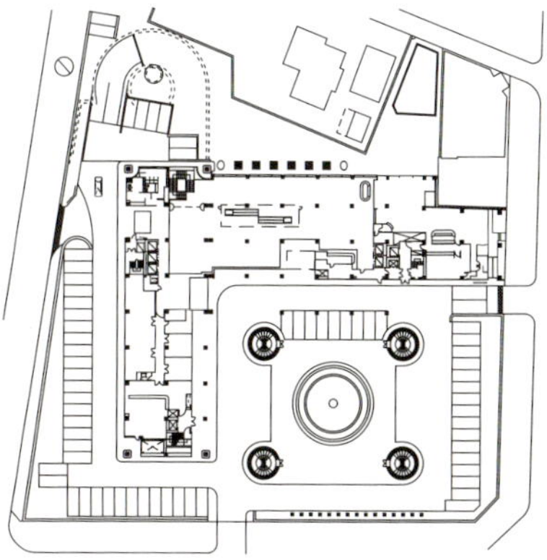
配置・平面

①北側全景：低層棟は国際会議場、高層棟はL字型平面でホテルとオフィスからなる
②低層棟ピロティ
③低層棟外観：外壁はアメリカ産花崗岩マホガニーレッド
④ホテル棟外観：アルキャストの外壁

都ホテル大阪［現：シェラトン都ホテル大阪］

1985年
大阪市天王寺区上本町6-1-55

村野の遺作の1つである。設計を終えて着工したのが1983年4月。その1年7ヵ月後に村野は世を去った。最期の日まで事務所の担当者との打ち合わせをしていたという。
近鉄による上本町ターミナル整備事業の総仕上げとして建設されたものである。上本町駅プラットホームおよびその上階の駐車場をそのまま建築に組み込むなど、既存施設との一体化の工夫が随所に見られる。なかでも、地下駅構内のための7本の給排気塔の処理が印象的で、給排シャフトをアルキャストで覆って大地に根を張る樹幹のような力強い造形に仕立てている。低層部を支える列柱であるかのように見えるが、実際の柱はその間の、やや後方へ控えた位置に並んでいる。
こうした建築設備を積極的に意匠に活かした設計は、高層部の外装にも見ることができる。そこでは各客室の空調機を外側へ突出させた上で、アルキャストのパネルで覆い、緩やかに波打つ大壁面として構成している。[RM+JI]

1

2

3

4

①北西からの全景
②高層部外壁：波状にデザインされたアルキャストパネル
③シャフト状の円柱に模したものは地下階の給排気筒
④上本町ターミナルビルとホテル地下店舗を結ぶ階段

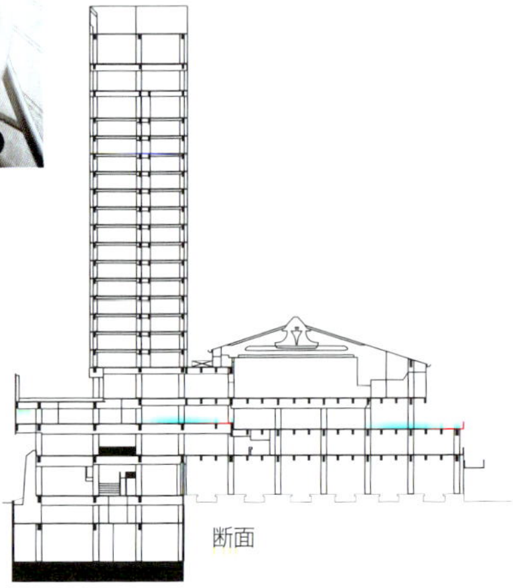
断面

京都宝ヶ池プリンスホテル［現：グランドプリンスホテル京都］

1986年

京都市左京区宝ヶ池

村野が最後に手がけたホテルである本作の敷地は、奇しくも本格的なホテルとして村野が初めて手がけた都ホテル（1936 p049）と同じ京都の地であった。村野はその基本設計を終えた段階でこの世を去ったが、残された図面やスケッチが所員たちの手に引き継がれ、村野が逝去した2年後に竣工した。

楕円管状の客室棟と、それを包み込むように敷地入口から優雅な曲線を描く低層棟が、遠く比叡山を望む緑豊かな敷地に広がる。庭園には別棟で茶寮が設けられた。砂岩が塗り込められた壁体の伸びやかなアーチに導かれて奥へ進むと、客室棟の白くふくよかなボリュームが迫り、玄関に至るまでに村野の多彩で自由な造形と緻密な平面計画を存分に体感できる。客室棟の内側には豆型平面の階段室が配され、柔和な中庭空間を造り出している。

室内意匠にも村野らしい要素が散りばめられ、なかでも緑と金のモザイクガラスに囲まれるゴールドルームの幻想的な空間演出は特筆される。2007年に一部の内装が改修された。［TM+JI］

①南側外観
②ポーチより茶寮を見る
③中庭に面したロビー
④中庭
⑤エントランスロビー吹き抜け

写しの手法

照井春郎 建築家／東京電機大学講師／元村野・森建築事務所所員

村野藤吾の残した和風建築は古典を独自の感性でアレンジしたものが多くある。他方一般の建築でも過去のものからイメージを醸成していったケースが少なくない。和風建築を設計するにおいて、彼は特別の方法を用いるわけではなく、その手法（テクニック）は特に変えることはないと語っていた。

村野の和風建築をまず特徴づけるのは、その屋根の意匠であろう。勾配を低く抑えたおおらかなシルエットをもち、軒の出を深く、垂木のピッチも広めにとり、足元の差石を省略するなど、独特の緊張感を生み出している。野屋根は使わず、垂木の上部はむくりの曲線に合わせて削り出し、登るほどに太くなって軒先まで1つの屋根曲線を表している。入母屋屋根を好んで用いているが、その破風は小さくつくられる。ここでは余分なものをそぎ落とした独自の納まりが駆使されている。まず、破風板が用いられない。当然それを支える棟木、母屋もなく懸魚などの装飾はすべて排除されている。この薄く鋭利な先端を維持するには鉄材を使用するほかはなく、それを露出させることもいとわない（都ホテル佳水園）。加えて表現されるのが大きく取られた蓑甲である。蓑甲自体は古来からあるが、村野のそれは破風のころびが大きく、その尻から棟に向かっていくほど面が大きくなるよう形成され、屈折するラインは破風尻に向かって直線で降りてくる。

この屋根デザインは他の追従を許さず、多くの模倣作を生み出している。村野自身も木造以外の建物で、この屋根デザインを採用することがあった（志摩観光ホテルなど）。

一般に和風建築では1間を4分割して垂木割りとし、この倍数値を軒の出寸法にすることで、隅の垂木配りが先端まできれいに納まっていくのだが、村野の和風では軒の出寸法を自由に設定し、軒見付長さ全体で垂木割とするため、隅の柱心上に垂木が載らないことがある。このように古典の約束事を一見無視したような納まりもあるが、村野にとってはあえて良しとして行ったものであろうか。

内部は柱や内法材などいずれも細くつくられているが、壁チリを薄く取り、ある種の緊迫感を持ち込むことで軸線の脆弱さを免れている。また、村野は天井を固体面としてではなく、透光膜のようにする表現をよく試みている。日生劇場ホワイエの石膏天井や八ヶ岳美術館のレース天井がその一例である。これらを和風建築にたとえたのが和紙の光天井といってよいであろう。

床の間は洞床（龕破床《がんわりとこ》）を好んで用いている。洞床は落掛がなく袖壁と連続した輪郭が床の間前面に現れるが、この曲線にこそ、その感性が注ぎこまれている。また一般の床の間でも板床を多く採用した。

村野が茶室でよく用いた形式に、広間では残月亭があり、小間では如庵がある。残月亭は利休が聚楽屋敷内に営んだ色付九間書院が原型であるとされ、現在では表千家にその本歌がある。8畳に2畳の床の間と、2畳の床脇が取り付いており、この床脇2畳の奥には付書院があって、天井は化粧掛込み天井になっている。床框下には蹴込み板がはめられ、床柱は互平の角柱であることも知られている。このように残月亭は一般的な8畳間に比べ、より多くの意匠的要素を備えている。村野はこれらの要素をさまざまに変化させながら残月をアレンジした座敷をつくり出した。周知の通り、残月の床柱は左右2畳の間、座敷の中央に立つが、この位置にあきたらず柱を片寄せたデザインを何度も試みている。自邸には柱位置を変えてデザインを吟味した痕跡が地板に残っていた。柱位置を自由にずらすのは村野が好んだ框無しの板床において容易な方法であり、帝国ホテル茶室広間の床柱はその1つの到達点であろう。

如庵は信長の末弟、有楽が晩年に建仁寺において営んだ茶室である。2畳半台目の小間であるが、何より特徴的なのは床脇から茶道口にかけて壁面を斜めに構え、それにともない床《ゆか》に三角形の地板（鱗板）を置く躍動的なプランニングである。また手前座前に大きく火灯口を開けた板壁を備えているのも独特で、利休の求道的空間とはその景色を異にしている。

村野はここでも、そのデザイン要素を変化させながら、独自の如庵を生み出している。自邸には手前座前火灯口をアレンジした茶室があり、また新高輪プリンスホテルの秀明や惠庵でも如庵の構成を村野流に写し取った茶席がある。

村野建築では木瓜型や猪の目型といった曲線を使うことが多い。これらの曲線は古くからあり、村野のオリジナルではないが、その輪郭を彼独自の感覚で脚色して座敷の景にも効果的に用いている（なだ万山茶花荘など）。この曲線は和風建築だけでなく、たとえば世界平和記念聖堂にも表れる。この聖堂はドイツ、コルンヴェストハイム市の給水塔に範をとり、コンクリートのフレームと間を埋めるセメントレンガの壁面からなる立方体を構成しているが、壁に開けられた一連の曲線窓は建物意匠に加味するものとして取り入れられている。

一般に茶室では本歌取りを行うことが多々ある。この手法を「写し」と呼んでいる。村野の和風建築でもこの写しの手法がよく使われている。上記のほか村野が写したものとして掬月亭、桝床席、臨春閣などがあり、いずれも特徴的な構成要素をもつものが多い。その典拠としたものをイメージしながら村野建築を鑑賞するのも一興である。

都ホテル佳水園（1959）：簑甲裏

新高輪プリンスホテル 和室 秀明（1982）：破風と簑甲

新高輪プリンスホテル 茶寮 惠庵（1985）：軒裏隅

帝国ホテル 茶室 東光庵（1970）：8畳間

料亭・旅館・茶室

民と関西の土壌から
森 義純

村野の建築活動は官ではなく民の下で展開された。恵まれた状況のプロフェッサーアーキテクトとしてでもなく、一民間の事業者としての事務所活動であった。村野は日本芸術院会員という称号すらけっして使用せず、「村野・森建築事務所 村野藤吾」と記した名刺のみで終生動いていた。

村野の活動、その中心は商都としての関西である。関東の人間にはなかなか理解しにくい風土、慣習は独特のものとも。厳しい商業活動の中での長きにわたる設計活動の展開と継続は熾烈を極めたものであったと思われる。常に時勢を読み、ある種の衝撃を伴う斬新さを追求し続けてきたのも、基盤がそうした関西にあったからとも考えられる。

村野が常に自分のスタンスをプレゼンティスト、現在主義者として位置付けていたのも、自らを失わず、その与えられた枠組みの中でその時の最善のものを希求するという考えが醸成された結果と思える。一方、そうした村野を育んできたのも民間であり、関西である。長きにわたり培われた関西独自の文化と強い経済力が、村野の建築を生んだといえる。村野の設計は、民と関西という土壌の中での執拗なまでの取り組みでもある。

村野は戦中戦後の長い期間、その活動をほぼ停止する。1941年の中林仁一郎邸(p250)を最後に、1949年の公楽会館(p164)までの間、1943年の海軍将校倶楽部しか完成させていない。50代のほぼ大半はアンビルトに

作品解説：森 義純［YM］
石井和紘［KI］

終わった設計とお茶と読書(マルクスの『資本論』を愛読)で時の流れを過ごしたという。村野はその頃を振り返り、「今はものを壊す時代から、ものをつくれる時代にて、こんな幸せな時はない」と、1973年の秋、石油ショックで世上が不況で苛立っている時に語っていた。

その言葉の如く、村野は新築にこだわらず、改修も、そしてビルドインの小さな店舗も、何でもいとわず手がけている。ものをつくるという幸せと喜びを、その対象を選ぶことなく貪欲なまでに受け入れている。ものづくりに関わっている者として模範とすべきことである。そして村野の凄さは、それらを規模や金額の大小に関係なく、すべて名作として、私たちにこれでどうだといわんばかりに呈示してきた。改修は必然的に、あらゆる面において前の建築の制約が多い。しかしながら、村野はその制約条件をものともせずに前作以上の自分の作品として昇華している。そうした作品には旅館・料亭が多い。富田屋(1957 p076)、今橋なだ万(1961 p077)、なだ万山茶花荘(1976 p087)、三養荘新館(1988 p095)等々。

村野はもてなしということに対し、いつも繊細なまでに神経を使っていたという。作家の井上靖氏が、宝塚清荒神にある村野の自邸を見たいと申し出たとき、自分は所用があり留守だが(あえて所用をつくったという話である)、自由にご覧下さい、と応えた。そして、残月の床に飾る一輪のわびすけの花を何本も用意させ、井上氏が来るまで一定の時間が過ぎたら取り替えるようにと細かく指示した。「井上氏がそこまで見るであろうと予測してのことではないか、それはまるで秀吉を接待した千利休のごとき気の使いようであった」と、その場に立ち会った村野の長男である村野漾氏は語っていた。そうしたことから、村野に対して「きれい寂び」という井上氏による言葉が生まれた。

こうしたエピソードが示す如く、村野の設計する旅館・料亭は人をもてなす心を強く示している。それは、第一にアプローチにある。村野は入口(門)周辺から玄関に至る流れを常に重視し、さまざまな趣向をこらしてきた。村野が学んだ泉岡語録にある「玄関を大きくするな。門戸を張るな」「外からは小さく低く、内にはいるほど広く、高く」を忠実に踏襲している。その建物に入る人の緊張感、気持ちの高ぶりをそっと受け止め、その高揚感を、自然をたくみに取り込み、時間の流れとともに移り変わる視界により温かく包み込む。村野のこれらの施設、建築は実にソフトである。堅さがない。それは花柳界にも通じる粋であり、上品である。

空間の構成から細部の造作に至るまで、デザインは華やかで雅である。その密度たるや、これでもか、これでもかと洪水の如く押し寄せてくるが、けっしてうるさくない。訪れた人を優しく豊かに包み込むが如く豊穣である。そこに村野の人をもてなす空間がある。

建築家／CORE建築都市設計事務所

内覧は要申込　map32

富田屋［現：湯豆腐 嵯峨野］

1957年

京都市右京区嵯峨天竜寺芒ノ馬場45

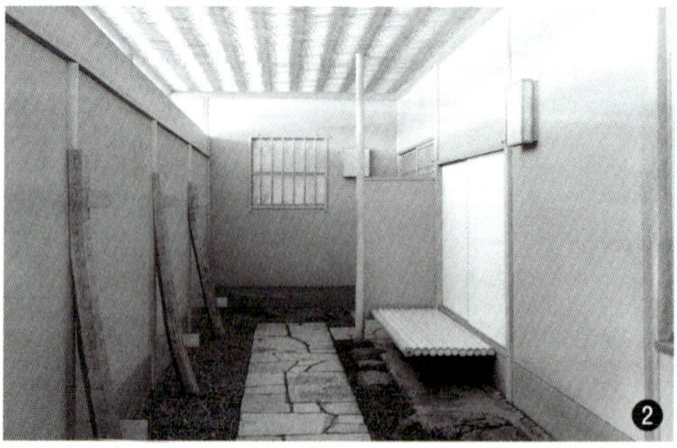

①移築前外観
②前庭（移築前）
③露地（移築前）
④前庭（現状）
⑤外観（現状）

大阪・南の道頓堀と宗右衛門町の近く、笠屋町浪花組本社があった場所に旅館として築かれたものである。むくりのある瓦屋根の浪速風建築にて、宗右衛門町の大茶屋富田屋の屋号に因んだものといわれている。1963年、京都・嵐山に移築保存された。嵯峨野という地域性もからみ、状況も変わってはいるが、当初の面影は十二分に残されている。

この建物の大きな見所はアプローチにある。狭い敷地にありながら、それを感じさせない趣が随所に施されている。土庇の下に白壁が続き、細い白竹の格子戸の門、延段伝いの艶やかな内路地空間を経て玄関に至る。茶室建築の手法、日本の伝統的手法を遺憾なく発揮している。村野は水を張りつめた手水鉢《ちょうずばち》をアクセントとして好んで活用している。ここにおいても玄関に配された手水鉢が、空間と、そこに至る緊張感を象徴的に示しているようでもある。村野が若い時に学んだ数寄屋の基本をしっかり堪能させてくれる建物といえる。[YM]

非現存

今橋なだ万

1961年
大阪市東区

大阪·今橋の旧本店であるが、現存しない。東側部分の上下改築により、1階は広間、2階は小間でなっていた。1階の広間は金沢·兼六園成巽閣2階の「群青の間」の構成からなるものと考えられる。格天井に村野好みの龕破床《がんわりどこ》、そして床上部にスリットを開けて格天井をそのまま展開し、空間に広がりをもたせていた。小間においては残月亭の床を配しているが、本歌と違い、書院間口を優先し、床の間をやや狭めにしていた。料亭という構成枠組の中での工夫と考えられる。[YM]

①大広間
②中庭
③小座敷:残月亭写し
④大広間

都ホテル 佳水園［現：ウェスティン都ホテル京都 佳水園］

1959年

京都市東山区三条蹴上げ

佳水園は都ホテル内の旧清浦伯の別荘跡に建てられたもので、1959年建設の新館と同時期に完成した。佳水園は旧館最上階から東山山腹に抜ける歩廊から始まる。入口には檜皮《ひわだ》葺きの門が配され、ここを抜けると右手に岩肌と木々、そして中庭が眼前に広がる。佳水園庭園は小川白楊（1882-1926）により、巨大な自然岩盤を活用して作庭された。佳水園施工時、醍醐三宝院の庭を模し、白砂に緑（当初は苔で）の瓢箪は秀吉の馬印で徳利を、円形は盃、そして流れるせせらぎは酒を表現したとしている。この庭を囲むようにホテルの和風別館として数寄屋造の施設が配されている。この基本構成の有り様は三養荘新館（1988 p095）のベースにもなっている。

佳水園は、鋭いほどの軒先と屋根勾配の薄さとむくり、そして雁行し、いくつも重なり合う箕甲《みのこう》付銅板屋根、低く深く抑えられたプロポーションのこだわりに、村野流和風の真髄を見ることができる。各室の設えは素朴であり、質実である。同時期に築かれた指月亭（1959 p257）にも通じる造りである。晩年の華麗なる作風とは対照的でもある。村野のプロポーションに対するこだわりは建物の構造や各部の納まりにまで及び、執念の如くさまざまな創意工夫がなされている。[YM]

①全景
②中庭より玄関見返し
③中庭
④屋根詳細：箕甲

都ホテル 佳水園

⑤⑥ロビー
⑦階段
⑧客室
⑨玄関より中庭を見る
⑩中門
⑪玄関
⑫中門見返し

9

10

11

12

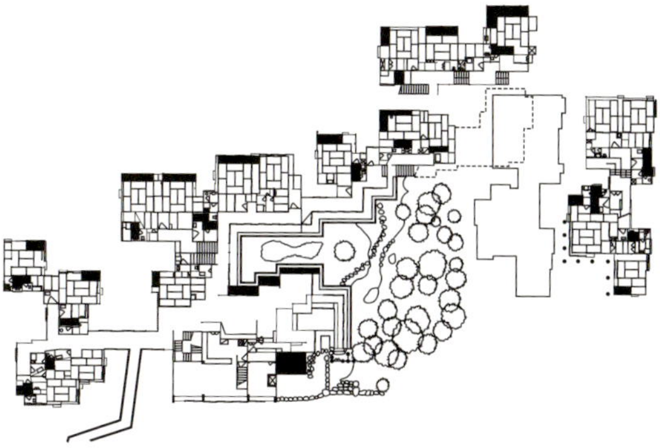
配置・平面

千代田生命本社ビル 茶室・和室［現：目黒区総合庁舎 茶室・和室］

1966年

東京都目黒区上目黒2-19-15

現在の目黒区総合庁舎、もとの千代田生命本社ビルの茶室である。静謐な空間を内包したエントランス棟と、瀟洒なアルキャストのファサードが特徴のオフィス棟にコの字型に囲われて、ゆったりとした池が設けられている。この池に面して社員の福利厚生施設が用意され、その1つとして茶室と茶庭、それに和室がつくられた。

福利厚生施設の上部は屋上広場として開放され、その一部にあけられた穴から施設の中庭としての茶庭に光が届けられる。茶庭に張り出した茶室の屋根は土庇の如くであり、竹笹や苔、つくばい、などとともに風情を醸し出している。屋根材は半割にした竹材のように鋼板を用いている。

村野はここで、圧倒的に異質な量感をもつ大空間に対峙するものとして小空間の茶室を位置づけ、一企業の文化活動の枠にとどまらない本格的な茶室づくりをめざした。[KI]

2

3

4

5

6

①茶室外観
②③④光天井の茶室
⑤和室「しじゅうからの間」
の変わり障子
⑥和室「はぎの間」

帝国ホテル 茶室 東光庵

1970年

東京都千代田区内幸町1-1-1

2

3

ホテルの廊下から茶室の一角に入ると、一転して静寂な世界、寄付の待合と露地と、ガラス戸を通したその先の屋上に設けられた庭の緑が目に飛び込んでくる。限られた空間の中に位置づけられた心地よい形状と素材感から和みを感じ取り、一瞬のうちに日常から非日常への見事な転換劇を体験する。

寄付待合は小砂利に石敷き、天井は割竹、露地の天井部分は千代田生命本社屋根と同じものを庭方向に並べ吹き付け仕上げを施したもの。

導入部の寄付から入る小間は「松濤」。曲折した空間の奥が床であるが、床柱が半ば塗り込められていて床と判然としない面白さがある。露地から最初に入る小間は4畳半の「東光庵」で、又隠の写し。網代の光天井が正方形の堅い部屋をやわらかく彩る。

露地の奥は広間の「月歩」で、床は残月亭の写し。村野の好む踏み込み床で洞床も設けられている。天井は竿縁天井で目すかしに照明を仕込んでいる。障子や襖にも村野の繊細な趣向が感じ取れる。[KI]

①②寄付
③入口の格子戸
④小間「松壽」
⑤寄付と「松壽」
⑥「松壽」茶道口まわり
⑦庭園

帝国ホテル 茶室 東光庵

⑧四畳半「東光庵」
⑨「東光庵」躙口まわり
⑩広間「月歩」
⑪「月歩」床まわり

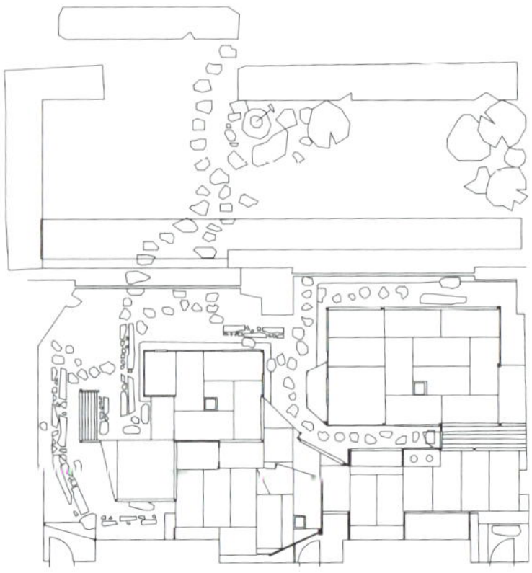

平面

利用者のみ見学可

なだ万 山茶花荘

1976年
東京都千代田区紀尾井町4-1ホテルニューオータニ庭園内

①庭側外観
②門
③アプローチ

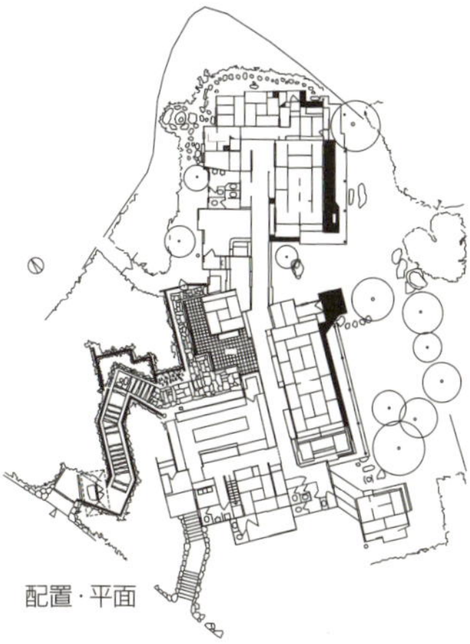

配置・平面

東京、ホテルニューオータニの敷地内にあった旧大谷家の邸宅を改装した料亭である。主構造は残されたが内部は京間寸法に改められ、土庇を付け、低く深くして関西風にまとめられている。山茶花荘の第一の見せ場は、敷地のわずかな高低差を活用し、こけら葺きの門から石段を経て玄関に至るアプローチである。竹林を背景に竹木賊《たけとくさ》張りの塀、前面道路に対し直角に配された門。ここをくぐると高さを低く抑えた土塀が続く。その足もとには村野が好んだオカメ笹が植えられた階段が視線を変えながら続く。そして眼前に微妙な勾配が幾重に重なる箕甲を付した銅板葺きの屋根が広がる。優しさ、やわらかさを感じさせる村野流和風である。高松・栗林公園内の掬月亭《きくげってい》「初筵観」の床の間にある井桁菱格子を「桐の間」の構成に取り上げている。村野は、天井和紙張りで初めて光天井を表現した。これもまた「初筵観」の総和紙張り天井によるものと考えられる。庭も同様に掬月亭に倣い、小砂利敷きとし、池まで展開している。[YM]

なだ万 山茶花荘

4

5

6

7

④「葵の間」
⑤「葵の間」の庇下から見る
⑥玄関前庭
⑦玄関
⑧「紫の間」
⑨「紫の間」から庭を見る
⑩「桐の間」井桁菱格子を配した床まわり
⑪「桐の間」全景
⑫「桐の間」天井飾り（吹出口）

新高輪プリンスホテル 和室 秀明

［現：グランドプリンスホテル新高輪 和室 秀明］

1982年

東京都港区高輪3-13-1

近代的建築として築かれた新高輪プリンスホテル、その3階の屋上庭園に純和風の世界がひっそりと佇む。そこに和室「秀明」がある。大広間としての「舞」と「扇」、茶室としての「琴」と「鼓」の4室からなり、玄関から畳廊下で各室へと結ばれる。

建物は鉄骨造、しかし一見鉄骨造とは思えない数寄屋造の建築である。大宴会場「飛天」の大屋根の複雑な造形を背景として、銅板で葺かれた「舞」の上部大和棟を中心として箕甲が連続する。

村野は大和棟を好んで活用した。秀明の核となる「舞」は、大和棟の下に舟底天井を構成し、全面を光天井としている。残月亭の床の間形態を取りながら、床の上部梁が垂れ壁を強く受け止め、垂れ壁に猪の目壁龕照明を大きく配し、力強い華やかさを与えている。また、茶室においても如庵を範とした龕破床《がんわりどこ》のある「琴」等、村野好みが凝縮されている。

この料亭で使用されている多くの什器類に対しても村野は神経を使い、軸や花器に至るまで指導したという。[YM]

①10畳和室「舞」：舟底の全面光天井
②3階屋上庭園の中のアプローチ：
左手の屋根が透明
③④5畳中板の茶室「琴」

新高輪プリンスホテル 茶寮 惠庵

［現：グランドプリンスホテル新高輪 茶寮 惠庵］

1985年

東京都港区高輪3-13-1

葉が繁る勾配をもったアプローチを上り、細い四脚の編笠門から内へ入るとようやく建物の一部、寄付の部分が見えてくる。編笠門からのびる塀は栗のなぐり木賊塀で、寄付へとつながっていく。

茶室は全部で6席あり、残月床のある「月」の間、如庵風の「花」の間はじめ、それぞれに趣の異なるものにしている。茶会の時には寄付から露地を経て各席に至り、食事の場合は寄付式台の奥にある玄関より廊下を利用して部屋に入るようになっている。

広間の「曙」は二段葺きの深い軒に守られた10畳と12畳の二間からなり、障子を開け放つと庭との一体感が見事で、また雪見障子として部屋から眺める景色も一興である。部屋の西側中央に設えられた床は大きな円窓をあけた小空間としてあり、障子で開閉することができる斬新な構成。この床の左右も小空間をなし、明かり採りと書斎机となっている。広間の天井はガラス繊維布に和紙を裏貼りした舟底型光天井である。それぞれがきわめて趣向の異なる床をもつ村野ならではの料亭建築と言えよう。［KI］

2

3

①庭園
②編笠門
③玄関
④広間「曙」
⑤「曙」の書院
⑥「曙」の床
⑦小間「汀」
⑧茶道口より「汀」を見る

新高輪プリンスホテル 茶寮 恵庵

⑨⑩「花」の間
⑪「月」の間
⑫「月」の間の床詳細

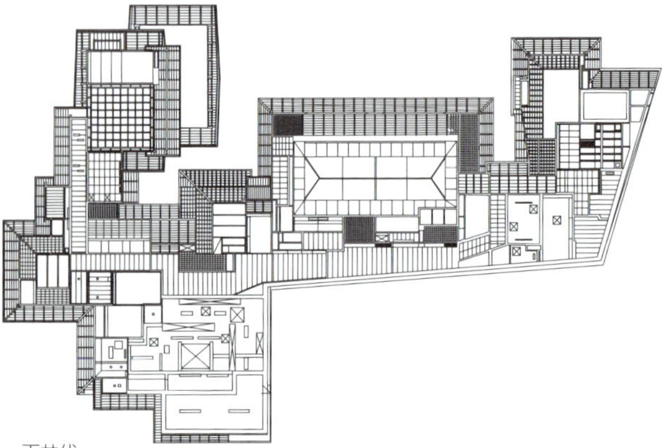

天井伏

三養荘新館

1988年
静岡県伊豆の国市堝之上270

①玄関と前庭
②中庭と廊下
③水の流れに沿う廊下
④⑤客室群の屋根の連なり

村野が没した1984年以後に完成した作品である。新高輪プリンスホテル（1982 p066）の工事が最盛期を迎える頃、伊豆長岡にある三養荘（旧岩崎家の別荘）の増改築計画が始まった。敷地南側にあった白石旅館も取り込み、広大な敷地の中で2期にわたってつくられた。村野は、自ら油土による配置模型（1/500）に手を入れながら基本設計をまとめあげ、急逝した。以後は所員の近藤正志、時園國男に引き継がれ完成した。近藤は旧敷地の増築を、時園は玄関からの南側ブロックを担当したと聞く。
三養荘は玄関に向かうまで、栗のなぐり木賊塀が続く。玄関ホールは大きくむくりを付けた瓦葺き屋根の上に大和棟風に越屋根を載せて格式を高めている。玄関ホールから「初音」「野分」「梅枝」と離れへ続き、村野が好んだ残月亭の床、龕破床《がんわりどこ》、洞床等々すべてが網羅されている。松寿荘（1979 p170）や惠庵（1985 p092）に見られる村野晩年の華やか、かつ雅なる和がここかしこに広がっている。
客室はそれぞれ独立したかたちで配され、豊かな庭と自然が溶け込むかの如く一体化して独自の世界をつくり出している。[YM]

三養荘新館

7

8

9

⑥玄関
⑦⑧⑨玄関ホール
⑩⑫客室「初音」外観
⑪客室「初音」

村野作品の根底にあるものは「和風」

吉田龍彦 和風建築社

百楽荘（1933）：門

離れ

村野先生が亡くなられてから25年、もう公表してもいいだろう。今も革命的な光輝を放ち続ける村野建築の作品の数々は、それを支えた人たちがいたから存在できたことを……。

まず、京都の数寄屋棟梁・中村外二さんである。浪速の平田雅哉棟梁（森繁久弥主演の映画「大工一代」のモデルとして有名）が村野邸のご子息の離れを手がけたことは一部で知られているが、昭和の数寄屋棟梁の両雄の一人・中村外二棟梁も関わっていたことは、完全に伏されている。いったいに村野自邸（1942 p254）は、建築家の実験住宅の先例といえる。素材、デザイン、ディテール……自邸で常に思考し、実践し、他の作品に生かされた。村野自邸の「残月の写し」といわれる床の間を持つ10畳の座敷。柱を好みの位置に何度か変え、原叟床風《げんそうどこ》に手を入れたために、その痕跡が床板に景色の埋木として残っているというエピソードはあまりにも有名すぎて、村野自邸から一人歩きしてしまった感があるが、その埋木をしたのが中村外二棟梁に他ならない。私は棟梁本人から、叡山ホテル（1937）と中林仁一郎邸（1941 p250）にも関わっていたと聞いている。

建築美術家・中川修造さんも、村野建築を支えた人として忘れてはならない。中川さんは元来、洋画家で、大正末期、谷崎潤一郎著「卍（まんじ）」「黒白」などの挿絵を描かれた著名な方で、後に独学で建築家に転身した。村野作品の中林邸の座敷の欄間に鶴が舞うデザインは、美術史から見ても素晴らしい作品である。

なぜ、こうした世間でも知られている人たちが協力してきたのに、公表されてこなかったのか。それはたぶん、個性の強い人たちだったからだろう。村野先生も個性は強い。強い者同士の反発から消されたのかも知れない。しかし、手伝っていたことは間違いない。今でいうコラボレーションが面白く、また緊張感が孕むのは、個性のぶつかり合いがあってこそだ。村野建築が現在も強烈な色彩を失わないのは、村野藤吾の個性的なイメージに、中村外二棟梁や中川修造の個性の手が加わっているからである。

私は、村野建築の現存するほぼ全作品を取材した。写真を撮り、特に和風はすべて実測している。寸法を記すだけではなく、平面図、天井伏図や展開図に、木目……板目か中杢か柾目かを区別して描き込んだ。何故なら、和風は木そのものが意匠だからである。

一方で、私は日本の数々の古典建築も取材した。その活動の中で発見したのは、村野建築の原点は和風だ、ということである。それは日本建築だけではなく、村野先生の現代建築も原点は和風である。世界平和記念聖堂(1954 p020)などは、近代和風の寵児だ、と私はとらえている。村野建築群と、その本家取りの元となった古典建築の比較については私がまとめた書籍(村野藤吾のデザインエッセンスvol.1 伝統の昇華)をご覧いただくとして、それだけ本家をもつということは、村野建築には方程式はないのだ。何でもありなのである。こんな自由奔放な建築家は、後にも先にも村野藤吾だけだろう。

村野建築の原点である和風、そして建築は何でもありを村野に教えたのは——村野建築を支えた人でいえば、最初に挙げなければいけないのが、泉岡宗助である。泉岡は、そもそもは財界人であるが、いわゆる粋人で、数寄屋建築にも造詣が深かった。その代表作が「百楽荘」(1933)である。奈良市の近鉄奈良線・富雄駅近く、8万坪を越す鬱蒼とした森のなかに、10棟が点在する料理旅館である。雨の日など料理を運ぶ仲居さんは大変だろうと思うのだが、この10棟の和風建築がすべて違う。形態、木材(種類／銘木・変木)、細部……とにかくキッチュである。そこここに村野建築に通じる匂いが漂っている。

私は、村野先生の残した図面を2年にわたり倉庫で整理した。この作業は、当初、皆目見当がつかず難航した。図面筒に入っているのが同じ建築とは限らないのだ。しかも、計画図はあるし施工図、構造図、設備図があり、くしゃくしゃに丸まった紙屑まである。当時、整理した図面は今、京都工芸繊維大学美術工芸資料館が管理してくれている。この辛い作業に協力を申し出てくれた若き建築家・光安義博氏、またある意味で村野建築を支えた人として、特に泉岡宗助、長谷部鋭吉(建築家)、石原季夫(元村野建築事務所所員)諸氏の名前を記しておきたい。

人生の半分を村野建築と接してきた私のささやかな夢は、現存する住宅作品の中でとりわけ私の心に残る佐伯邸(1965 p264)を、村野藤吾ファンのために、村野藤吾建築資料館として利用できるようにならないか、というところにある。(談)

百楽荘　普請指揮：泉岡宗助

銀行

折衷とモダンの狭間で
河崎昌之

銀行においてわれわれが日常訪れる銀行室は、銀行建築を計画する上での基準といえるだろう。接客兼執務空間としての営業室と客だまりから構成されるこの業務の最前線は、これら2つの部分を隔てるカウンターの取り方とともに、店舗の位置づけや敷地条件、業務効率等勘案の上計画される。通常銀行室は大きな面積となるから、その採光のためには大きな開口が必要となる。その確保は天井を高くとることで行われる。従って平・断面計画と、当然立面計画とは連動をしていく。このように銀行建築を計画学的にみると、内部空間の顧客に対する顔としての銀行室のあり方が、銀行建築自体の顔としてのファサードに表出することがわかる。内部と外部のこうした関係を基本としながら、村野の銀行建築の多様なファサードを追ってみる。

冬季には雪の中でどっしりと静かな佇まいを見せる加能合同銀行本店(1932 p102)では3つの大きな船底型の尖頭アーチが、内部と外部をつないでいる。そこにある表現主義の影響や、村野の北欧好みについてはしばしば指摘をされるところである。様式の折衷とモダン興隆の狭間にあって、単なる矩形窓の変奏、代替にとどまらない表現となっている。

宇部銀行本店(1939 p103)においては開口部が内部の大きなボリュームの存在を明快に表している。街区角地に位置する近代建築

作品解説:河崎昌之[MK]

によく見受けられる、面取りされた建物隅角部につくり出されたエントランスから対角線上に注がれた視線を、8m近い銀行室の天井に多数設けられた八角形の装飾群が受け止める。

泉州銀行本店(1959 p105)では、エントランスへの大きな開口と、開口を絞り込んだ寡黙な壁面とが、ちょうどポジとネガの関係をなし、内部の大空間の存在を暗に示す一方、同行の和泉府中支店(1966 p106)はガラスの多用により街に内部空間を露出、一体化させている。2店舗間の、この表現の大きな隔たりは、企業の中のそれぞれの位置づけの違いによるものと想像されるが、そもそも異なる敷地条件に計画されるわけであるから、その時々の最適解を求めようとするその設計態度からは、たとえ支店同士であったとしても、恐らくそれらは“シリーズ”にはなり得ないであろう。

ホールのボリュームの背後に銀行室が位置する北九州八幡信用金庫本店(1971 p107)では、近接するまでその存在は分からない。その逆説的な顔づくりでJR八幡駅と皿倉山との間に、金融機関らしからぬ姿で建つ。そして日本興業銀行本店(1974 p108)においては、壁柱の連続による縦のラインの強調で積層表現とともに銀行室の気配を消し去り、全体性を有する端正なファサードを創出している。

店舗のオフィスビルにおけるテナント化や、インターネットバンクのように実店舗をもたない業態の出現といった金融空間の変化は、このような多様かつ特徴的な銀行建築を相対的にさらにユニークなものにしていくことだろう。大事に使われることを願っている。

和歌山大学准教授

加能合同銀行本店［現：北國銀行武蔵ヶ辻支店］

1932年
石川県金沢市青草町88

①正面外観
②アーチ型の開口部
③外部詳細
④全景
⑤遠景

レンガタイルの壁面に、2層分の高さをもつ船底型の尖頭アーチの開口が3つ並ぶファサードは、ドイツ表現主義建築を思い起こさせる趣がある。
3階に並ぶ、しっかりと枠取りされた縦勝ちの窓がアーチの曲線を強調している。また両脇の細長い開口に取り付けられた波形ルーバーもユニークである。こうしたメリハリの効いたデザインが、けっして大きくはないこの建物を存在感のあるランドマークにしている。
尖頭アーチにはめ込まれた繊細なブロンズ製のグリルは、先の大戦下の資源供給令により供出させられたが、10年ほど前の改修時に復元され、近景においても歩行者の目を楽しませてくれる。
1、2階吹き抜けの営業室上部は会議室である。断面図を見ると、屋上スラブを切り上げることで階高を稼いでいるのがわかる。
2009年4月にリニューアルを終えた。
［MK］

宇部銀行本店［山口銀行宇部支店］

1939年

山口県宇部市新天町1-1-1

①全景
②営業室
③営業室の天井
④ペントハウス

宇部市役所の、県道を挟んだ反対側に建つ。エントランスは建物北側コーナーを面取りした形でつくられている。小さな風除室に左右振り分けで設けられた扉を開けると、2層吹き抜けの営業室が眼前に広がる。高さ7.5mの天井には八角形の装飾的な開口が整然と並ぶ。そのいくつかはトップライトとして機能していたようである。接客空間としての魅力的な演出といえよう。
2階には会議室が配されていた。向かう階段に凝った断面の木製のハンドレールを見ることができる。
建物は後年増築され3階建てとなった。現行のタイル貼りの外装はその増築時に行われた。元来は2階建てで、立面図には御影石小タタキ、人造石小タタキや同洗出し等の指示が見られる。建物外観の印象はずいぶんと異なっていたことが想像される。
屋上には展望室のほか、かつて敷地に建立されていた中津瀬神社が安置されていた。
1944年、山口銀行創立とともに山口銀行宇部支店となり、2006年末に銀行業務を終えた。2008年に宇部市に寄贈され、2階建てに戻されている。現在その再生活用案が検討中である。

［MK］

非現存

東京銀行船場支店

1952年
大阪市

空襲で焼け野原になった大阪の中心地・船場の地に、東京銀行が1952年に建設した船場支店。その特徴は通りに面したファサードに彫刻が設置されている点にあり、石貼りの壁が緩やかに孤を描いて窪み、その奥行きを利用して梁が片持ちで出され、そこに彫刻が置かれた。村野藤吾の建築の中で外観を飾る彫刻としては、御堂筋に向かってマーキュリー(商売の神)がジャンプするそごう大阪本店(1933 p116)の像が想起されるが、外観に彫刻を見せるという建築は、日本では近代でも現代でも一般的なものではなく、そのような意味で珍しいものだった。
内部は銀行に多い吹き抜けの空間となり、その壁は外部と同様に組積造を模した目地を見せる。戦後の建築らしい感覚は、キャンティレバーで張り出たギャラリーの手すり子の足元の抽象的な意匠にあり、戦前までの建築と大きく異なり、金属棒が軽やかなアーチ形状を描く。
全体の印象は広義の意味でのモダンデザインの範疇にあるが、歴史様式色は消え、どこかすがすがしさが感じ取れる。そのスタイルは構造に裏付けられた抽象表現主義などの本格的な戦後の建築が出現する以前のものであり、昭和20年代から30年代初期特有のものと思われる。[TK]

①全景
②③営業室
④外部彫刻

内覧不可　map24

泉州銀行本店

1959年

大阪府岸和田市宮本町26-15

①外観
②エントランス：山羊母子のモニュメントが立つ
③スチール格子の開口部詳細
④外壁詳細：御影石

広い壁面と、3種類の開口とによる近東風のファサードが特徴的な建物である。メインエントランスは2層分の高さで、大きく穿たれた開口の奥行き方向にあり、その脇には羊の母子彫像が載る円柱が据えられている。
外壁にはルスティカ風に加工された御影石が貼られている。その粗面部分はびしゃん叩きで仕上げられており、全体として組積造的な表現となっている。
壁面の下部にはL型片とI型の平板で巧みに構成された、鍛金によるグリルがはめ込まれた開口が並ぶ。また上部3層目は長手方向に設けられたスリットの中に、しっかりとした石の枠に縁取られた窓が数珠つなぎの形で組み込まれている。この寡黙な壁面は、車が頻繁に往来する府道に長く面するという立地条件を配慮したものであろうか。それがこの建物の外観に地方銀行の本店としての風格を与えている。

［MK］

内覧不可　map26

泉州銀行和泉府中支店［現：泉州銀行和泉支店］

1966年

大阪府和泉市府中町1-7-7

2層の高さにわたる細身の柱型が建物外周に連なり、3階部分を押し上げている。その様は、稜線が放射状に広がる柱頭の形状のためか、のびやかな印象を受ける。柱型の間にはスチールサッシが納められている。
この柱型が受ける3階ギャラリーの先端にはスリットを伴いながらコンクリートパネルが取り付けられている。この垂直方向のスリットと、パネル上部の水平方向のスリットが、マッスではない、ボリュームとしての3階を表現し、T型のパネルつなぎが、ファサードに繊細な表情を加えている。
エントランスは3ヵ所設けられている。そのうちの建物コーナーのエントランス壁面にあるシャッターレールから、シャッターが建物を面取りするように降りてくる。そこにもまた設計者の「かどの処理」に対する強いこだわりを感じる。[MK]

1

2

3

①外観
②エントランス
③営業室

内覧は要申込　map46

北九州八幡信用金庫本店［現：福岡ひびき信用金庫本店］

1971年

福岡県北九州市八幡東区尾倉2-8-1

①全景
②低層部ピロティ
③正面外観
④背面外観

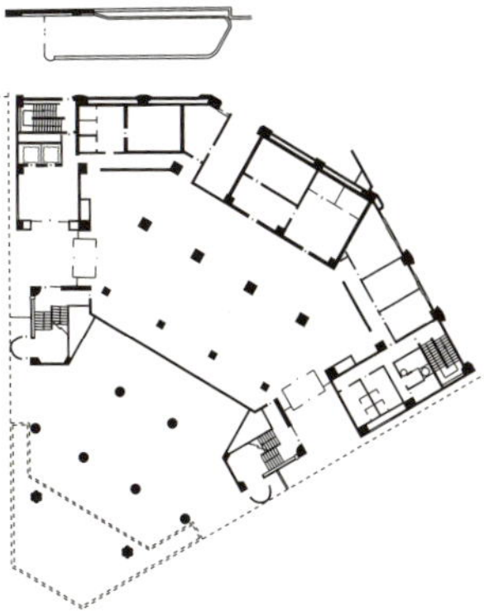

平面

北面する低層部分と、それを取り囲むような高層部分とによる、左右対称な建物である。この2つの部分のつなぎにあたる場所が営業室になっており、交差点に位置することを強調するように、東西双方からの出入りが可能な構えとなっている。この建築において まず目をひくのは、事務室のある高層部分屋上の塔屋であろう。2つの垂直な壁面が大きなむくりを入れた壁面を挟み込んだ独特の形態である。そしてその下の、底辺を円弧により切り欠かれた横架材はリズミカルに宙に浮いているかのようである。

立面は、頂部にテーパーがつけられた柱型の間の開口と、そこに設置される特徴的なコンクリートの枠で構成されている。低層部分の1階はピロティ、2階はホールとなっている。コーナーに設けられた三角形の開口のため、ホールのボリュームが差し掛けられた板の構成によって形づくられているように見える。[MK]

日本興業銀行本店［現：みずほコーポレート銀行本店］

1974年

東京都千代田区丸の内1-3-3

2

3

①外観
②外壁詳細
③空撮

南北に長い扁平な敷地形状がこの建物の大きな構成を決めている。
入口のある東面、営業室や執務スペース部分はロイヤルマホガニー本磨きの花崗岩の壁柱が屹立する。この壁柱にはわずかに山形の傾斜が付けられている。それが反射や映り込みによる表情の変化を生み出している。その細部である山形頂部の石材の扱いにも併せて注目したい。
壁柱の間を、面を奥に引いて開口部とし、アルキャストのサッシとパネルで構成されている。この納まりが柱列を前面に押し出し、基準階の単純積層といった見え方を排している。そして壁柱は同面の北側約3分の1を占める巨大な石の鏡へと変化する。端部は片持ちとなっており、設備更新に考慮した10層吹き抜けの機械室を内包している。下部の池と植え込みは、壁柱の間の植栽と共に都市の中の潤いである。舗石にも粗面に仕上げられた同じ花崗岩が用いられている。敷地と建物との一体化がそこに意図されている。[MK]

日本興業銀行本店

5

6

7

④妻側先端とその足元にある池
⑤妻側先端見上げ
⑥妻側設備シャフト内部
⑦シャフトから見下ろす
⑧貴賓室
⑨貴賓室壁面詳細
⑩貴賓室のアルコーブ

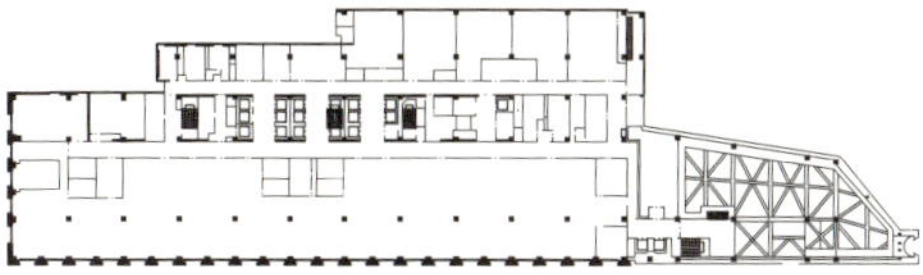

平面

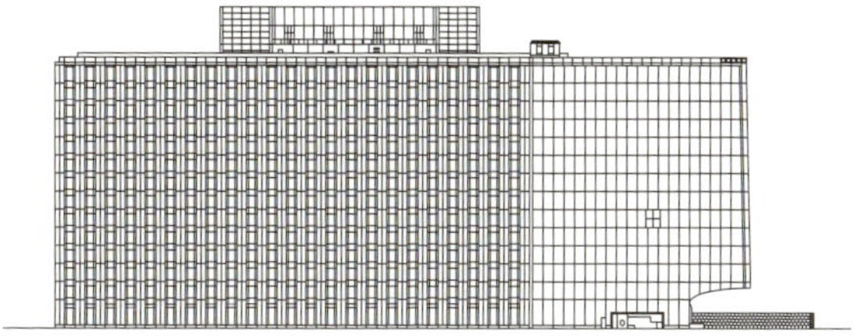

立面

村野藤吾と近畿日本鉄道

川島智生 建築史家／神戸女学院大学講師

村野藤吾は1918(大正7)年から1984(昭和59)年までの66年間という長期にわたって、大阪を拠点に建築設計活動を行ってきた。このため大阪の市中には村野が設計した建築物が数多く存在する。大阪第一のメインストリート・御堂筋にしても、北端に梅田吸気塔(1963 p283)、南端に大阪新歌舞伎座(1958 p146)と、大阪の都市景観を村野作品が彩る。が、その多くは点にすぎない。

そのなかで、村野の建築が一群となって存在する一角がある。上本町6丁目である。近鉄上本町駅舎を中心に、近鉄百貨店が入った近鉄上本町ターミナルビル(1969 p132)や新旧2つの近鉄本社屋(旧1936／新1969 p231)、都ホテル大阪(1985 p070)、近鉄会館(1954 p145)など、すべて村野の設計である。都ホテル大阪は高くそびえ、上町台地のランドマークとなっている。

そのことは近鉄のもうひとつのターミナル・阿倍野橋でも見られる。阿倍野橋は近鉄百貨店本店である阿倍野店(1957 p126)ならびに近映レジャービルアポロ(1972 p156)などの商業施設がある。とりわけ阿倍野は長年、村野が建築事務所を構えていた場所であり、当然村野自身が長い時間をここで過ごした場所だから、地域として関わりも無視できない。ここに前面に格子状のフレームからなる近畿映画アポロ劇場(p142)が建設されたのは1950(昭和25)年のことで、次いで1954年に水平線を強調した近映会館(p144)、1957年には近鉄百貨店阿倍野本店の増築ならびに旧館の全面改修がなされ、1950年代にこの界隈は村野のデザイン色が濃厚なまちになる。

地方都市ではひとりの建築家によって、主だった都市施設がデザインされることはあるが、大都市で個人の建築家の設計物が建ち並び、ひとつながりの都市景観を構成している事例は極めて稀である。ではなぜ、このような事態が出現したのだろうか。それは長年にわたって、近鉄が自社ならびに関連会社の主だった建造物の設計を村野に任せていたからにほかならない。

村野藤吾と近鉄との間には、一般的に戦後の時代に多くの仕事が依頼されるという関係が結ばれたものと捉えられているが、実は戦前期から深い関わりがあった。そのことを示すものが、1936(昭和11)年に改装された旧本社屋で、それは、近鉄の前身の大阪電気軌道株式会社(以下大軌)の本社屋として、村野によって設計された。四角い、何の変哲もない鉄筋コンクリート造の4階建てビルだが、この建物こそが、村野が正式に近鉄に関わった最初の建築であった。この建物はスタイルも含め新しい試みがなされたものではなく、大軌側の建築技術者・竹内孝によれば「現代風であって式と言うのではない」とされ、事務所スペースを目一杯にとっただけの空間だったが、施主の要求に応えた設計内容の事務所ビルだったという意味で、大軌側からは評価され、以降近鉄は村野のもっとも大きな取引相手となる。そのような出会いという意味で村野にとっては、旧本社屋は記念碑的な建造物の1つと考えられる。このような地味な建築であってもそつなく完成させたところにこそ、村野が施主に信頼を得た秘密が隠されているのではないだろうか。

近鉄との関わりを検証していくと、大軌本社屋に遡るものとしては、1929(昭和4)年に完成したあやめ池温泉劇場の設計顧問をしていたとされるが、史料的制約もあってどの程度参画していたのかについては不明である。大軌本社屋の後には1940(昭和15)年の橿原神宮駅舎(p276)がある。このように戦前期にすでに、本社屋をはじめ駅舎などの設計に関わっていたことが判明している。

戦後その関係はより深いものになっていく。1951（昭和26）年に近鉄の中興の祖・佐伯勇が第7代目社長に就任して以降、同年竣工の志摩観光ホテル（p053）を嚆矢に、昭和20年代には近鉄会館、近映会館などの一連の映画館、昭和30年代に入ると近鉄百貨店阿倍野本店増築、京都の都ホテル新本館（1960 p049）や名古屋都ホテル（1963 p056）など、昭和40年代には佐伯邸（1965 p264）、近鉄新本社屋、近鉄上本町ターミナルビル、賢島駅舎（1970 p286）と続き、昭和50年代に都ホテル東京の内装（1979）、最後のものは1985年の都ホテル大阪だった。この建物が完成する前年の1984年に村野藤吾は亡くなっており、いわば近鉄における遺作といえる。

このような近鉄での建築活動は、佐伯勇の社長在任期間と合致する。佐伯勇は1973（昭和48）年まで近鉄社長を21年間つとめ、その後1987（昭和62）年まで会長として君臨した。この時期わが国は高度経済成長期にあたり、近鉄もまた電鉄業のほかに、近鉄百貨店、近畿日本ツーリスト、都ホテルチェーンなどのグループ会社の拡大化をはかり、わが国第一の私鉄となる。その建築部門の主だった設計を担ったのが村野藤吾だった。

大軌ならびに近鉄に関わる建築の設計者を詳細に検証してみると、戦前では宇治山田駅舎は久野節、花園ラグビー場は中尾保、未完の生駒山上ホテルはブルーノ・タウトと、村野一辺倒ではなかった。戦後は奈良駅や名古屋駅は坂倉準三が手がけ、大和文華館は吉田五十八によるものであり、決してすべてを任せられた訳ではなかったが、冒頭に掲げたように村野藤吾抜きには戦後の近鉄の建築風景はなかったことに気がつく。それほどに、数多くの近鉄関連の建築物に関わっていたことに改めて驚く。ここにパトロンの関係に近いものを築いていたことが読み取れよう。

都ホテル大阪（1985）と近鉄上本町ターミナルビル（1969）

近鉄百貨店阿倍野本店増築（1957）

あやめ池温泉劇場（1929）：外観

あやめ池温泉劇場：内観

店舗・百貨店

コマーシャル・ライフへの重視
安達英俊

村野藤吾は、経済に深く関心をもったのは日本綿花株式会社上海支店(1921)の設計打ち合わせのために渡辺節に同行して上海に赴いた時である、と記述している。協働した現地の建築家が収支報告書を設計図面とともに提出したことからも裏付けられている。その後、「建築の経済的環境」(1926)、「建築における経済」(1930)、「商業価値の限界」(1931)と、たて続けに経済に関する論文を発表する。『資本論入門』(河上肇)、『資本論』(カール・マルクス、向坂逸郎訳)へと、村野の経済への意識は広がりをみせる。

村野の商業建築は、その時代を読み解き、大衆の欲望に必要な建築を提供する。コマーシャル・ライフ(商業的生命)とストラクチャー・ライフ(構造的生命)を比較し、前者に重きを置く。社会の変化に即応するために、多くの百貨店が増築、改築の動きを見せる。

百貨店建築は、独立直後のそごう大阪本店(1933 p116)を皮切りに、大丸神戸店(1936 p118)、高島屋京都店増築(1951)と続き、丸栄本館増築(1953 p120)でその集大成を示す。そこには、ロシアで見た商業建築から村野が大きな影響を受け、大衆にアピールする、という意図が見て取れる。これらの百貨店建築は、「遠目にモダニズム、近目に様式建築」の都市建築として戦後の経済成長を支えた。

外部の表現については、村野が考えた包装紙としての外観、言い換えればスキン(皮膜)

作品解説:安達英俊[HA]
笠原一人[KK]

という考えが色濃くうかがえる。読売会館・そごう東京店(1957 p124)のこの点における議論が後に起きるが、このことから納得がいくのである。

店舗については、特に大阪ミナミの1920・30年代のモダンシティで、キャバレー・アカダマ(1933)、戦後のドウトン(1955 p121)、心斎橋プランタン(1956 p122)、大成閣(1964 p129)、戎橋プランタン(1965 p130)と続く。ミナミは、大阪市営地下鉄1号線開通という画期的な事業に彩られ、繁栄する。

村野の商業建築(百貨店・店舗・劇場・映画館等)の特徴は、下記の点の組み合わせによるものであった。

1:商業建築の理論(資本論入門・資本論)
2:様式建築の修業(プロポーションの確かさ)
3:ロシア構成主義の研修(タトリン、ギンスブルグ、ドクチャエフ等)
4:美術家たちとの協働(藤川勇造、島野三秋、奥村霞城、山口薫、リチ・上野・リックス等)
5:時間系(今日性、増改築へアプローチ)
6:大衆(どのようにアピールできるのか)
7:包装紙としての建築(外部と内部の異差)

「ものを買うということは、建築を買うのと同じことですから、これは人の眼につかなきゃないかん。つき過ぎると、今度は建築が堕落してしまう。そういう危険性がある。それが商業建築のコツだと思います」(『建築をつくる者の心』なにわ塾叢書)。村野は、「建築は、たんに地用の保証にすぎない」というR・P・ボルトンの言葉を、肯定的に理解した。そしてこの言葉が、村野を商業建築に向かわせた。

建築家/安達英俊建築研究所

そごう大阪本店

1933年[第1期]/1935年[第2期]/1937年[第3期]/1952年[改修]/1969年[増築]
大阪市中央区

ロシア構成主義のそごう百貨店、かたやアメリカンボザールの大丸百貨店(W・M・ヴォーリズ設計)は、御堂筋沿いに並んで建っていた。村野のそごう百貨店は、淡い黄褐色のトラバーチンとガラスブロックの凹凸により、幻想的な陰翳が印象的であった。
そごうと大丸は大阪市営地下鉄1号線の心斎橋駅の開設に合わせ、共にその全容を現わした。その後、1937年の御堂筋の完成により、垂直リブのあるそごう百貨店は移動しながら見る建築として、3分の2世紀の時を御堂筋の代表的景観の1つとして持続した。定点で見る様式建築の大丸と比較すれば、モダニズム建築としてのそごうは、2003年に取り壊された今こそ、改めてその価値や存在の重さを強く印象付ける。
村野はあるインタビューで、ラジオの横縞を縦縞にしたとデザインの根拠を語っているが、それは上記の意図が実現できると確信があってのことである。ロダンの弟子、藤川勇造が制作した西立面の「飛躍」と島野三秋制作のEV扉は改築されたそごう心斎橋本店に受け継がれ、特別食堂の壁画、藤田嗣治「春」の一部は新高輪プリンスホテルのメインバー「あさま」にある。
内部、特に階段回りのやわらかい紐をイメージした曲線は、やがて大衆の好むところとなった。また、6階に茶室があり、文化的なサロンとして豊かさに寄与した。[HA]

①西側ファサード：右隣は大丸百貨店、御堂筋に面して建つ
②売り場吹き抜け
③階段
④内部
⑤逆側から見たファサード：藤川勇造作の彫刻が取り付けられている

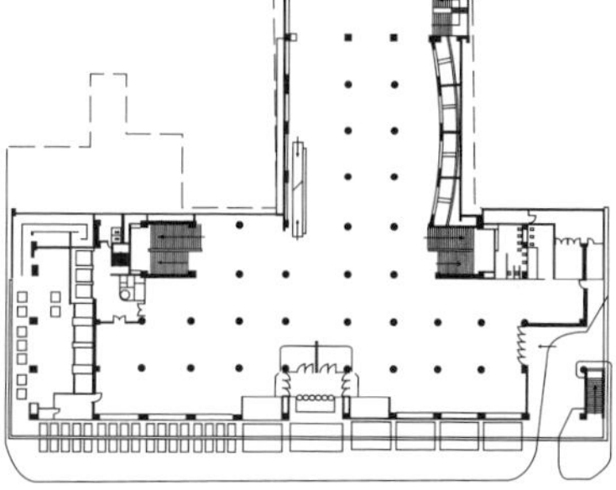

平面

非現存

大丸神戸店

1936年

兵庫県神戸市

①北側外観
②北東コーナー部外観

「建築は箱でいい。箱をこしらえてくれ」という里見専務の言葉を、村野は「合理的な建築をつくれ」と理解し、旧館北西側の増築に取り掛かる。当時計画していたそごう百貨店との競合にも、場所が異なり、経営思潮も違うので、心の葛藤はあったものの実現をみた。森五商店東京支店(1931 p214)以来、窓に自信のあった村野は「窓を狙え」と考えた。

淡黄色タイルの美しさ、横10尺(3.03m)縦8尺(2.4m)に及ぶ大きな窓の連続美、横一文字に見せるウィンドー、屋上には庭園、塔屋には航空燈台をもつ建築が完成した。

建築史家・藤島亥治郎が車窓よりこの建築を見て、「あの建築は作家の人生観が出ている」と語り、村野建築は高く評価された。

安いコストで、如何にして顧客に魅力を感じさせるか。限られたコストでも魅力的で優れた作品をつくりだす村野の力量には驚かされる。[HA]

髙島屋東京店増築

1952年[1期]／1954年[2期]／1963年[3期]／1965年[4期]／1973年[茶室]

東京都中央区日本橋2-4-1

①南西側外観：左側は旧館、右側が増築部、7·8階は旧館の様式を踏襲
②南からの全景：増築部はガラスブロック
③外壁面の彫刻(笠置秀男作)

髙島屋東京店のある日本橋中央通りは、現在、戦前の建物はほとんど姿を消し、髙島屋が唯一往時の雰囲気を留めるものとなった。その通り側にファサードをもつ建物のおよそ2/5が、昭和初期(1933)に「東洋風」という条件でコンペを勝ち得た高橋貞太郎設計の日本生命·髙島屋の建物で、この様式建築を尊重しながら、1952年より村野の手によって増築したものが現在の建物である。
現在その折衷されたファサードを人々は見ているのだが、違和感を感じる人は少ない。それは、増築部分の7、8階の外部デザインに旧館の様式を採用して水平な連続性を建物のトップに生かし、ワンブロックをまとめ上げているからであろう。その下部の南面と東面の1/2壁面にはガラスブロックを大量に用いて近代的な装いで街に対面させ、見事な対比を演出した。南面のガラスブロック壁面の一部を欠いて彫刻をほどこしているが、これは北側の塔屋の屋根を造形的に処理したこととも相通じていて、人々が建物に親しみをもてるよう村野が意図した密やかなアピールであったように思われる。
2009年6月、百貨店建築として初めて重要文化財に指定された。[HA]

丸栄本館増築

1953年[1期]／1956年[2期]／1984年[3期]

愛知県名古屋市中区栄3-3-1

北側の縦長のグリッドは薄青紫色のタイルにより、下から上に8層のグラデーションをつくっている。カラーモザイクタイルによるもので、カラコンモザイクのはしりである。
そごう大阪本店（1933 p116）のデザインを踏まえ、同面によるグリッドを配し、陰影をつくる。各階のスラブを表現し、垂直リブの陰影により光をコントロールする手法である。
村野は、時間が許せばいつも、呉服売り場にて、着物柄を見ていたと言われているが、北側の立面は、日本の伝統的な着物柄「矢絣（やがすり）」をイメージしているように見える。西壁面のタイルの美しいレリーフは、自由な商業デザインの先駆けとなり、ドウトン（1955 p121）に継承されている。
1953年、百貨店建築として初めて、日本建築学会賞を受賞した。[HA]

①北西側外観：西側壁面にモザイクタイルによる壁画(1期)、その右隣は1984年の3期増築部分
②西側壁面詳細

内覧不可　map20

ドウトン［現：コムラード ドウトンビル］

1955年
大阪市中央区道頓堀1-6-15

キャバレー·アカダマ（1933）の建て替えにより道頓掘川南に建った商業建築である。すべて食関係の店舗が入居している。
北側は全面に縦長の開口部をつくって道頓堀川の夜景を取り込んだが、南側の壁面は全面タイルによる装飾的なファサードをつくり出した。南側界隈には5座（松竹座·角座·浪速座·朝日座·中座）があり、観劇後の賑わいをみせる。
この南面ファリードより、1階の喫茶店を通し、道頓堀川が見える。1階より、吹き抜けの空間を配し、船舶の内装のようにも見える。大阪商船あるぜんちな丸（1939 p274）の、村野作のインテリアに思いは巡る。
この南側ファサードは、名古屋の丸栄本館増築（1953 p120）と考え方を共有する。［HA］

①南側外壁のタイル模様貼り
②道頓堀側外観

心斎橋プランタン

1956年
大阪市中央区

間口5m、奥行40m（店舗部は24m）の心斎橋プランタンは、多くの人で賑わいを見せる心斎橋筋に面して、接客の機能をもつ浪花組社宅として計画された。
ガラスと陶片モザイクタイルによる構成的で華麗なファサードは、デ·ステイルに見られるモンドリアン調のデザインに似ているといわれているが、ロシア構成主義のカジミール·マレーヴィチの影響が大とも考えられる。
入口の扉を開けると、階段と吹き抜けにより、ドラマチックな空間が出現した。村野がかつて語った「階段の極意は、段裏にあります」との言葉が実証されていた。内壁はチークの練付合板、天井は反響版のような曲面ボード。
籐巻きによる階段手すりは、同時期の読売会館（1957 p124）にも見られ、手前と奥の2ヵ所の階段により、中2階の客席は浮遊感を漂わせる。またその内部からは、心斎橋筋よりエントランスに導かれる人々の姿をとらえることができた。低いテーブルと低い椅子（村野のデザイン）は心地よく、「ここに何時までもいたい」との感を禁じえない空間であった。[HA]

2

5

3

6

4

①外観
②入口吹き抜けと階段詳細
③2階
④3階
⑤心斎橋筋との関係
⑥階段詳細

読売会館・そごう東京店［現：読売会館・ビックカメラ有楽町店］

1957年

東京都千代田区有楽町1-11-1

JR有楽町駅の西側に隣接する三角形の敷地に建つ。地下2階～地上6階はそごう東京店（有楽町そごう）、7～9階は約1,100名収容のホールをもつ読売会館。外観より、この2つの機能は分割されていることがわかり、明快である。東面が線路に呼応するかのように緩やかにカーブし、北面および東面はガラスブロック（現在は型板ガラス）がはめられ、暗緑色のファサードを構成する。西面は目地をなくした白い大理石のテッセラ貼りの美しい壁面であった。敷地条件を逆手に取り、三角形の敷地に対して三隅に階段を配し、狭くなりがちな売り場を有効に取るなど平面計画の巧みさが窺える。

内部の機能に対し、外部の表現は異なる。このことが、竣工当時、建築界の話題となった。同年竣工した、北東隣地の旧東京都庁舎（丹下健三設計）との比較である。

2001年、東面と北面を残し、ファサードは改装された。

ちなみに、当時の流行歌、フランク永井の「有楽町で逢いましょう」は、有楽町そごうのCMソングである。[HA]

①全景（改装後）

②③外壁詳細（改装後）：型板ガラス

④型板ガラスを内側から見る

⑤階段詳細

⑥⑦よみうりホール

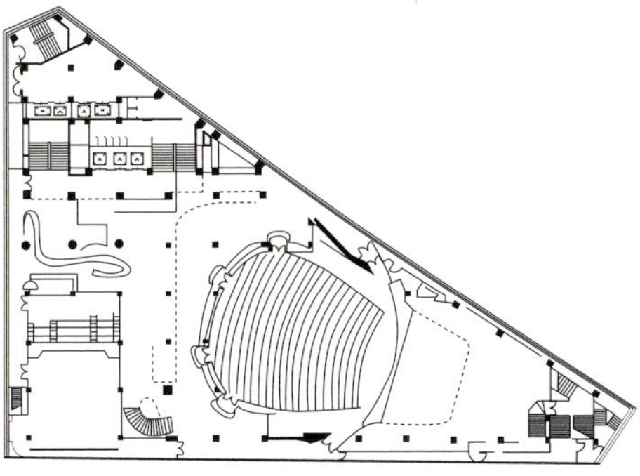

7階平面（よみうりホール）

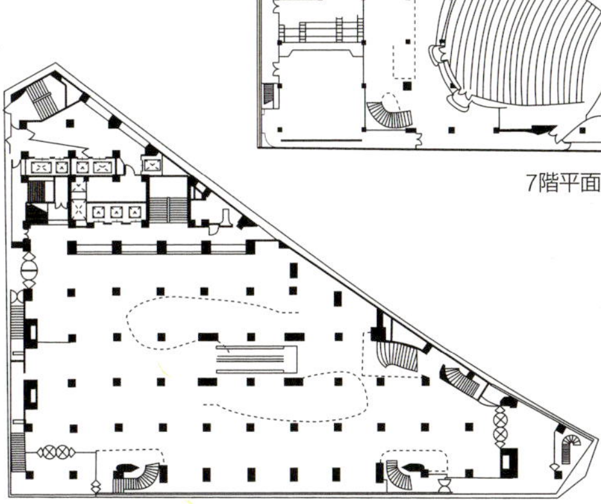

1階平面（店舗）

近鉄百貨店阿倍野本店増築

1957年［第1次］／1965年［第2次］

大阪市阿倍野区阿倍野筋1-1-43

JR天王寺駅の南に位置し、南大阪の玄関口にあたる近鉄阿倍野橋駅ターミナルを1階にもつ百貨店である。
村野はここで、水平ラインの強調と、白い大理石とガラスブロックの併用によるファサードデザインを試みている。各階のスラブラインを持ち出しにより深い陰影を付け、最小限の開口部を配し、北側より西面を南に延びる水平線の意匠を施している。また北西角のコーナーは緩やかに丸みをおび、交差点を挟んで斜め向いの天王寺公園と呼応するように都市性を演出する。
白い大理石のテッセラ貼りの全体に明るい立面は、1988年の新館建設に合わせ、村野亡き後の弟子たちの手により改修され、白いアルキャストの葡萄模様の、遠目にはレース状の新しいものとなった。このたび村野が直接関わった旧館の建て替えが決まり、2014年、高さ300mのガラス張りの高層建築が出現するようである。
村野藤吾が長年、阿倍野の村野·森建築事務所（1966 p227）に通勤する時に見た風景は、その姿を変えようとしている。いみじくも村野の語った、コマーシャル·ライフの故であろうか。

［HA］

①北西からの全景
②南西側からの外観
③内部階段室
④南西角中2階スペース
⑤南側外観
⑥⑦現状：村野没後、村野・森建築事務所により増改築された

東京丸物［現：池袋パルコ］

1957年

東京都豊島区南池袋1-28-2

①外観
②外壁面詳細

そごう大阪本店（1933 p116）を高く評価した丸物社長・中林仁一郎は、村野に東京丸物を任せる。2007年に取り壊された京都丸物（1937）は、村野の師・渡辺節の設計。村野と中林は旧知の仲であった。
各階のスラブラインに、深みのあるスリットを延長約90mにわたり付けている。深いくぼみの窓がリズミカルに施される。これは、光をいったん入れ、壁に反射させ、その明かりを受ける間接光の役目を担う。陰影により、存在感のあるファサードとなりえた。
かつては北東側に「無題」と記された壁画があり、屋上は児童遊園となっていた。
内部は、エスカレータにより上階に多くの客を運び、ドリームステップ（夢の階段）と呼ばれた階段群が大衆の心をとらえ、購買意欲をかきたてることとなる。［HA］

大成閣

1964年／1980年[増築]

大阪市中央区東心斎橋1-18-12

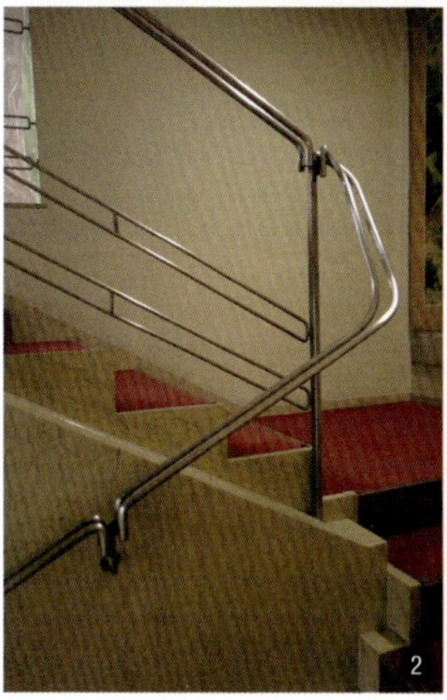

御堂筋から、そごうと大丸の間の路地をおよそ500m進むとアルミ成形材により構成されたファサードが目に留まる。それが、中華料理店・大成閣である。そごう大阪本店(1933 p116)、心斎橋プランタン(1956 p122)と村野建築が相次いで心斎橋から消え、この周辺で残る数少ない村野建築である。

特徴は南側8連のアルミ成形材のファサードで、増築により広がり、迫力を増した。成形材はバルコニーに取り付けられているため軽やかな装いである。6階建て、塔屋3階だが、道路面からは4層までが見え、その上部はセットバックしている。

同じ東心斎橋の八幡筋に残る浪花組本社ビル(1964 p223)のファサードとともに、村野の中では異形なデザインといえる。両者を見比べてみることをお薦めする。[HA]

①外壁詳細
②階段詳細
③南側外観

戎橋プランタン

1965年

大阪市中央区

2

5

3

4

難波と戎橋の中間の路地を西に進んだ場所に位置した。
ファサードは薄い鉄板壁（板厚4.5mm）と強化ガラス（12mm）のみで、いわゆるサッシレスのディテールが使われていた。
外部内部とも白を基調にデザインされ、中2階や地階の見えるエントランスは明るく、入口上部のガラスは3階の構造体より吊られていた。
垂直のリブのついた石膏パネルの壁と、有孔の石膏パネルによる光天井で、内装は白いインテリア。3階は一転し、カウンターのある、テーブルを有したレストラン。
階段の構成は、心斎橋プランタン（1956 p122）のように、段裏が美しく、構造の見えるものであった。
手すりは、アクリルを主としてステンレスで補強されていて、アクリルの透明感がこの建築の美しさに寄与していた。［HA］

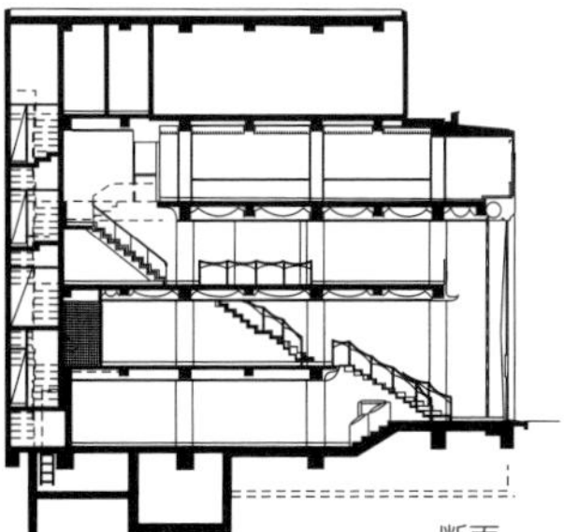
断面

①北側外観
②階段室
③2階
④1·2階
⑤階段詳細

近鉄上本町ターミナルビル［近鉄百貨店上本町店］

1969年［1期］／1973年［2期］

大阪市天王寺区上本町6-1-55

1

2

3

①南西側全景
②2階窓まわり詳細
③北側外観：左は都ホテル大阪

近鉄上本町駅敷地内に建つ百貨店などを収めた商業ビル。上本町駅周辺には、近鉄新本社ビル（1969 p231）や都ホテル大阪（1985 p070）などの村野作品が建ち並んでいるが、その核をなす施設である。
かつて敷地には、大阪電気軌道会社（現：近鉄）工務部の設計によって1926年に竣工した様式的かつ表現主義的なターミナルビルが建っていた。それが1969年に南半分、1973年に北半分と2期に分けて、近鉄百貨店を主とした現在の商業ビルに建て替えられた。
建物は立方体のような形となっており、壁面に薄いステンレスのサッシの窓が均等に並べられているのが特徴。2階の窓の下部にはグリルのような飾りが取り付けられ、最上階の12階部分のみ横長連続窓となっている。
人々の目に触れやすいところに装飾を施すとともに、様式建築をも連想させるデザインが村野らしい。内部では、部分的に階段が向きを変えながら配置されるなど、均質になりがちな百貨店の空間に可能な限り変化を与えている。[KK]

内覧不可　map23

阿倍野センタービル

1970年

大阪市阿倍野区阿倍野筋1-5-36

JR天王寺駅の南側、あびこ筋とあべの筋との交差点の南西角に建つ商業ビル。敷地の東向いに近鉄百貨店阿倍野本店（1957 p126）、西隣に近映レジャービルアポロ（1972 p156）が建っているなど、村野作品が密集する地区にある。

建物は、細長い楔形の敷地に建っている。あびこ筋に面した大きな壁面は、3階ごとにアーキトレーブのような水平帯が取り付けられ、外壁に剥き出しにされた柱にはフルーティングのような溝が彫られているなど、様式建築のような様相を呈している。一方柱間の窓は、ベイウィンドウのように張り出しており、1891年にシカゴに建てられたオフィスビルの名作、モナドノックビルの窓の形状を彷彿とさせる。だがこの窓は、柱を中心に見れば、奥にへこんで柱を浮きたたせているようにも見える。つまりこの建物は、村野が終生関心を持ち続けた様式建築とアメリカの高層オフィスビルの風貌を合わせもち、また柱と窓の関係には両義性が見られる。そこに村野らしさが発揮されているといえる。[KK]

①全景
②あびこ筋側全景：左は近鉄百貨店阿倍野本店
③外観詳細

日本生命岡山駅前ビル［岡山髙島屋］

1973年
岡山市本町6-40

1

2

3

岡山駅前の風景をつくってきた日生ビル·髙島屋のファサードは、PC版パネルにより8層までのびる。
布地を連想させるたおやかな姿は、最上階にてアイアンワークにと収斂されていき、猥雑なガラスカーテンウォールの高層建築が連立する駅前広場に凛として存在する。足元の表情豊かなコロネードは道行く人々の目を楽しませている。
日本生命ビルのメインテナントとして髙島屋が入居するのは東京店（1952 p119）と同じである。パターンが連続するエレベーションは夜景も美しい。［HA］

①西側全景
②道路側外観
③西側外観詳細

「一人にしておいてくれ」

折戸嗣夫 矢橋大理石顧問／矢橋修太郎 矢橋大理石代表取締役社長

村野先生の仕事は難しかったですね。なにしろ、フリーハンドの曲線の世界ですから……。必ず原寸でお描きになられ、それが何本もある。たった15〜20mmの間に、何十本というカーブが描かれています。われわれとしては、どれが指示の線なのかわからない。先生に伺うわけにもいかないので、よく事務所の方に聞いたものです。模型も、器用につくられていました。原物をそのまま縮小して、実に細かいところまでこしらえていました。

とくに感銘を受けたのは職人たちとの打ち合わせの時でした。私たち石屋だけではなく、金物屋、タイル屋などにご自分が納得されるまで質問される。こちらがどんな若造でも、熱心に聞かれ、大先生が若い職人にここまで聞くのか、という思いにいつもかられました。職人にしてみれば、大先生がここまで頼りにしてくれるんだという思いがあって、現場で頑張ることができたのかもしれません。

村野先生の素材に対する改革はどなたも知るところですが、石についても、私たちも初めてということが多々ありました。石の工法は時代とともに変遷していますが、画期的な躍進は大型パネル化でした。それまで1枚1枚貼っていた石を、何枚もPCパネルに埋め込む。この大型パネルに村野先生は積極的に取り組まれました。最初は、近鉄百貨店阿倍野本店増築（1957 p126）でした。ユーゴの白大理石を、1階は現場貼りで、2階以上をPCパネルにしました。

それ以後、いろいろとやらせていただきましたが、大型パネルの代表的建築といえば日本興業銀行本店（1974 p108）でしょう。石はマホガニーレッドでした。アメリカでもっとも有名な石で、超高層ビルにも使われていました。当社では初めて使う石でしたが、そのプレッシャーよりも、先生のディテールの細かさに参りました。外観の特徴である北東側の舳先のような部分は、パネルにしながら積んでいって、上で撓みをつけて縛る。ということはパネルは1枚ごとに違うし、石も全部1枚ごとに違う。しかも仕上げはすべて手磨きでした。ですから、鏡のような肌理の光沢を今でも放っています。

読売会館・そごう東京店（1957 p124）の外装のテッセラ、これも村野先生が使われたのが初めてでしょう。後年、養生されて隠れてしまいましたが、細い横板のテッセラ……あられという大理石でした。羊羹ぐらいに切って、それを手で貼っていきました。日生劇場（1963 p152）の内部にも使われていますが、やわらかい曲線が出ます。

新高輪プリンスホテル（1982 p066）のロビーの床、壁、柱にはトラーニンという石が使われています。先生がヨーロッパを旅行された折、どこかのホテルで出合って、これがいいということになったのです。いったいに先生はそういうケースが多く、マホガニーレッドを選ばれたのも、アメリカでバンク・オブ・アメリカをご覧になられて気に入ったということでした。トラーニンは、イタリアに行っていろいろと探したのですが、もう閉山していました。それを先生に伝えたのですが、「どうしても使いたい」とおっしゃる。その熱意に押されて、ついに山を開けさせました。

来社されますと、「一人にしておいてくれ」といわれて、見本室に何時間も籠られていました。見本室にはそれこそ石の見本がずらっと並んでいます。それらを見ながら村野先生は、新しい作品のイメージを膨らませていたのかもしれません。そのイメージの中には、石の肌理の仕上げからディテール、また納め方まで描かれていたのでしょう。（談）

劇場・ホール・公会堂

矛盾するものの共存、あるいは拮抗するものの調和

笠原一人

村野藤吾の作品譜を辿ると、実に数多くのホール建築を遺したことがわかる。その系譜は、戦前の名作・宇部市渡辺翁記念会館(1937 p138)に始まり、公楽会館(1949 p164)、千日前グランド劇場(1953 p143)、近映会館(1954 p144)といった戦後の中規模ホール建築を経て、神戸新聞会館(1956 p165)、読売会館(1957 p124)、大阪新歌舞伎座(1958 p146)などの大規模ホール建築へと向かう。ちょうどこの頃から、米子市公会堂(1958 p148)、八幡市民会館(1958 p150)、小倉市中央公民館(1959 p151)など、公共のホール建築が増えるという傾向も認められる。そしてその後、村野独自の表現による日生劇場(1963 p152)、西山記念会館(1975 p158)へと続く系譜は、村野の成功への道のりとともに、彼の表現の多彩さや関心の変化を如実に表しているといえる。

だがそこには、一貫したデザイン手法を読み取ることができる。村野によるホール建築には、薄さと厚さ、あるいは軽さと重さが共存するかのような、ある種の矛盾した様相が見られる。ホール建築は大空間を必要とするため、建物は自ずと大きな体積をもち、重さを感じさせるものとなる。だが村野は、そこに皮膜のように張り詰めた薄く軽い表現をもち込むことで、大きさや重さを打ち消そうとしている。

それは、1932年にH-R・ヒッチコックとP・ジョンソンが「インターナショナル・スタ

作品解説:笠原一人[KK]
川島智生[TK]

イル」の第1原理と位置づけた、「ボリューム」という概念を忠実に表現しているといえる。ただ村野の場合、境界面をなす壁面や屋根が風船のように膨らみ、また極端に薄く軽く表現される一方で、それらがタイルや石貼りとされたり、黒っぽい重厚な色彩を帯びていたりするなど、対照的な表現が同居している。それはホールの内部においても同様だ。

村野のホール建築にはモダニズムと様式性の共存が見られることも、指摘しておくべきだろう。建物には無装飾の抽象的な形態を用いているが、建物全体の構成を見ると、ギリシア神殿や様式建築を想起させる列柱や3層構成をもつものが複数ある。大阪新歌舞伎座のように、日本の伝統的な様式のモチーフを反復させた結果、正面が薄い抽象的な1枚の面のように感じられるという形で、モダニズムと様式性が共存している作品もある。

村野は、戦前に渡辺節の事務所で様式建築を叩き込まれたのだが、後年、様式にあまり関心はなく、様式もあくまで近代建築の方法でとらえたい、と論じていた。その言葉通り、村野の作品には、モダニズムと様式との間を揺らぐように見えるものが少なくないが、そのことはとりわけホール建築によく当てはまりそうだ。それは村野が、ホール建築を民衆が集うための開かれた場であると同時に、象徴性を備えた社会の中心施設としてとらえたからではないかと考えられる。

村野のホール建築に認められるのは、矛盾するものの共存、あるいは拮抗するものの調和とでも言い得るような特性である。そしてその性質こそが、ホール建築を既視のものでありながら未知のものであるかのような、あるいは伝統に基づきながらも新しい、村野独自のものとして成立させている。

建築史家／京都工芸繊維大学大学院助教

宇部市渡辺翁記念会館

1937年

山口県宇部市朝日町8-1

宇部市の発展に貢献した渡辺祐策翁を記念してつくられた会館。戦前の村野の代表作である。
正面の広場に向けて緩やかに湾曲した大きな壁面を見せる、堂々とした姿が印象的である。建物が基壇の上に建てられていること、正面に塔状のオブジェが柱のように並んでいること、さらに屋上に軽い屋根のような表現の塔屋があることから、ギリシャ神殿をイメージさせる。壁面には、茶色い塩焼きタイルが貼られており、重厚な印象を与えるが、そのタイルは日光を受けて青や白の光を纏った豊かな表情をも見せる。
一方内部は、大理石貼りの重厚かつ豪華なもので、マッシュルーム状の柱頭をもつ柱など、アール・デコ調の空間となっている。玄関入口脇に飾られた労働者のレリーフや、屋内の壁面の工場群を描いた壁画は、村野が関心を寄せていたロシア構成主義の影響を感じさせる。
1994年の大規模な修繕を経て現在も往時の姿をよく留め、2005年に国の重要文化財に指定された。[KK]

①東側全景
②エントランス
③屋上ペントハウス

宇部市渡辺翁記念会館

5

6

7

④1階ロビー
⑤1階ロビーの柱頭
⑥1階壁面装飾
⑦2階ホワイエ
⑧ホール内部
⑨ホール1階席
⑩ホール2階席
⑪階段スペース

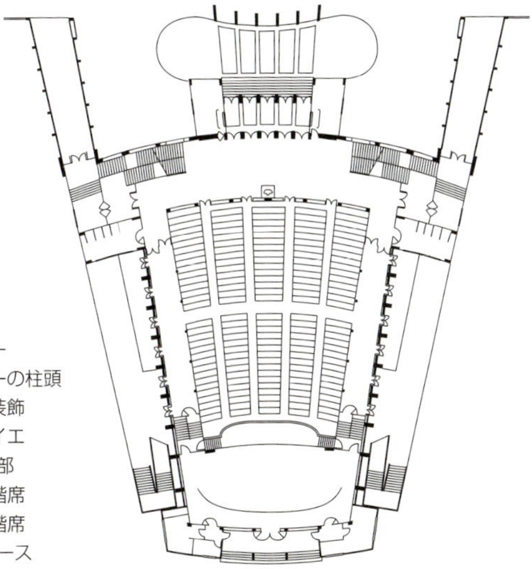

平面

非現存

近畿映画アポロ劇場

1950年

大阪市阿倍野区

天王寺駅前のあびこ筋に面して建てられた映画専用の劇場。後に、近映レジャービルアポロ（1972 p156）に建て替えられ、現存しない。建物の構造は鉄筋コンクリート造であるが、建物の正面部分が都市計画道路にかかっていたことから、その部分については将来撤去できるように鉄骨造とし、バルコニーを設けて半屋外空間とされた。その結果、村野の商業建築にしては珍しく、正方形に近い立体格子がむき出しとなり、幾何学形態が強調されたデザインとなっていた。
正面のバルコニー奥の壁面には、東郷青児による大きな壁画が設置されていた。竣工当時は濃灰色に薄紫色、白色やピンク色を加えた色彩豊かなものであった。
敷地が不整形であることから、建物の外形は平行四辺形の平面となっていた。だが建物奥に位置する1,200人収容の劇場は、客席部分が円形の平面をもち、外観の堅い印象とは対照的なデザインとなっていた。[KK]

①外観
②階段
③ホール

非現存

千日前グランド劇場

1953年

大阪市中央区

①外観
②夜景
③ホール

空襲で焼失した寄席の花月跡に、吉本興業によって建てられた劇場施設。村野は、梅田の吉本梅田劇場（1957）や吉本ビル（1960）など、吉本興業の施設を複数設計した。この建物は後になんば花月と改称されて使われていたが、なんばグランド花月（吉本会館1987）が村野没後の村野・森建築事務所の設計によって別の敷地に竣工したため、解体された。

建物は不整形な敷地いっぱいに建てられたため、不整形な平面をもっていた。正面は大きな白い壁面に覆われていたが、2階に黄色のガラスブロックが波型に積まれ、また内部のホワイエではスロープや売店クロークの壁面、カウンター部分に自由曲線が用いられて、空間に変化を与えていた。

約1,200人を収容する劇場内部は、緩やかに湾曲した薄い膜のような天井が吊り下げられるように設置されたモダンなものであったが、その表面は木製の網代張りとなっているなど、和風の趣をも見せていた。[KK]

非現存

近映会館

1954年

大阪市阿倍野区

天王寺駅前の近鉄百貨店阿倍野本店（1957 p126）に隣接して建っていた映画専用劇場。戦前に建てられた700人収容の地階の映画館の上に、850人収容の小劇場と、1,500人収容の大劇場が載せられるようにして増改築されたもの。後年、近鉄百貨店の増築の際に解体された。

正面の大きな壁は、薄紫色のモザイクタイルで仕上げられて白っぽく輝き、パラペットの笠木は極度に薄いなど、抽象性の高いものとなっていた。だが、部分的にガラス窓が途切れてベランダになっていること、また屋上が壁面よりも幾分後退しながらボリュームが重ねられていること、さらにフライタワーやペントハウスに薄いボールト屋根が何重にも架けられていることで、層状の奥行きを感じさせる効果も見られた。

一方内部の大劇場では、厚みのない三角形の天井面が層をなしながら中央に向けて寄せられていた。それによって、皮膜のような薄さと同時に、それが重ねられることによる厚みのようなものが感じられるものになっていた。[KK]

①外観
②内部吹き抜け
③④ホール

非現存

近鉄会館［近鉄劇場］

1954年

大阪市天王寺区

映画館2館を内包する建物として1954年に上六小劇場跡に竣工した。近鉄上本町ターミナルビル（1969 p132）の南側に位置し、北と西で接道する角地にあった。一般的に角地の建物に多く見られるコーナー部分をアール状とする手法は用いられず、矩形でまとめられたプランが特徴的であった。

4階建て地下1階であり、1・2階の北側面はピロティとなり、外部に開かれた空間であった。一方で3・4階部分はキャンティレバーで張り出され、水平線を強調した連続する横長窓によって、西側ならびに北側立面のパースペクティブが誇張された。構造面に依拠するピロティやキャンティレバーという新しいモダニズムの造形手法が用いられ、建物の形状が決定されるという、戦前までのモダニズム建築にはなかった特色を生んだ。そのことは東側に並び建っていた戦前期のモダニズム建築である近鉄旧本社屋（1936）と比較すれば、より明確である。

1985年に大規模改修を行い、近鉄劇場となった後、2008年8月に解体された。［TK］

①外観
②階段
③大ホール
④小ホール

大阪新歌舞伎座

1958年

大阪市中央区難波4-3-2

①外観夜景
②客席天井見上げ
③ホール内部
④⑤外観装飾詳細

1

2

3

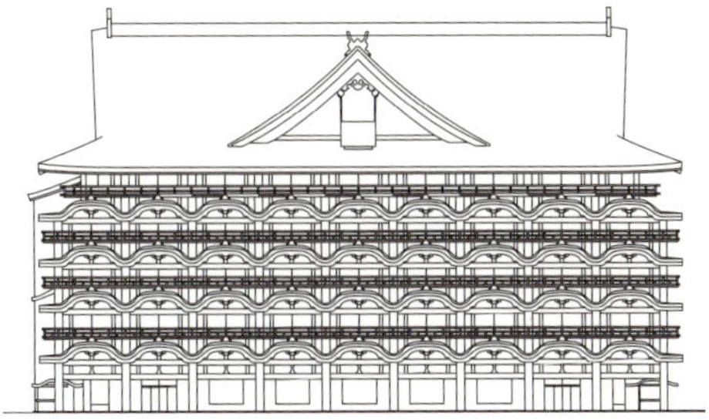
東立面

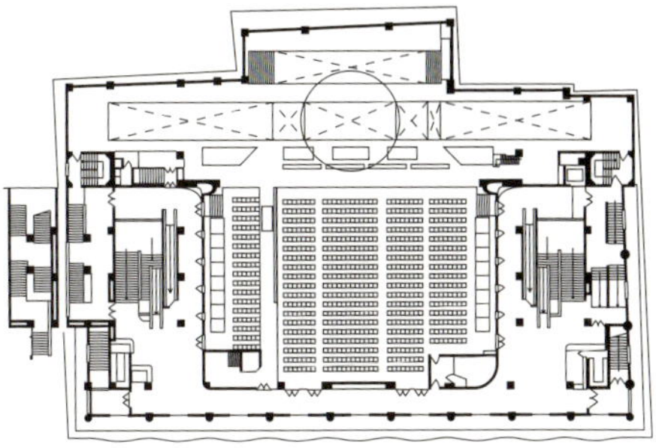
平面

難波の御堂筋通りに面して建つ劇場。当初歌舞伎専用劇場として建てられたが、ほどなくして演歌や歌手芝居の公演専用ホールとして使われるようになった。
この建物は、村野が施主から歌舞伎に因んだ桃山調の建物とするように依頼され、二条城などをモデルにしながらデザインしたものである。建物正面の頂部に大きな千鳥破風を載せ、壁面には、通常建物の正面に1つだけ取り付けるはずの唐破風が連続的に反復させられている。他に類例を見ない、村野ならではの独創的なデザインである。
また木造の柱梁の構成が鉄筋コンクリートに置き換えられ、屋内では天井や壁面に格子や縞模様が反復して用いられ、階段の手すりなどには籐や鉄を用いた手工芸的なデザインが見られる。彫刻家・辻晋堂作による棟飾りも建物によく溶け込んでいる。巨大な工芸品のような建物である。
なお、新歌舞伎座は2009年6月をもって閉館し、2010年の夏から上本町に移転して営業が再開される予定である。村野の設計によるこの建物は、現在解体も視野に入れて、新歌舞伎座移転後のあり方を検討中だという。[KK]

米子市公会堂

1958年
鳥取県米子市角盤町2-61

2

3

4

米子市に建つ約1,400人収容可能なホールを中心とした公会堂施設。竣工当時は山陰随一のホールとして注目された。
建物は、コンクリートの柱梁をむき出しにしたモダニズム建築に特有のものである。こうした表現は、同じ頃竣工した八幡市民会館（1958 p150）や小倉市中央公民館（1959 p151）、また横浜市庁舎（1959 p182）などに共通している。だが米子市公会堂では、客席後部を軽やかにもち上げ、他にないダイナミックな形態となっている点が異なっている。
この形態は、ピアノをイメージしたものといわれているが、側面からは虫のようにも、正面からは貝殻のようにも見える。また、構造的な力強さを打ち消すかのように、タイル貼りの薄い皮膜のような壁面が繊細でやわらかな表情をつくり出している。これらの表現が相まって、建物をモダニズムの範疇に留まらない、イメージ豊かなものとしている点に、村野らしさを見ることができる。[KK]

5

6

7

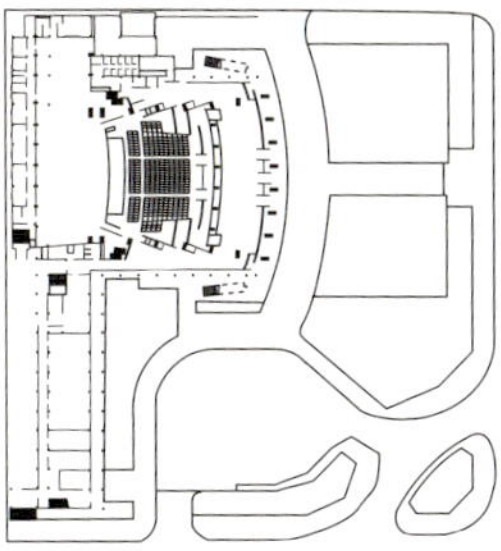

平面

①外観全景
②外観正面
③④外観側面詳細
⑤ホール内部
⑥ロビー
⑦ホワイエ

map46

八幡市民会館

1958年

福岡県北九州市八幡東区尾倉2-6-5

①外観
②ホール内部
③ホワイエ階段
④全景

北九州市の八幡に位置する、約1,500人収容のホールを備えた会館施設。建物は小さな高低差のある敷地に建っており、ホワイエや事務室、会議室を内包する2層のピロティの上にのしかかるようにして、ホールの大きなボリュームが配置されているのが特徴。しかしその建物の構成は、どこかギリシャ神殿をイメージさせる。

ホールの外壁には、戦前に大庄村役場(1937 p178)や宇部市渡辺翁記念会館(1937 p138)で用いたのと同じ、茶色の塩焼きタイルが貼られ、重厚さを感じさせる。だが、建物のシャープな輪郭や平滑で巨大な壁面、ホールの上部と下部に設けられた隙間のような窓、極端に薄い屋根などによって、建物のボリュームや色合いに反して、軽さや薄さが感じられる。またホールの内部は、膨らんだ天井や緩やかに湾曲する壁面により、やわらかさが感じられる。

村野は北九州市で育ち、大学入学以前に八幡製鉄所に勤務していたなど、八幡との関わりは深い。その村野の、八幡に遺された数少ない作品の1つである。[KK]

非現存

小倉市中央公民館［小倉市民会館］

1959年
福岡県北九州市

①②④外観
③ホール内部

小倉城と北九州市役所に隣接する公園に建設された会館施設。復元された小倉城と同じ年に竣工しており、当時は北九州市を象徴する建物の1つであったが、別の敷地に新築された北九州芸術劇場に機能が引き継がれ、2003年に解体された。
建物は、コンクリートの柱と梁の立体格子の中にホールが入れられたような格好になっていた。立体格子の使用は、八幡市立図書館（1955 p180）、横浜市庁舎（1959 p182）など、1950年代後半の村野の特に公共建築作品に見られる。しかし小倉市中央公民館の場合、開けた敷地の中央に位置していること、正面に列柱があること、中央に収められたホールの上部が屋根のように見えることなどから、ギリシャ神殿をイメージさせるものとなっていた。しかし同時に、日本の寺院建築の縁側や欄干をイメージさせるデザインも見られた。モダニズム建築の典型のように見えながら、村野が好んだ西洋や日本の様式建築のイメージが重ねられた作品だった。［KK］

日本生命日比谷ビル［日生劇場］

1963年

東京都千代田区有楽町1-1-1

日本生命保険相互会社の創業70周年を記念して建設されたビル。その大部分を日生劇場が占めているため、日生劇場の名で呼ばれることも多い。
建物の外壁は御影石貼りで、開口部に装飾が用いられるなど、やや重厚で様式的な表現となっている。これについて村野は、建物に記念碑的な性格と風格を与えたかったためとしている。だが、いまだモダニズムの方法が主流であった当時の建築界には受け入れ難かったようで、一部に批判が生じた。
一方内部では、劇場の1階ロビーの床一面に鮮やかな模様の大理石が貼られ、天井には押し出し成型アルミで幾何学的な文様がデザインされている。劇場内部では、あこや貝が貼られた天井とガラスモザイクが貼られた壁面が、まるで洞窟のようにうねっているなど、随所に村野独自の手工芸的な技法や表現が多数見られる。村野の最高峰ともいえる作品である。
その技法や表現は高く評価され、1964年の日本建築学会賞を受賞した。［KK］

①全景：外壁は万成石、屋根・庇は銅板葺き
②外壁詳細
③ピロティ
④エントランスロビー：押し出し成型アルミによる構成
⑤ホワイエ：天井は石膏穴あき型

エントランスロビー天井伏

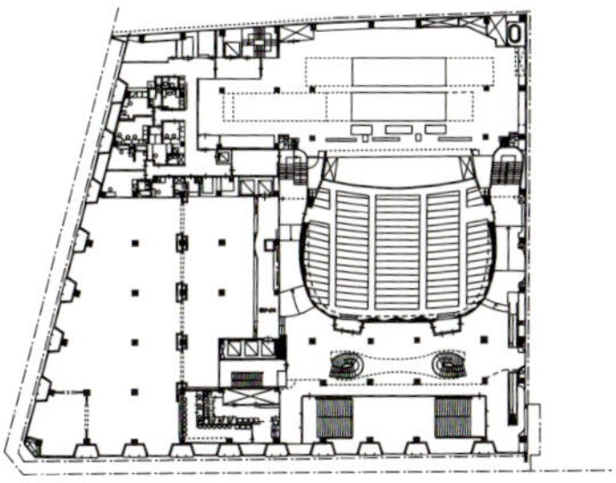

平面

7

8

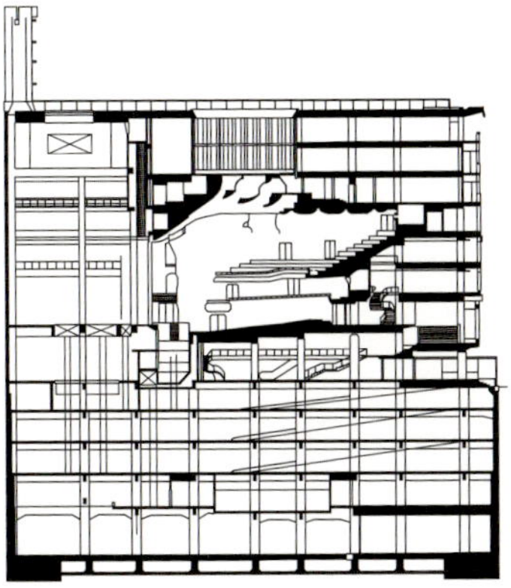

断面

⑥ホール内部
⑦壁面詳細：天井は石膏型あこや貝貼り、壁はガラスモザイクタイル
⑧天井詳細
⑨階段

近映レジャービル アポロ［現：きんえいアポロビル］

1972年

大阪市阿倍野区阿倍野筋1-5-31

JR天王寺駅の南側のあびこ筋に面して建つ商業ビル。村野の設計による近畿映画アポロ劇場（1950 p142）の跡地に建てられた。
中央にカーテンウォールをもつ高層部分を置き、その両脇を細長い低層部分で挟み込んだ、珍しい縦割りの構成となっている。そしてこのデザインを強調するように、下層部では着物の裾を広げたような形状のコンクリートの装飾が壁面を覆っている。中央のカーテンウォールの両脇には、フジカワ画廊（1953 p220）にも見られるような小さなベランダが配され、建物の垂直性をより強調している。そのベランダの手すり子のデザインが可愛らしい。竣工当時、敷地近辺には近映会館（1954 p144）、近鉄百貨店阿倍野本店（1957 p126）、岸本ビル（1955）など、複数の村野作品が建っていた。この建物の隣地には、現在も村野が設計した阿倍野センタービル（1970 p133）が建っているが、同じ商業ビルでありながら、まったく異なる形でデザインされており、村野の幅広さが窺い知れる。[KK]

①外壁詳細
②北側全景

内覧は要申込　map44

宇部市文化会館

1979
山口県宇部市朝日町8-1

戦前の村野の代表作、宇部市渡辺翁記念会館（1937 p138）に隣接して建つ文化会館。約500人を収容するホールや会議室、展示室などを収めている。建物は、扇形の平面をもつ記念会館とJRの線路との間にできた、細長い三角形状の敷地を埋めるようにして建っている。文化会館の外壁は、記念会館と同様、茶色い塩焼きタイルで覆われているため、違和感はないが、よく見ると両者の造りは異なっている。
文化会館は一番奥に中ホール、その手前に会議室など数種類の大きさの部屋が配置されており、それらの部屋のボリュームがそのまま外観に現われた、複雑なものとなっている。記念会館との隙間には、白砂が敷き詰められ、孟宗竹や笹竹が植えられ、瀟洒な和風庭園の趣を見せている。
これらの手法が、重層性と奥行き感、迷路性、そしてヒューマンスケールを生み出し、記念会館とは異質な空間となっている。記念会館との40年以上の時間の隔たりを対比的に表現したかのような作品である。[KK]

①中庭
②南側外観
③ホール

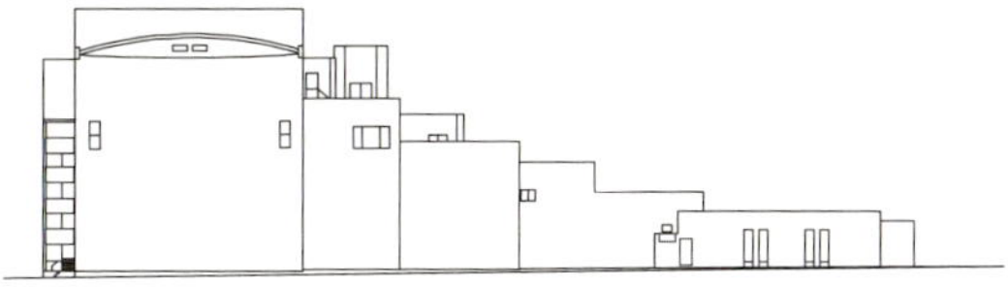

西立面

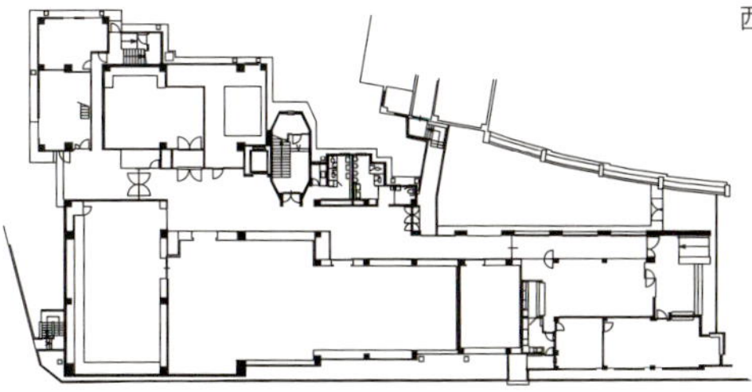

平面

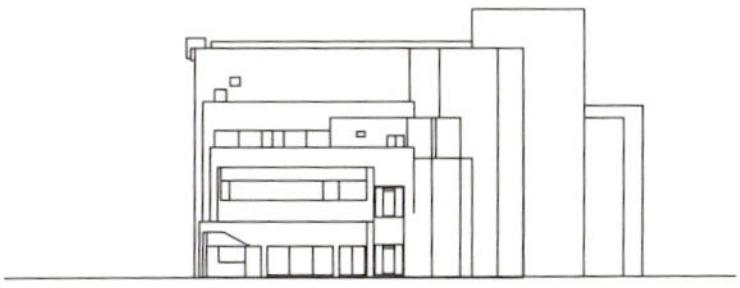

南立面

西山記念会館

1975年

兵庫県神戸市中央区脇浜町3-4-16

2

3

阪神電鉄神戸線春日野道駅の直上、国道2号線に面して建つホール建築。川崎製鉄（現：JFEスチール）初代社長である故西山彌太郎の顕彰を目的として建てられた。

建物が幹線道路に挟まれた三角形の敷地に立地しているため、遠望の視線を意識したシンボリックな造形となっている。その立地と上部が外へ張り出すような形状は、村野が関心を寄せたロシア構成主義の建築家K・メーリニコフによるルサコフ労働者クラブ（1928）を連想させる。

建物の輪郭は、村野によって粘土模型で決定されるなど、晩年の村野に特有の自由な曲線でつくられている。だが平面は、正円と正三角形を組み合わせた幾何学形態で整えられている。自由な曲線と幾何学的秩序のバランスがよく、両者が絡まるように共存しているのが特徴。家具も村野によるもので、現在も使用されている。

阪神・淡路大震災の際の激震地域に位置していたが、建物は見事に耐え、逆に災害援助の拠点として使われた。

［KK］

①東側全景
②外壁詳細
③国道沿い全景
④ホール内部
⑤ホワイエ
⑥ホール壁面
⑦車寄せ

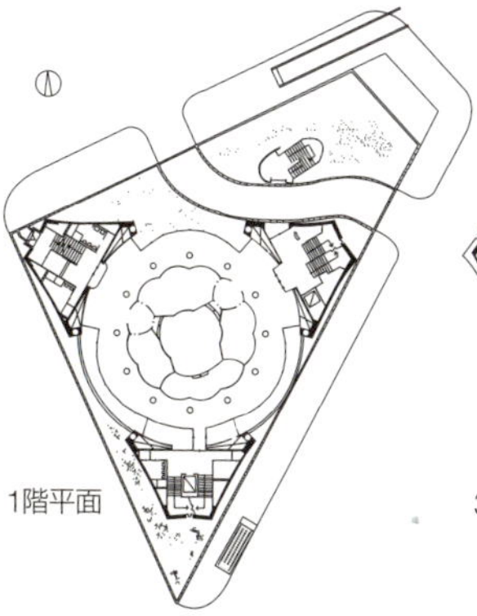

1階平面

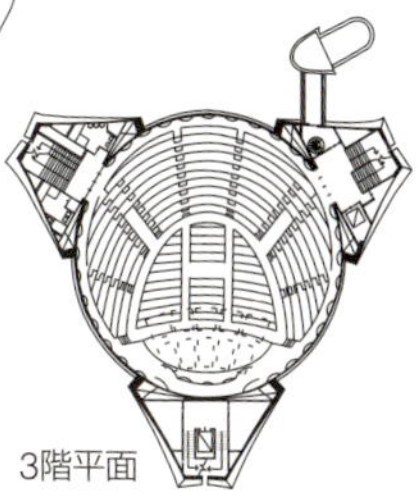

3階平面

宇部と村野藤吾

田代是明 田代建築事務所／元村野建築事務所所員

宇部は、1897（明治30）年、沖の山炭鉱の開業により石炭産業が盛んになり、やがて化学工業への道が開かれて今日の宇部産業へと発展してきた。宇部村から一躍宇部市へと導き、郷土を愛し、建物から街づくりまで、現在の宇部の基を築いた渡辺祐策翁の功績を後世に伝える事業として、1934（昭和9）年7月渡辺翁遺徳顕彰会が立ち上がった。別に関係会社7社（うち3社が現在宇部興産の事業部）が渡辺翁記念会館プランを立ち上げ、渡辺翁記念事業委員会が創設された。

宇部市渡辺翁記念会館（p138）は1935（昭和10）年10月に着工され、1937（昭和12）年4月の完成。短い期間でよくできたと思うが、現場が大変だったようで、その担当は柳良治、玄関両側の壁のレリーフは杉浦巴、構造は伴野三千良、と聞いた。工事は実費精算方式による直営工事。躯体工事は地元の大工を擁する会社（杉村組）、タイルは村野が知っている職人（森五ビルのタイル製作）、石工事は地元の長門石材、内装は髙島屋、と聞いている。地元では立派な建物ができたので反響が大きかったようだ。

記念会館が出来上がる頃から、施主は村野先生を宇部から放したくなかったようで、現場担当の柳の話では俵田宇部興産元社長がいろいろと計画の話をされ、宇部に永住するようにいわれた、と聞く。その計画の中に記念会館の近くに宇部図書館（計画のみ）、常盤台のほうに宇部ゴルフ場（戦争により消える）があった。宇部銀行本店（p103）もその1つで、1937（昭和12）年に着工して1939（昭和14）年11月に完成している。ただし、外装の仕上げが設計図の石貼りと違ってリソイド掻き落としで仕上げられていた。村野先生は外壁の仕上げは変えないのが常で、何かがあったように思われる。

1933（昭和8）年宇部窒素工業は創立し、工場は1934（昭和9）年4月に完成、7月に製品ができたようで、その事務所（p219）の設計を村野建築事務所が担当して1942（昭和17）年に完成した。1936（昭和11）年11月、石炭液化工業設立が全国4ヵ所で行われ、宇部もその1つに指定されて1939（昭和14）年5月に宇部油化工業が創立された。宇部油化工業全体の設計を村野事務所が担当して同年10月に着工し、順次完成させ、1941（昭和16）年12月火入れ式を行い稼働を始める。全体の完成は1942（昭和17）年、その間、主な建物は別として村野先生は宇部で設計を行ったようである。硫安倉庫は未着工で、関係者の話ではこれができていたらすばらしい建物と思われていた。また工事のほうで先生は、建物が大きくて工期も短いので、本間君を呼んだらどうかね、といって大倉土木（現：大成建設）に頼んだという話がある。

1945（昭和20）年7月の空襲により、建物は壊滅の状態になったと聞く。1954（昭和29）年山陽化学が協和発酵として発足したが、工場再建時に関係した人の話では、図面、計算書が数多く残っていて、すべて村野事務所の図面で原図もあったと聞いている。現在、当時の建物で残っているのは「発電所」だけという。

1942（昭和17）年以後は戦争のため、計画はなくなり、村野建築事務所の柳良治ほかは一時、宇部興産の社員となった。

1951（昭和26）年7月、宇部興産中央研究所が着工して、翌年の1952（昭和27）年7月に完成する。外装はタイル貼りで、ガラスブロックを併用した窓と玄関入口のポーチの庇が曲線のコンクリート打ち放しで、独特の雰囲気があった。現在は窓の改修とコンクリート打ち放しに塗装をしているため、完成時とは雰囲気が少し違っている。

宇部興産本社は、本社を宇部工業会館隣に

新築し、4階建てで、外部が人造石小叩きブロックとガラスブロック入りパネルであった。エントランスのホールも広く、事務所とは思えない雰囲気であった。新本社は村野先生の設計で1953（昭和28）年3月に完成したが、2005（平成17）年に解体された。宇部の歴史のためにも残しておきたい建物の1つであった。

宇部市文化会館（p157）は渡辺翁記念会館の横に計画された。当時、市の担当者は村野先生の計画が予定の面積より大きく、補助の関係もあって面積の調整が大変でした、といっていた。着工は1978（昭和53）年6月、定礎式が1979（昭和54）年8月、同年10月に完成した。外壁は記念会館と同じ仕上げで、記念会館に対して控えめな建物としてできているが、前面道路から見ると、高さは同じとなっている。

宇部興産ビル（p069）の計画は文化会館の工事中に始まったようで、村野先生は中安宇部興産元社長と一緒に文化会館の躯体工事が終わった頃の現場を見にこられたことを記憶している。それから事務所の担当者がたびたび打ち合わせに来ていた。宇部興産ビルは1982（昭和57）年3月着工、1983（昭和58）年10月完成。予算が厳しくて、先生も仕上げのほうで工夫されたと聞いている。今は1階の池および噴水も撤去されて独特の照明装置もなくなり、ただ駐車場になっているのが残念。

現在、宇部市内に村野先生の作品として現存している建物は7ヵ所あり、今でも使用されている。

宇部油化工業 発電所（1940頃）

宇部興産中央研究所（1952）

会館

複合機能をもった会館建築
河崎昌之

会館という人々が集う建物を、いくつかの用途や機能が組み合わさった複合建築という視点から眺めながら、村野藤吾による会館建築を辿ってみたい。

劇場やホールを中心とした会館として公楽会館(1949 p164)、そして神戸新聞会館(1956 p165)がある。年代的に先行している前者は百貨店との複合による。他方、後者は新聞社機能をはじめ、大・小ホール、レストランや商店街等がワン・ボリュームに内包された建物である。特にこのホールに関して“ビル内に組み込まれたホールの初期作品として「日生劇場」の習作である”ことが指摘されている。それぞれ今日の私たちに馴染みの深い施設といえるであろう。

輸出繊維会館(1960 p168)と西宮商工会館(1966 p169)は、ビジネスにおける同業者や組合員、あるいは顧客のための場所である。それぞれ大きくホールとオフィスとで構成されている。輸出繊維会館において用いられた、建物の高さを抑えながら、天井高のある空間を組み込む“中地下”という方法は、そこに実現されたホールや会議室、食堂といった無窓のスペースが、テーブルを囲むビジネスパートナーらとの会話へと意識を集中させる、メンバーシップを醸成するような空間として仕上がっているのを見る時、敷地の有効活用や、厳しい制約が課せられることの多い都市環境の中で奏功したといえよう。

作品解説:河崎昌之[MK]

西宮商工会館に見られる、低層のホール棟と高層棟とによるツー・ボリュームの分棟形式は、高層棟をオフィスとした北九州八幡信用金庫本店(1971 p107)、そこに宿泊機能をもたせた京都堀川会館(1972)、そして宿泊・オフィスとより複合の度合いを高めた宇部興産ビル(1983 p069)等、数種のビルディングタイプにわたり繰り返し表れている。場合に応じ、自由に手法を選択していく姿勢は示唆的である。

妙心寺花園会館(1958 p166)と松寿荘(1979 p170)は上のような商業空間とはやや趣を異にする建物である。京都堀川会館と同様に宿泊機能を有する花園会館は、他の会館建築に比して簡素な表現でまとめられているが、そのことが寺院境内という敷地や檀家という利用者にふさわしい、落ち着いた佇まいと空間を創出している。これに対し、松寿荘の華やかな意匠は対照的である。ここで見られる振り幅の大きさは、先述の柔軟な姿勢の表れでもある。

住宅的な雰囲気のある松寿荘を「会館」として論ずるのは難しい。だが住宅もまた機能や空間の連なりとし、その文脈にのせるとき、私的な居住空間から大衆に向けた商業空間に至るまで、厳かに、また華やかに人々を迎える質の高い空間をていねいにつくり出そうとした設計者の姿が見出されるように思う。

松寿荘が竣工後四半世紀を経ることなく、その姿を消したことは残念である。だが、実見叶わずとも、そこに知る限りのさまざまな手法を後の設計者に残すという設計者の意思を、残された写真から汲み取ることができるという意味で、建築されたことを幸いとしたい。

和歌山大学准教授

非現存

公楽会館

1949年
京都市下京区

劇場と百貨店との合築である。工事は先の大戦による休止期間をまたいで行われた。戦前、戦後の社会制度等の変化により、計画もまたその前後で大きく変化したようである。
東側の正面は新古典主義的な列柱空間で、柱は石造のように仕上げられていた。玄関上部の壁画は東郷青児、彫刻は坂上克政によるものである。
当初、劇場は映画の上映のみを目的としていたが、後に演奏会や演劇の鑑賞が所望され、それに合わせて各部の仕様の変更が行われた。甲殻類のような天井をもつ劇場の収容人数はおよそ2,000人。客席は地階レベルとその上部に1、2階の2層にわたる形で設けられ、ステージの前方にはオーケストラピットが用意された。天井の開口に飲み込まれるホワイエの円柱、その背後の簓《ささら》のラインが強調された、軽快で宙に浮くような階段等、村野らしさが随所に表れていた。[MK]

①④外観
②ホワイエ
③ホール内部
⑤ホワイエ階段

非現存

神戸新聞会館

1956年

兵庫県神戸市

印刷所を含む新聞社機能、オフィス、レストランや商店、そして大・小の劇場が入る、赤褐色のマッシブな複合建築物であった。
水平線が強調された、一見、平滑な立面のように見えるが、北側からは1階、2階、そして3～7階と大きく3つのブロックでとらえることができた。その視線を南側に移していくと、平たいボックス状の各階が、隙間を空けながら積み上げられたかのような、明確な立体的単位をもった構成に見えた。さらに3階から6階にかけての、4層吹き抜けの大劇場部分のバルコニーが、陰影による表情をつくり出していた。そして敷地のレベル差を解消するスロープの緩勾配のラインが、この静的なファサードに若干の動きを加えていた。
建築本体の屋上には奥行き幅いっぱいの、四隅が面取りされた塔屋が載っていた。塔屋は4層という高さながら、水平・垂直の対比の中でバランスよく納まっていた。阪神・淡路大震災で損傷を受け、取り壊された。[MK]

①全景
②外観詳細
③ホール内部

妙心寺花園会館

1958年
京都市右京区

この花園会館は、京都の洛西・花園の妙心寺境内に建てられた信徒たちの宿泊・集会施設で、玄関棟と、その北側の宿泊・講堂棟の2棟からなっていた。土間のある玄関棟と宿泊・講堂棟とは、両棟の間の石庭風の中庭に架け渡された簀の子状の廊下でつながれていた。宿泊・講堂棟の屋根は、少しむくりが付けられた緩い勾配の寄せ棟で、銅板葺きであった。それを受ける打ち放しコンクリート柱は、梁とともに木肌のような風合いで、外部に露出していた。そして柱梁で囲われた壁面をリシンかき落しで仕上げることで、真壁風の表現が獲得されていた。柱面から突出して設けられた広縁が、繰り返される柱と梁による構えのアクセントとして効いていた。
前庭南側の妙心寺垣と呼ばれる竹垣越しに見ると、水平線だけではなく、互いの柱、つまり垂直線も呼応しているかの如くであった。[MK]

①南側外観：鉄筋コンクリート造だが
細い柱が緊張感をもたらしていた
②1階講堂
③広縁
④玄関棟と講堂の間の庭
⑤2階バルコニー
⑥講堂前の庭
⑦講堂
⑧玄関からロビー、中庭を見る
⑨玄関

輸出繊維会館

1960年

大阪市中央区備後町3-4-9

繊維会社の多い、大阪・肥後町に建つこの会館は、黄褐色のイタリア産トラバーチンの壁面に整然と並ぶ、ステンレスサッシのコーナー・アールが印象的な建物である。

1階南側の壁に窓がないのは、建物高さを抑える意図で、天井高の必要なホールを中地階に計画したことによる。玄関は2つある。ユニークなドーム状のキャノピーをくぐり、西玄関を入ると、絨毯敷の階段が中地階へと降りている。その手すり腰部分には繭玉を模したグリルが取り付けられている。船内のようなロビーを介して、ホールや会議室の利用者のための、ゆったりとした前室に至る。もう1つの玄関は南側にあり、主としてテナントによる利用が想定されたものである。そのホールからモザイクタイルによる壁画を背景に、下階に降りる階段手すりの曲線、段裏の曲面もまた美しい。照明や建具まわりにも意匠を凝らし、実業家たちが集まるにふさしい空間としている。[MK]

①ロビー階段
②壁画(堂本印象作)
③④外観
⑤西側外観：キャノピー

一部現存　map36

西宮商工会館

1966年
兵庫県西宮市櫨塚町2-20

①全景：手前の低層部は阪神・淡路大震災により倒壊、背後の高層棟が残っている
②高層棟外壁詳細（現状）
③ロビー

リブ付きコンクリートのシャープなグリッドの間を、赤褐色のプレキャストコンクリート板が垂直に走る。そこから少し奥まった位置にサッシが取り付くことで、陰影が生まれ、そこに立体感が付加されている。この高層棟のシステマティックな構成は、パラペットや屋上フェンス部分にまで適用され、高い全体性を有する立面に仕上げている。インテリアにおいては、簓《ささら》をトラスとした螺旋階段、その中心に吊り下げられた照明器具や框扉のハンドルに、ていねいなデザインを見ることができる。
敷地北東側に置かれたピロティ形式の低層ホール棟は、プレキャスト、現場打ちコンクリート、そして鉄骨トラスを組み合わせた構法上の意欲的な取り組みによる建物であったが、阪神・淡路大震災時に倒壊し、現在は地上から立ち上がる鉄骨3階建ての建物に建て替わり、その2階に配されたホールが、かつての機能を担っている。高層棟はいまも健在である。[MK]

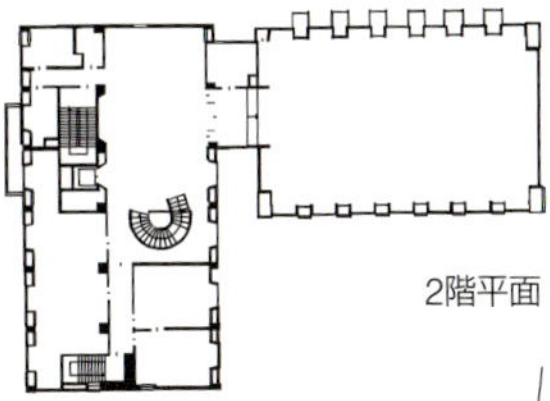

2階平面

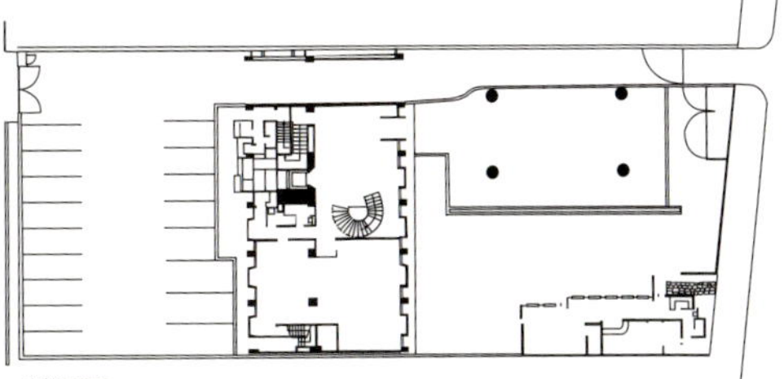

1階平面

松寿荘

1979年

東京都港区

企業のゲストハウスであるこの建物は、指月亭（1959 p257）の向いの敷地に、塀を築造することから計画が始められた。

壷庭により演出されたエントランス空間のある北側は、広々としたレセプションルーム、談話室や貴賓室等からなっていた。建物は庭を囲むように鉤の手に折れ、食堂を経て、渡り廊下を介した南側の和室棟へと至る。2階には日本間の他、設備空間等が置かれていた。

「高くしないこと」という施主からの数少ない設計要件の中で、こうした多様な諸室による構成を、複雑な形状をした屋根のもとに収めていた。結果、松寿荘は場面展開のある、各立面がユニークな表情をもつ作品となっていた。

知っている限りは残しておきたかった——建物随所に、建築や工芸の伝統的な手法が数多く用いられた背景として、よく引かれる村野の言葉である。「なるべく日本風に」という施主の要望に応えつつ、その思いが遂げられた建物であったが、残念なことに現存しない。[MK]

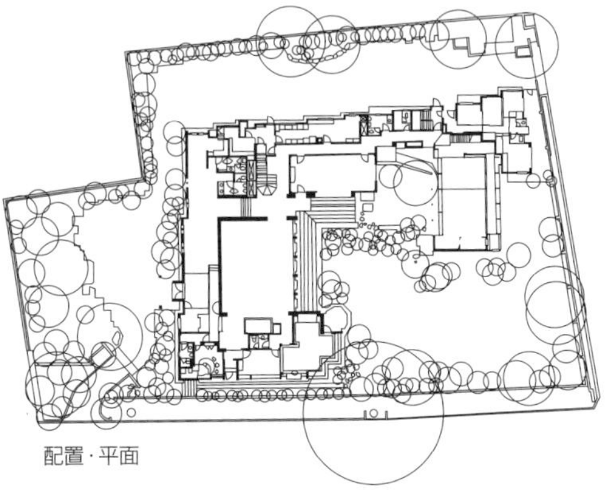

配置・平面

①南側外観：正面にレセプションルーム、左手前に貴賓室。屋根は銅板葺き、外壁は特製タイル貼り
②アプローチ
③玄関：その背後はレセプションルーム

松寿荘

5

7

南立面

西立面

8

9

10

11

④レセプションルーム：天井は檜板張り、壁は綴れ織り、床は寄せ木張り、緞通敷き（梅模様）
⑤レセプションルーム：床の間
⑥レセプションルーム：コーナー詳細
⑦壺庭
⑧貴賓室：天井・壁は特製裂地貼り（花鳥紋様）、欄間は仙厓文書
⑨大広間の床の間と書院：天井は桐柾板市松模様貼り、壁は紅色本じゅらく
⑩大広間北側外観
⑪渡り廊下

断面

所員の思い出：「一度やったことは二度とやらない」

時園國男　建築家／元村野・森建築事務所 東京事務所所長

入所の時の面接は、髙島屋増築の現場でした。声もかけていただけなかったので、入所を許されたのかどうか、よくわかりませんでした。それから5年間、先生と言葉を交わすことはなく、先輩の下働きのような仕事をしていました。事務所の書庫の棚の設計や本の整理などもしていました。ドイツの建築家の本がたくさんありました。今ではなかなか考えられないと思いますが、修行といった感じで、図面を描くにしても、ただ黙って製図板と対峙する。これが当時は大変な苦痛でした。しかし、今になってみると、この時期に学んだことが人生の中で貴重な財産となったと思います。

先生は、図面を提出すると、まず「消しゴム」と催促されてすべて消されました。建築家を志す人は誰でも、強く「自分」というものをもっていると思いますが、私もその時は若かったですから、すごく屈辱的な感じを受けました。スケッチを渡され、その通り作図することを要求され、それもたくさんの線の中から自分の判断で先生の考えている線を選び取らなければならないのは、相当なプレッシャーでした。

入所して5年後、初めて設計担当になりました。日生劇場（1963 p152）です。当時の建築界の村野先生に対する風当たりは凄まじく、所員としても大変悔しい思いをしていたのですが、当の先生は何もいわず、設計室で黙々といつも通り仕事をされていました。意思の強い人だと思いました。先生から愚痴は一度も聞いたことがありません。

当時はコンクリート打ち放しが唯一正しいといった風潮があり、外壁を仕上げること、タイルを貼ることさえも批判されるような状況でした。そんな中で、石を貼る、ましてやピロティの天井にまで……。昔の石貼りはすべて手作業で、150mm程度の厚さの石の両面にビシャン小叩きなどの仕上げをし、それを中心から割って使う方法でしたから、厚さが70mmくらいありました。

コンクリート一辺倒だった時代で、私もそれが正しいことなのではないかと思っていたので、批判する人たちのことも理解できました。しかし、その後、ゴシック建築の本をいろいろ読んで、初めてそうかとわかったのです。ゴシック建築は、自然に逆らって、石は表現のための材料として扱われています。先生の石に対する考え方はこれだったのか、と思いました。当時、大変な批判を受けていた時代、先生は私に一言だけ「石は、もともと貼るものだ」と話されました。

先生の設計は、まず図面を提出すると、全体を眺めて手を入れるのではなくて隅のほうにある便所から、そして便所が決まるとその脇の廊下、ロビーといった順序で検討されました。普通、建築家は上から眺め、私たち担当者は柱の位置などから検討しますから、先生のそのやり方はとても不思議でした。

先生が新しい設計に臨む時、よく使われた言葉は「一度やったことは二度とやらない。今までやったことはすべて忘れなさい」でした。あのように多種多様な作品を残した事実から、先生の意識構造を探ると、1つは東洋的な「應無所住而生其心」（まさに住すること無くしてその心を生ずべし）という言葉をモメントとする考えと、しかし建築は豊かな経験とそれに伴う技術を必要とするので、むしろ現象学的方法で、自己回路をそのままに電源を切って（エポケー）自己の根拠を知覚する方法であったのではないか、と私は想像します。純粋自我の領域が先生の筆先に表れて、そのつど、独自の形が表れたのではないかと感じます。（談）

所員の思い出：「できなかったとはいわせない」

斎藤格司 建築家／元村野・森建築事務所所員

私は1950（昭和25）年、村野・森建築事務所に入りました。所員は10人ばかり。当時、事務所には構造のできる者はおらず、構造専攻でもない私が担当し、勉強しながら、ともかく志摩観光ホテルの第1期（1951 p053）、次いで東京銀行宝塚クラブハウス（1951 p277）の構造設計を任され、特に宝塚クラブではピロティのスラブ先端に上部の木造の柱を載せるため、いろいろ工夫した記憶があります。

デザインプロパーとして初めて担当したのはフジカワ画廊（1953 p220）で、以来デザイン担当として退職するまで村野先生のお世話になりました。

これは今では伝説的なエピソードですが、当時、村野先生は所員の描いた図面を見る時、必ず消しゴムを持ってやって来られました。われわれとすれば、せっかく苦心して描いた図面ですが、それをほとんどいちべつもせず、消しながら、その上を鉛筆で黒くなるまで直されました。つまり、その鉛筆の曖昧な線の核心を理解し、明確な線に置き換えたものが、われわれの結果であり、これを何度か繰り返したものが設計図になるというわけです。

個人的な思い出として、後年、甲南女子大学（1964 p204）を担当した際、清荒神のお宅に伺った折に、窓回りのスケッチを1つ示され、これでやれといわれて、ちょっと面食らったことを覚えています。まだ正確な配置もプランも定かでない時であり、私は深夜まで頑張り、空腹も度を超して吐き気を覚えるほどでした。これも今となっては楽しい思い出です。

先生は仕事には大変厳しい人であり、よく口にされていた言葉として「できなかったとはいわせない」を挙げることができるでしょう。こういうと、事務所はさぞかし厳しく窮屈なところだろうと思われそうですが、それは違うのです。先生は所員の行動の細部にはこだわらず、われわれはたいそう自由でした。当初は出勤簿もなく、皆勝手にやっていました。たぶん、ここが村野先生の偉いところなのでしょう。

ある時、先生が車の中でこう話されたことがあります。「知ってのとおり、日生劇場ではいろいろと問題もあり、僕もこれが最後の仕事かと思っていた。その後、幸いにも千代田生命本社の仕事をすることができた」と。こんな話を聞くとは思ってもいなかった私は、ただ驚いていましたが、思うに、全力で目前の仕事に立ち向かえば、道は必ず開けるものだ、ということを話したかったのでしょう。

先生の作風について聞かれることが多いのですが、私なりにいえば、建築をもし文学に喩えるなら、村野先生は強い文体をもった人であり、今日的な主題を強い文体で表現した人でした。それが顕著に出ていたのがディテールであり、ディテールに対する執着では村野先生は最後の建築家といえるでしょう。

また、先生は家具のデザインが好きで、椅子などは実に楽しそうにやっておられました。箱根プリンスホテル（1978 p063）のロビーの椅子などは、たぶん、ご自身も気に入っていたと思います。

最後に、先生の印象に残る言葉を1つ。「君、結局、近くで見て良いものが、良い建築だね」——まさに現代において味わうべき言葉であると思います。（談）

庁舎・公共建築

作風の変遷を示す庁舎建築
越後島研一

村野の庁舎建築は、最初期に1作、70歳を挟んで2作、90歳を前に1作と、計4棟。各時期を反映する異なる特徴をもち、作風の変遷を映す。重く閉鎖的な箱型に始まり、次いで骨組みが強調され、最後には開放的で軽やかな回廊が囲む姿で終る。

一方、こうした変化を超えて保たれた性格もあり、それが建築種別の特徴は見出し難い村野の、「庁舎建築の考え方」を教えてくれる。並外れて広い、華麗なる作品歴を見せた巨匠の、発想の秘密を垣間見ることができる。

最初の大庄村役場(1937 p178)は、暗褐色のタイルで覆われた箱型で、独立後第1作の森五商店東京支店(1931 p214)にも似ている。しかし、3分の1ほどの規模の大庄村役場のほうが複雑で、表情が豊かだ。むろん敷地等の条件の相違にもよるが、同時に村野が庁舎を単なる事務所ビルとは違う性格によって構想していたことの反映ともいえよう。まずは塔。パリやウィーンなどの西欧の庁舎は、しばしば高い塔を中央に置く、不動の対称型正面によって、周囲から際立つ。大庄村役場は、端部に低い塔をもつ非対称形で、地域の中心としての性格を、強調しすぎぬほどに示している。次いで低層部。隣接する水路(現在は道路)に寄り添って湾曲する壁面が特徴だ。敷地形状を低くはうようになぞり、囲まれた前庭とともに、この場所に根付こうとする表情をつくる。つまり高低2種類の要素が、

作品解説：越後島研一[KE]
笠原一人[KK]

周囲から際立つこと、この地に馴染むことという両方の効果を強調。それが、単なる箱型の事務所ビルとは異なる、庁舎らしい性格を感じさせる。

22年後の横浜市庁舎(1959 p182)は、約20倍の規模で､骨組みが際立つ軽やかな外観だ。しかし、ひとつながりの建物を、高中低の3種類の箱の組み合わせに見せている点で、遠く大庄村役場をも思わせる。高層棟は、塔屋の上に鉄塔を建ててそびえる効果を強調。低層棟は、前面道路に沿って地面をはうように走っている。

その3年後の尼崎市庁舎(1962 p184)も、高中低の3つの箱型の併置で、わずかに大庄の記憶が残るものの､三者三様の表情がつくる､活気ある対比効果のほうが支配的だ。

最晩年の宝塚市庁舎(1980 p188)に至ると､議場のボリューム自体を塔状に表現する。足下には庭とピロティが効果的に配されて､地域に馴染むさまを強調している。

単なる箱型を超える､こうした高低による演出は、もっとも初歩的なやり方の1つともいえる。庁舎に典型化されているとはいえ､他の村野作品でも少なからず見出せる基本であることも確か。だから普通の事務所ビルでも、敷地等の条件が許せば、しばしば実現されてきた。代表が千代田生命本社ビル(1966 p224)。繊細な外皮で統一されつつも､本体の右には高層棟がそびえ、左には優雅なキャノピーが滑り出す低層棟がはう。同社倒産後、存続を危ぶまれたが、目黒区総合庁舎として生き続けている。遠く大庄村役場にまで連なる、村野の庁舎建築らしい性格を当初からもっていたことを思えば、理想的な転用だといえる。

建築家

大庄村役場［現：尼崎市立大庄公民館］

1937年

兵庫県尼崎市大庄西町3-6-14

2

3

4

最初の庁舎作品。改変はあるが、現在も尼崎市立大庄公民館として使われている。主たる事務室や村長室を含む3階建ての本体部分は、開口が深く重厚。端には5層分の、高くはない塔が立ち、前面には中庭がある。これらは完成する8年前の渡欧で村野が感動したというストックホルム市庁舎（R·エストベリ設計、1923）に似ている。

小規模だが造形は複雑で、方向により異なる表情が目を楽しませる。背後の西側では、階段状を目立たせ、その足下の平屋部分の壁面が、敷地に沿って流れていた水路（現在は道路）をなぞって湾曲。塔も、頂部は打ち放しコンクリートの櫓《やぐら》となり、側面にはレリーフがある。外装は当時の彼が好んだ塩焼きタイルで、基本は焦げ茶色だが、近づくほどに、赤っぽくも、黒っぽくも見える。

こうした表情の豊かさは、ときに衛生陶器と揶揄された当時のモダニズム建築との相違を際立たせ、単なる箱ではない、この場所に建つ庁舎としてのかけがいのない魅力と、ふさわしい存在感とをつくっている。2003年に国の登録有形文化財に指定された。［KE］

①南側外観
②エントランスの壁面装飾
③エントランス
④階段
⑤廊下と階段
⑥グリル
⑦外観：かつては小川が流れていて
背面はそのカーブに沿ってあった
⑧会議室
⑨道路側外観

八幡市立図書館［現：北九州市立八幡図書館］

1955年
福岡県北九州市八幡東区尾倉2-6-2

1955年にいったん開館。その後1957年まで、予算が確保されるたびに、外壁仕上げ等の未完部分を順に工事していった。八幡製鉄所の高炉から排出される鉱滓（スラグ）を、粘土に混ぜて製造したレンガタイルの仕上げが、外観を特徴づける。
1階にはブックモービル（移動図書館）駐車用のピロティがあり、全体は「空中の箱型」に見える。また骨格の柱梁を白く塗装しているので基本は近代的だが、交互に配された竪長窓、円や三角形の模様の強さ、さらに鉱滓レンガの色むら等が、単なる幾何学の美ではない、豊かな表情と独自の魅力をつくる。戦前の村野は、軽やかな近代様式と北欧的な褐色の箱型とを、並行して実現していた。両者は世界平和記念聖堂（1954 p020）で融合。軽やかな骨組みを組積的な堅固な壁で埋めた姿が、1950年代後半の村野の特徴となる。八幡市立図書館も、そうした典型で、目を楽しませる多様な変化が際立つ例。ここでの賑やかさを抑制したのが続く横浜市庁舎（1959 p182）だ。[KE]

①全景
②外壁詳細
③北側全景

内覧不可

熊本市水道局庁舎

1963年

熊本市水前寺6-2-45

「水平板の積層」は、1950年代の公共施設に多く見られ、わが国の近代建築を特徴づける様式。幅広い作風を誇る村野だが、こうしたシンプルな構成の作品は少ない。一方、細部では鉄骨の細さを強調して組み合わせた柱梁、細かい菱格子状の手すり等が、木造のような繊細さを生む。さらに前面の池と呼応することで、和風に近いこまやかな情緒を感じさせている。

内部でも、折板天井やX型の照明、透明板による把手、優雅な階段手すり等が目を引く。時代動向を敏感にとらえつつも、そこにさまざまに個性的表現を重ね、類例が乏しい、村野流の自由で独自な世界を模索している。こうした試みが70年代以降に大きく華開いてゆく。

1階の開放的なバルコニーの背後に、組積的な表情の壁を見せている部分は、村野が「近代的にしてクラシック」と称した、最晩年の名作・宝塚市庁舎(1980 p188)を、直接に予言している。[KE]

①南側正面外観:かつての池は現在、枯山水
②南側正面全景
③会議室天井
④北側外観:地下階があり庭に面している

横浜市庁舎

1959年

神奈川県横浜市中区港町1-1

平面はひとつながりのコの字型で、池をもつ中庭を囲む。外観は、周囲の状況や機能を反映して、高中低の3つの箱がかみ合う姿とされる。公園側には8層の高層棟、反対側に4層の議会棟、それらをつなぐのが道路側に細長く走る2層の低層棟。全体は、打ち放しコンクリートの骨格を暗褐色のタイルで埋めるという、当時の彼が好んだやり方で統一している。

上階ほど後退して細くなる柱も含め、ミースに似た作例があるが、単調さを避けるさまざまなやり方は村野独自のものだ。バルコニーやアーケードの凹部。大きさも形状も不規則な窓。濃淡を混ぜたタイルの色調。これらが、近づくほどに効果的な表情の活気をつくる。内部の市民ホールでは、壁面レリーフ(辻晋堂作)が効果的だ。把手や手すりも村野らしい。低予算ゆえに地味だが、内外ともに、細部や表層の工夫が、生き生きとした印象をつくる。無理のない基本構想に、飽きのこない豊かさを重ねた名作だ。[KE]

2

3

4

5

6

①外観
②高層棟外壁詳細
③塔
④エントランスロビー（改装：竹山実）
⑤エントランスロビー階段
⑥北側外観：奥に高層棟

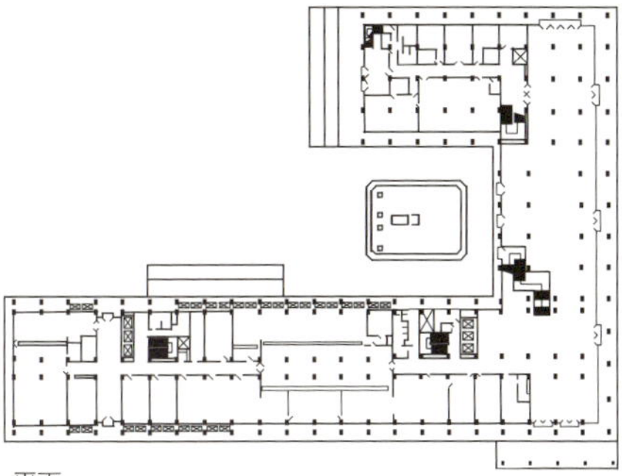

平面

尼崎市庁舎

1962年／1984年[増築]

兵庫県尼崎市東七松町1-23-1

4

5

6

塔屋を含め12層の高層棟には「外部とあまり接触しない仕事」の部門を集め、薄紫タイルによるやや閉鎖的な壁面で包む。
6層の低層棟は開放的で、住民との接触が多い各種窓口を集める。1階の市民ホールは前面に池をもつ。折れ壁、板状の梁や柱、バルコニーなどが組み合わされた繊細な立面は、P·ジョンソンやM·ヤマサキの影響が指摘されてきた。
開口が少ない議会棟は平面が亀甲型で、この時期に流行った台形的造形の例だといえる。
3棟は、さまざまな意味で表情の相違を対比し合うが、「柱の両側に開口を配する」という点では共通するのが巧みなやり方だ。
敷地も規模も近い横浜市庁舎(1959 p182)と比べると、統一感が後退し、変化と活気が支配する。この3年を隔てた相違が、村野の作風が変化しつつあることを語る。時にパッケージデザインとまで評された、華麗な壁面意匠の世界が、この後に本格化してゆくのだ。[KE]

①低層棟から高層棟と議会棟(右端)を見る
②高層棟と議会棟、それらをつなぐブリッジ
③低層棟吹き抜け：窓口業務は1・2階にある
④⑤高層棟壁面詳細
⑥議会棟外観詳細
⑦低層棟東側外観

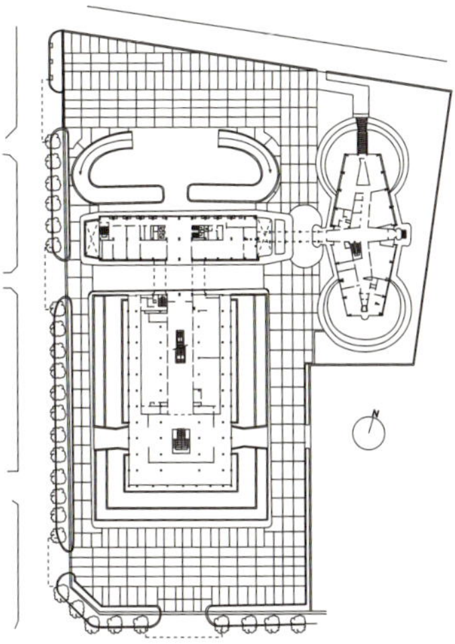

配置・平面

千里南地区センタービル・千里市民センタービル

1964年［千里南地区センタービル］／1965年［専門店街］／1976年［千里市民センタービル］

大阪府吹田市津雲台1-1-D2

阪急千里線の南千里駅前に建つ千里ニュータウン南地区の中心施設。行政の出張所や図書館などの施設が収められている。
千里ニュータウンは、1,000戸から1,500戸からなる「近隣住区」を単位として計画され、その住区を複数集めて「地区」が形成されている。この建物は、その「地区」の中心施設である。竣工当時は北側に広場が設けられていたが、その後広場を埋めるようにして商業施設が建てられた。また1976年に東側に市民センターが増築された。
建物の南面および東西面は、パターンが異なる窓が交互に配されており、建物に複雑なリズム感を与えている。一方、竣工当時広場に面していた北側の壁面は、冠を載せたようなデザインの窓や横長の出窓が配され、南側とは異なる表情をもつ。内部は、敷地の高低差に合わせるようにしてスキップフロアが採用され、階段が折れ曲がり、変化ある空間となっている。
敷地の再開発計画によっていずれ取り壊される運命にある。[KK]

①全景：右は増築棟（千里市民センタービル）
②ロビー
③外観

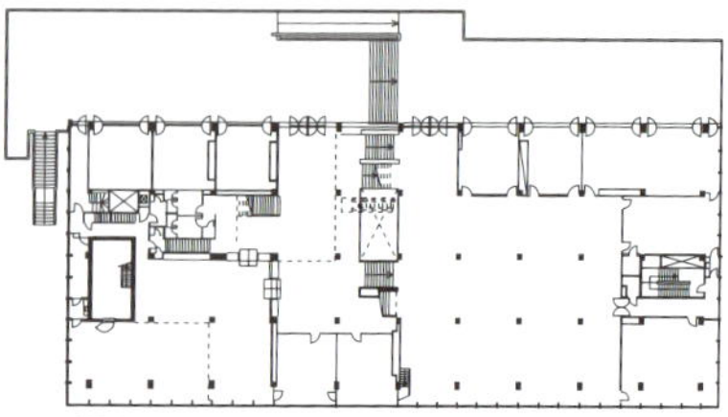

平面

見学不可

佐賀県教育センター

1979年

佐賀県

①南側全景
②外部階段
③外観

佐賀市郊外の広い敷地にゆったりと建つ施設で、研究やセミナーを通して教員の実践的能力の向上をめざす。88歳の時の作だが、全体は単純な箱型の併置が基本で、晩年らしい個性的細部なども乏しい。そのためかこれまで未発表であった。
むき出しの白い幾何学立体を際立たせ、自動車を通すためのピロティもあり、モダニズム建築の基本が確保されている。しかし、個々の窓に語らせることを好んだ村野には水平連続窓は珍しく、本作でも矩形窓が並ぶ。最初期から続く、彼にとっての「裸形」のあり方が再確認できる。
内外を巡ると、第一印象の単純さは後退し、あちらこちらに村野らしさが見出せる。開口は浅く、テラスのタイル面は庭の芝生面とそろうから、表情がやわらかい。効果的に配された突出部や凹部、繊細な外部階段などが周囲の豊かな樹木や芝生と響き合うこまやかさが特徴的だ。
ローコストゆえの最低限のこだわりの部分が、単なる「幾何学と自然の対比」という効果を超えた、村野美学の基本を語る。[KE]

宝塚市庁舎

1980年

兵庫県宝塚市東洋町1-1

1940年から住み慣れた地の庁舎。村野は「宝塚らしい特徴」として「近代的にしてクラシック風な表現」を構想。重視した北東側の外観では、「市民の象徴たる議場塔」を高く掲げ、軽やかに取り巻く開放的な回廊との強力な対比を演出。全体は市民広場を囲むL型をなし、1階にはピロティが効果的に配される。

外装は、柱・梁のプレキャストも含め、ベージュ色の人造石プレキャストブロックが覆う。回廊は、近づくほどに個性的な細部が際立ってきて目を楽しませる。梁は、架け渡されたというより、柱から生え出たような表情がいかにも村野らしい。

市民ホールでは、明るい色調の大理石床の四周を、初期作品を思わせる暗褐色の炻器質タイルの壁が囲み、アルミ箔仕上げの天井が妖しく光る。優雅な階段、アルキャストの椅子の背もたれを転用した繊細な装飾手すり、さらに独自の細部をもつ柱や照明などが、見る者の感覚を優しく豊かに刺激する。国籍や様式を超えた魅力を放つ村野空間の典型だ。[KE]

2

①北東側全景
②バルコニー詳細
③南西側外観：円筒部分は議場
④外壁面詳細
⑤1階ピロティ
⑥キャノピー
⑦外観見上げ

宝塚市庁舎

⑧⑨市民ホール
⑩市民ホールからグランドフロア階を見下ろす

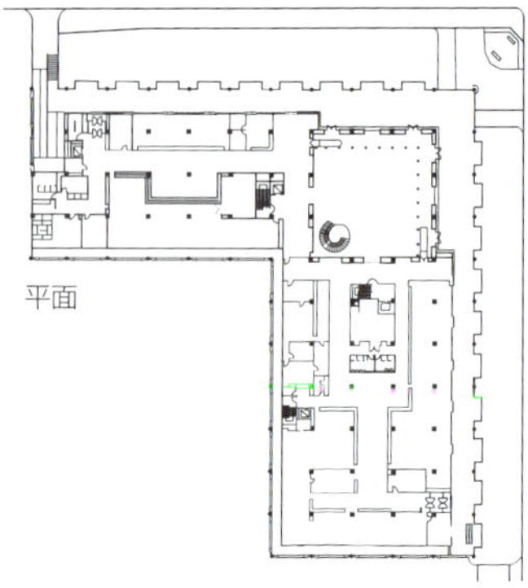

平面

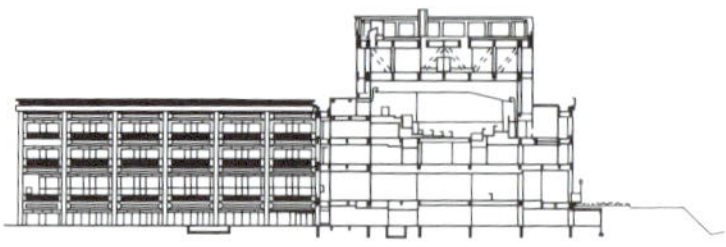

立面・断面

村野作品の図面整理の思い出

光安義博 建築家／光安義光&アトリエMYST

20年程前に、和風建築社の吉田龍彦さんからのお誘いで村野・森建築事務所に保管されている図面の調査・整理をする機会を得ました。

兵庫県立近代美術館の村野先生直筆のスケッチが父（光安義光）の手元にあり良く見ていたことや、どのような過程を経て村野作品が出来上がるのか興味をもっていた私は、渡りに船とばかりに友人であるアトリエCINQの岡本章さんと約2年がかりで整理をしたと記憶しています。

図面は、天王寺の村野・森建築事務所から2分程離れた古いビルに保管されていました。図面が保管された部屋は、湿気を含んだ独特の臭気があり、閉め切られた西陽の当る窓際まで図面の筒が所狭しと置かれ、天井まである棚に資料がギッシリと並べられていました。筒の中には渡辺翁記念会館、十合百貨店、世界平和記念聖堂などの有名な作品の図面があるかと思えば、叡山ホテル、あやめ池温泉劇場、宇部油化合成工場、天津大丸など今まで余り知られていない作品の図面もありました。図面や資料の多さに作業がいつ終わるのかという不安と村野作品の宝庫の真只中に居るという興奮の高まりの中で作業を始めました。

劣悪な環境の中で巻き癖がつき、古くなって紙がボロボロと落ちる図面を丁寧に一枚ずつ広げ、アイロンを当てるなどして巻き癖を取り、年代別に仕分けをし、見やすくしていくのが最初の作業でした。英字新聞や雑誌の片隅に描かれた村野先生のスケッチが見つかったり、鉛筆描きのパースが出てきたり、感想メモが書かれた海外旅行時のスナップ写真が出てくるなど、まるで宝探しをしているようでした。あまり知られていない作品が見つかると吉田さんに報告をし、吉田さんが現地確認と取材をしてその結果を伝えてくれるということの繰り返しで、その度に図面から作品が完成していく過程に想像を膨らませ、作品の歴史や背景が見えてくるといった面白さが徐々に最初の不安を忘れさせていったように思います。

図面は、1/100〜原寸図まであり、レリーフや照明器具のスケッチなどは、図面というよりはまるで芸術作品を見ているようでした。詳細に描かれた天井伏スケッチの多さにも村野作品の凄さを感じました。平面図と立面図や平面詳細図の線の延長が自然に展開図の線に変化してゆくなど、起し絵的な村野流の表現の素晴らしさに直接触れることもできました。また、松寿荘や宝塚カトリック教会の美しい曲線屋根が細かく数値で指示されていることなどにも驚きました。そうかと思えば、村野作品からは想像も付かない図面を見つけたこともありました。失礼を承知で村野先生のご子息、漾先生にお尋ねすると「図面は村野の頭の中にある」と微笑みながら言われたことが今でも強烈な印象として残っています。

次の作業は、何通りかある初期プランからその流れを見つけることでした。これは入口から出口までの道程を見つける推理に近い作業でした。世界平和記念聖堂、加能合同銀行本店などは初期プランから完成図までの変遷に非常に興味深いものがありました。また、古いスケッチの変遷の中に、後の作品につながるものを見つけ、ひとりひそかに納得したこともありました。

薄れかけた記憶を呼び起こしながらの思い出ですが、村野作品を見られる時の一助となれば幸いです。最後に、半世紀近く村野作品を取材してこられた吉田さんの知識・資料や数々の裏話と私達が整理をした図面やスケッチを埋もれさすこと無く、広く一般に公開し、CAD世代の人達が図面やスケッチに隠されたストーリーや村野流の手法・技法に触れ、私たちが感じたような興奮や感激を肌で感じられる場ができることを切に願っています。

大学・高校

教育空間としての贅沢
越後島研一

甲南女子大学の学長が「（キャンパスが）少しぜいたくに過ぎないか」と問うと、村野は微笑しつつ「教育にも、ひま、というものが必要」と答えた。学長は「打ちのめされた」と回想する。村野が遺した4大学は、まったく違う特徴をもち、共通性は見出し難い。しかし各々が、そのつどの設計条件に応じて、「教育空間としての贅沢」を実現した名作としての高度な魅力を誇っている。

時には実験室や礼拝堂等まで含めて、規模も機能も異なる多様な棟の複合体が大学だ。住宅地などとは違う、変化に富む環境となりがちだが、一方で、育まれてきた伝統や理念を象徴する、全体のまとまりも求められる。村野の4大学は、大きくはこうした課題への4様の回答であり、その上で個々が異なる空間の魅力を極めたものだ。

全体の統一が強力な例が早稲田大学文学部（1962 p201）。中央に11階の研究室棟が確かな主役としてそびえる。その根元に、低層棟で囲まれた、「優雅」とも評された中庭が、空間としての主役としてある。訪問者は、門からの主動線である斜路を、これら両主役に向かって上昇してゆく。つまり、塔状のオブジェ、囲まれた外部空間、アプローチの演出という、3つの効果が相互に補強しあって、彼の全作品中でも例外的な、きわめて強い求心的統一効果が体験できるのだ。

正反対の例が関西大学（1949-80 p196）。晩

作品解説：越後島研一［KE］
小田恵介［KO］

年に至る30年余の間、その時々の必要に応じて設計され続けた施設の集積で、「マスタープランのない大学」とされる。一人の建築家の作とは思えぬほどの、異なる表情の建物が、配列の意図をほとんど感じさせぬように連なっている。実際に訪れてめぐることで初めて、村野の感性と密度が全体を覆っているという体験が得られるのだ。

以上が両極。残る2大学では、単体建築を超えた場面での、統一と変化に関わる村野の秘術が堪能できる。両校に共通するのは、棟ごとの個性、細部の多様な変化を、白っぽく粗いテクスチャーで覆い尽くして、統一感を確保している点だ。しかしそれ以外では、まったく異なる群建築の魅力を生んでいる。

甲南女子大学(1964-88 p204)も、長期にわたり建て継がれた例だが、今も当初の明快な全体構想が支配している。単調なほどの平行配置であることが、明るい芝生斜面の広がりを際立たせるのだ。特に複数の棟が示す、伸び上がるような表情が、足下の斜面の広がりの美しさを強調する効果を示して巧みである。

日本ルーテル神学大学(1969 p208)は対照的に、大地と密着した建築群だ。礼拝堂も低く抑えられ、中心施設として全体を統一する効果が弱い。配列にも明快な特徴が乏しい。壁が多いから大きく見通せる場も少ない。そうやって全体像がとらえ難い中で、歩き回るほどに、あちこちの引き込まれるような場と、細部の表情が印象づけられる。繊細な造形の密度と緊張が、見る者の内面に語りかけてくるのだ。宗教的な群建築と空間だといえる。

建築家

ドイツ文化研究所

1934年
京都市左京区

文化交流を目的に、第2次大戦前にドイツが寄贈した建物。伝統主義とロマン主義が特徴のヒトラー時代であり「できるだけ日本的に」と望まれた。コンクリート箱型の上の木造傾斜屋根がその反映だが、帝冠様式のいかめしさからは遠い。軒先が薄く軽やかな、緩勾配の銅板葺屋根の姿は、優雅に洗練された日本趣味を際立たせ、後に大きく花開く村野数寄屋を予言する最初期の例となっている。
当初はドイツ語の授業や映画会、講演会などが開催された。戦後の1952年に京都大学に寄贈され、1972年に取り壊された。小規模で、薄茶色の地味な建物だが、むくり屋根のポーチ、和風の屋根飾り、窓の扱い等、細部まで充実。識者の評価は高く、影響作品も登場したという。ドイツ政府からも勲章を受けたが、当時は日本での「白い箱型」流行の最盛期であり、ここでの縦長窓や軒庇が出た傾斜屋根は「一歩後退ともみられる保守主義的なデザイン」とされた。[KE]

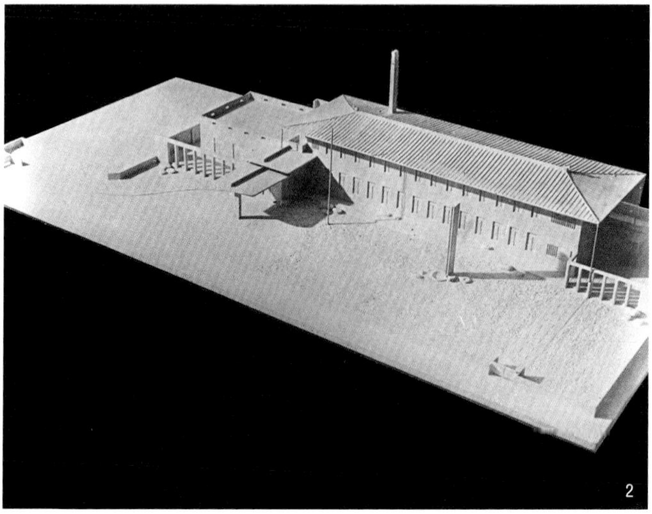
2

①外観
②模型
③ラウンジ
④車寄せ

関西大学

1949年～1980年

大阪府吹田市山手町3-3-35

1949年竣工の大学院学舎から、1980年の第一高等学校まで、戦後の活動期のほとんどに相当する30余年にわたり、自作の建て替えも含め、この地に40を超える施設を実現したという稀有な例。必要に応じた要地買収も含め、そのつど、ほとんど場当たり的に次々と建て継がれた。10万坪を超える広大な丘陵敷地で、高低差も最大で30mを超える。個々の特徴的な場と対話しつつ、建てられた時代をも反映した多彩な作品群だ。戦前から村野が好んだ塩焼きタイル、コンクリート打ち放し、晩年に多い白い吹き付けまで、作風の広さがそのまま集約された、独自の豊穣さがある。

「全体構想が不在」のキャンパスでありじっさい個々の建物は、配置も意匠もそうした印象を感じさせる。しかし、あちこちにある棟と棟の隙間、スロープや廊下など、「つなぐ空間」が魅力的。見る者の記憶の中に、「村野流」ということだけが支配する類例のない群としての豊かさを要因となっている。[KE]

2

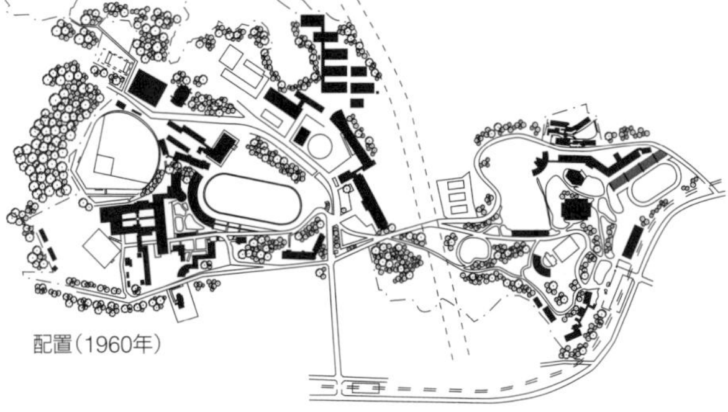

配置（1960年）

①図書館［現：簡文館］：全景
②同：外観（現状）
③同：ピロティ外観（竣工時）
④同：内部
⑤⑥1号館スロープ（非現存）

7

8

9

10

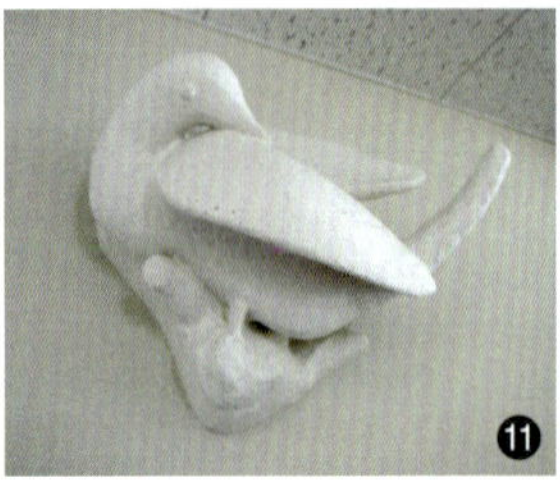
11

12

13

14

注目される建物

教室や研究室を含むほとんどの棟は単純な箱型だが、要所には目を惹く個性的な施設が配され、キャンパス空間のアクセントとなる。巨大な恐竜の背のような異形を誇るのが総合体育館［現：千里山東体育館］（1963）で、内側から盛り上がる大空間の存在を感じさせて際立つ。小規模ながらより効果的なのが、円筒型を基本とした2棟の図書館と斜面に建つ彫塑的造形の特別講堂である。

グラウンドを介して遠望できる図書館［現：簡文館］（1955）は、戦前から好んだ塩焼きタイルが貼られた堅固な外観で、中心施設たる重厚な存在感を示す。2007年、登録有形文化財に登録されている。一方、専門図書館［現：円神館］（1964）は同様に円筒型だが、対照的。白く軽やかで柱が細く、近代様式に近い。その円筒部分を高く差し上げて、そこから個室を吊る姿は、当時のメタボリズムの美学とも重なる。特別講堂［現：KUシンフォニーホール］（1962）は、内外ともにロンシャン教会堂を連想させる。コンクリートの可塑性を生かした屋根の乗り出しや、開口の強調が雄弁である。［KE］

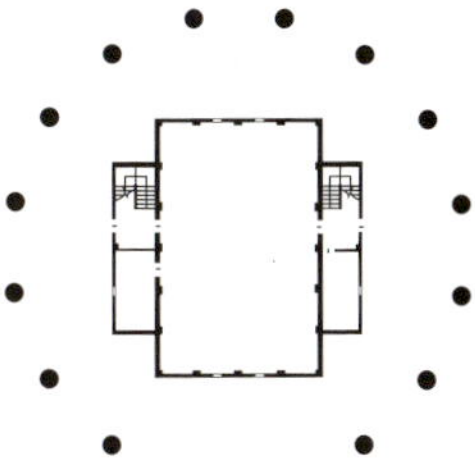

専門図書館：1階平面

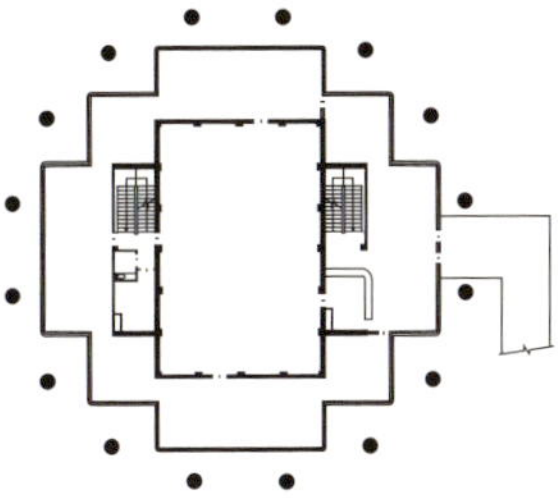

2階平面

⑦図書館［現：簡文館］：天井
⑧同：開口部
⑨同：通路
⑩同：階段室
⑪⑫同：壁面装飾
⑬同：キャノピーは法学研究所からの移築
⑭同：階段室見下ろし
⑮専門図書館［現：円神館］：外観
⑯同：全景
⑰総合体育館［現：千里山東体育館］
⑱⑲同：内部

関西大学

⑳㉑㉒特別講堂［現：KUシンフォニーホール］：外観
㉓同：内部

早稲田大学文学部

1962年

東京都新宿区戸山1-24-1

11階の研究室高層棟を中央に、3層の教室棟と講堂が取り囲む。打ち放しコンクリートの細い骨組みを際立たせた軽やかな姿で、柱は、当時村野が好んだ、上階ほど後退して細くなる階段状。壁部分は灰白色の珪藻土特製レンガで仕上げられ、深く太く強調した暗色の目地が引き締める。サッシは浅い見込みで取り付けられ、足下には、2層分の背の高いピロティがあり、優雅で繊細な印象を生む。こうした特徴は、穏やかでやわらかいが、けっして弱くはない表情をつくる。大規模にも関わらず、威圧感が希薄な、独自の魅力となっている。そこに道路側から緩やかに昇るスロープを組み合わせ、忘れがたい盛り上がりを演出する。
内外ともに白が基調だが、大学側は汚れやすいことを懸念して反対。村野があえて白を主張したという。それが半世紀を経て古色をまとい、ますます周囲に溶け込み、早稲田地区の景観に不可欠な存在感を誇るまでに至っている。[KE]

①高層棟東側外観
②外部大階段

早稲田大学文学部

③中庭
④高層棟外観見上げ
⑤⑦壁面装飾（制作：辻晋堂）
⑥玄関ロビー床（大理石モザイク制作：長谷川路可）
⑧大階段からの見上げ
⑨ロビー装飾（ガラス制作：岩田藤七）
⑩⑪⑫高層棟内部階段

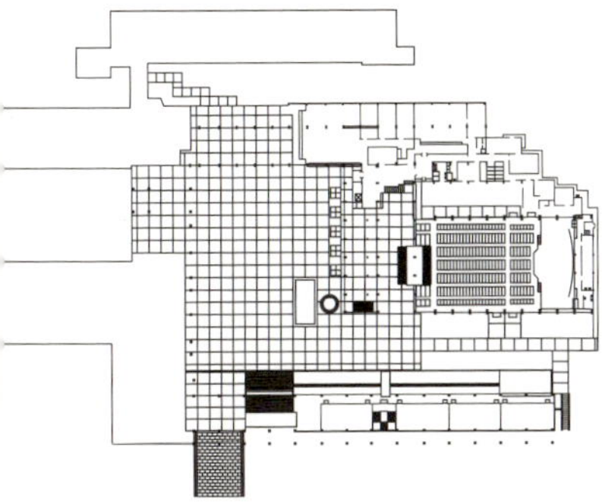

平面

甲南女子大学

1964年〜1988年
兵庫県神戸市東灘区森北町6-2-23

はるかに遠望される南斜面に広がる施設群。買収時にすでに造成されていた敷地を見て、村野は、石の擁壁を壊させ、全体を芝生のスロープのように見せつつ、各棟を配する構想を示す。1964年に、斜面下から管理棟、講堂、文学部など6棟が、平行に並ぶ姿で開校。急傾斜ゆえ、各棟は軽快な屋根の屋外階段でつながれ、特徴ある景観をなす。
中心施設の学生会館のみガラス張りだが、他の施設群は、経年変化を見越したベージュのモルタルスタッコによる白っぽい粗面仕上げで統一。前面の、大学の顔ともいえる管理棟のピロティでは、3階分の背の高い列柱が特徴。異彩を放つ阿部記念図書館(1976)を含め、他の多くの棟も伸び上がる表情を強調して芝生面の背後への広がりを印象づける。芦原講堂(1988)が、村野が直接手がけた最後の建物。大学側も村野を尊重し、植木1本も勝手には抜かなかった。建替え案もあった管理棟や文学部棟も、正面を残し、背後に目立たぬよう増築され、当初の雰囲気を保つ。[KE]

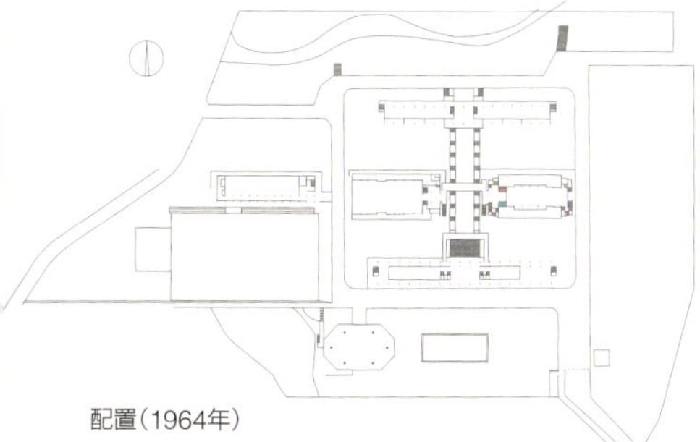

配置（1964年）

①外観
②③中央外階段
④芦原講堂：天井
⑤⑦芦原講堂：内部
⑥管理棟ピロティ
⑧芦原講堂：外観
⑨阿部記念図書館と芦原講堂

甲南女子大学

⑩阿部記念図書館：外観
⑪⑬⑭ 同：内部
⑫同：5 階段室

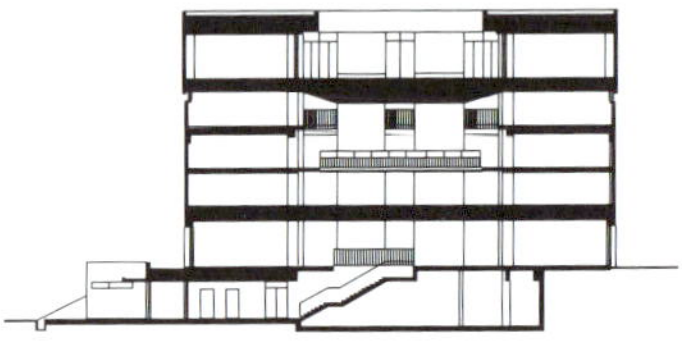

阿部記念図書館：断面

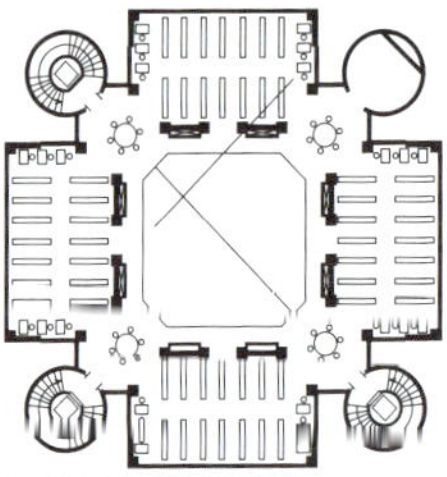

阿部記念図書館：平面

甲南女子学園 甲南女子中高等学校

1968年[1期]／1977年[2期]

兵庫県神戸市東灘区森北町5-6-1

甲南女子中高等学校のキャンパスはかつて神戸・住吉の地にあった。現在の敷地には甲南女子短期大学があったが、1964年に現在の甲南女子大学(p204)のキャンパスが拡充されて移転した。その跡に、現在の中学・高校の校舎群の大半が第1期工事として1968年に完成、1970年に茶室、1977年に第2期工事として北側の第2特別棟(音楽・美術系)、アーチェリー場が建設されて全体計画が完成した。南西向きの斜面に沿って南側にグラウンド、プール、テニスコート、体育館があり、北東の斜面に向かって管理棟、図書館棟を軸に、北側に3階建ての高校棟、中学棟、4階建ての第1特別棟(理科実験系)、南側に中庭と講堂が配された典型的なクラスター型で構成されている。講堂の座席配置がめずらしく舞台から3方向に広がるように配置された左右非対称の変形プラン。校舎群の各所には赤レンガ積みがアクセントになっている。いちばん奥の茶室の銅板葺き軒は低く抑えられ、瓦屋根の棟もわずかにむくり、簡素ながら優美な雰囲気に包まれて茶道部の活動も盛んである。[KO]

①教室棟外観
②講堂外観
③④講堂内部
⑤教室棟中庭

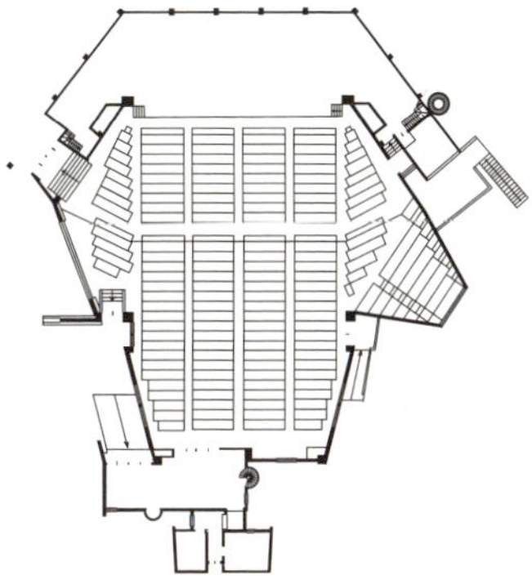

講堂：平面

日本ルーテル神学大学［現：ルーテル学院大学］

1969年

東京都三鷹市大沢3-10-20

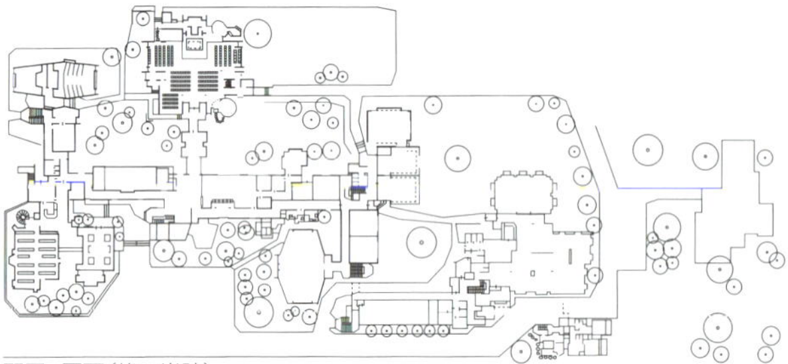

配置·平面(竣工当時)

東京郊外の武蔵野に建つ代表作。通常の講義室や研究棟に加え、礼拝堂、教員住宅、学生宿舎等が、道路側から奥へ奥へと連なる。壁が基調の、西欧中世の宗教施設を思わせる堅固なたたずまいだが、各部の豊富な表情が目を楽しませ、変化と活気に満ちてもいる。カーン、ルドルフ、サーリネンなど多くの霊感源が指摘されてきた。注目すべきは開口。通常のアルミサッシュだが、大きさや深さの変化に加え、形状がT型、亀裂型、逆凹型、半出窓など、きわめて多様だ。アクリル樹脂混入のモルタルスタッコでそれらを一様に仕上げているので、壁の連続効果が強い統一を感じさせている。

1960年代後半から、わが国の近代建築は、それまでの骨組み的で開放的なものから遠ざかり、壁が支配する閉鎖的なものへと移行し始めた。この作品も、単に大学建築の名作という以上に、巨大な時代の変化を感じ取りつつ、村野独自の豊穣な造形に溶かし込み、高めた作という歴史的意義をもつ。[KE]

①東側全景（竣工時）
②③中庭
④⑤階段室と開口部
⑥外壁詳細
⑦学生ホール

日本ルーテル神学大学

⑧⑨教員住宅棟外観
⑩空撮（現在）

「舟橋さん、これは素晴らしい」

舟橋 巖 建築家

私が村野先生ご夫妻を北米でご案内したのは、戦後、日本の建築業がアメリカ本土に進出する尖兵としてミノル・ヤマサキ建築設計事務所に出向していた1970年代のことです。先生がアメリカ建築家協会の名誉会員に推挙され、その授与式がワシントンで挙行された時でした。大林組本社から私に、運転手と鞄持ちをやれという連絡があり、大型のレンタカーを借りてまずはワシントン空港まで迎えに行きました。

授与式後、「久しぶりのアメリカだから、サンフランシスコまで車で走ってみたい」と。もちろん、途中の都市で旬の建築を見たいというわけで、北米東西横断自動車旅行となりました。その後、先生が迎賓館を設計された時には、ホワイトハウスのカーテンの掛け方、ミシガンのエーロ・サーリネン作のクランブルックのキャンパスなどの見学、またニューヨーク空港のTWAの丸型タイルの貼り方などの見学をご案内し、先生の研究熱心さには幾度も驚かされました。

見学の最初はアトランタからというわけで、当時アメリカの建築界を席巻していたジョン・ポートマンの本拠地にたくさんあるオフィスビルやホテルなどを訪れました。私は自信をもって意気揚々とご案内したのですが、先生は見るなり「舟橋くん、せっかくだけれど、こりゃダメだ。こういう建築はすぐ飽きがくるね」とおっしゃる。当時、先生にはこの新しさがわからないのかな、と思ったのですが、後で先生の眼の正しさを思い知らされました。先生はすべてお見通しで、簡単に真似されるような建築は、しょせん徒花なんだ、と教えていただきました。

次はシカゴへ。郊外のオークパークには、ご存知フランク・ロイド・ライトの住宅が33軒あります。先生はまだご覧になってなく、雨が激しい勢いで降っていたのですが、1軒1軒克明に見て回られました。シカゴ訪問の目的はもう1つ、それは先生と早稲田大学の同期で、シカゴ・トリビューンの国際コンペで1等になられた峰好治郎氏（第6回卒業生）が白人の奥様を亡くされたことを風の噂で聞かれていて、どうしても彼に会いたいということでした。住所も電話番号もわからなくて、この広いシカゴでどうやって探したらよいのか、ヤマサキ事務所のスタッフの力を借りて調べました。峰先生のお住まいは、シカゴでもけっして環境の良いとはいえない地域にあることがわかり、地図を頼りにドライブしました。出迎えられた峰氏と先生は、しばらく抱き合って涙を流していました。家の中には亡くなられた奥様の写真が至る所にあり、8mm映画がいつでも映写できるようスクリーンもセットされたままでした。先生はいきなり「奥さんの写真は片付けたほうがいいんじゃないか。辛い気持ちはわかるけれども、奥さんの残像を頭から消さないと君がダメになってしまう」といわれ、私は、先生は本当に心の暖かい人なんだなと思いました。

終着地サンフランシスコに着き、まず案内したのがルイス・カーンのソーク研究所でした。私はルイス・カーンのデザインに心酔していましたので、先生にぜひ見ていただきたかったのです。時刻は夕方、先生はトラバーチンが敷きつめられた中庭に静かに佇み、夕陽の沈む太平洋を茫然と眺め、動こうとされませんでした。広場中央を流れるカスケードの水もピンク色に染まっていました。「舟橋さん、これは素晴らしい」と先生はうめくようにいわれ、今も私の最高の思い出の1つになっています。（談）

事務所

飽くなきファサードの追求
小田恵介

村野藤吾が設計を手がけた事務所ビルは、全作品群約200件のうち30件を超え、ビルディングタイプ別に見ても最も件数が多い。クライアントも、呉服商、紙卸商、生命保険会社、海運会社、賃貸ビル会社等々、多岐にわたり、立地も関西圏と関東圏とほぼ同数に近く、その大半は戦後のものである。

なかでも最も重要な位置を占める作品は、渡辺節建築事務所からの独立第一作、戦前の1931年竣工の森五商店東京支店（以下森五ビル p214）で、村野建築事務所の地位を確立した作品である。前年のヨーロッパ旅行の際感激したストックホルム市庁舎の示唆を受けた意識の高揚が感じられ、窓と壁が面一の北欧調のデザインは、竣工当時衝撃的な新鮮さをもっていた。「この建築は納得のゆくまで練りに練ったものだ」と村野自身も語っている。翌年の1932年には、家業の紙問屋の近代化をめざしていた経営者との出会いにより村野自身も触発され、金沢の伝統的な町並みに溶け込みながらも一石を投じた意欲的な作品、紙卸商中島商店（p216）を残している。また1939年竣工の板谷生命ビル（p218）は御堂筋に面して建ち、全体の形態は森五ビルに似たシンプルなデザインで、森五ビル同様、自らの作品にその後増築を重ね、新旧の対比を見せたユニークな作品であった。

戦中のものとしては、1941年の石原産業海運本社がある。構造は木造、外壁は石のブ

作品解説：小田恵介［KO］
笠原一人［KK］

ロックを用いた石積み風、赤褐色の日本瓦の寄せ棟の屋根、正面の壁に縦長の溝を施すなど、様式建築の趣をもちながら、一方でモダンな印象の建物を物資の乏しい時代に苦心して実現している。翌1942年には宇部窒素工業事務所(p219)も竣工している。

さすがに戦後の混乱期には一時影を潜め、1952年以降、岡谷鋼機大阪支店(1952)、フジカワ画廊(1953 p220)、新大阪ビルヂング(1958)、大信紡績ビル(1958 p221)などが続いて竣工している。フジカワ画廊は、その後の村野の作品の市街地に建つ小規模な事務所ビルの典型として、ガラス、ガラスブロック、ベランダなどの組み合わせにより1つのスタイルを確立した作品である。これまで見ただけでも、これらに共通するものは、個々の建物に何が求められているか、またその立地でどのような佇まいが最もふさわしいかが常に追及されており、それは村野の設計のすべてに貫かれていることがわかる。

事務所としての諸機能は十分に押えた上で、飽くなきファサードの追求がされている。そのファサードのつくり方には村野の一種独特の作法が随所にあるが、それは外壁の材料、窓の形状、ガラスの種類など実験的な試みに裏打ちされている。新大阪ビルヂングでは、白いタイル貼りの外壁と面一の横連窓が薄い皮膜となって建物の大きさを感じさせない軽やかな表現を生み、羊の彫刻は見る者の心を和ませ、樹木の生い茂る屋上庭園は都会のオアシスを体現していた。

1962年の森田ビルディング(p222)は、黒御影石貼り、面一の熱線吸収ガラス、プロポーションの異なる窓、建物の外形の変化など、実験的ともいえる作品である。1964年以降の浪花組3連作でも、大阪の本社ビル(1964 p223)では、複数の幾何学形態の凹凸、形態ごとの異なる素材、日本的でありながら独創的なものをめざし、東京支店(1966 p228)ではコールテン鋼というまったくの新素材に果敢に挑戦している。名古屋支店(1976 p235)では外壁から外構までをタイルで埋め尽くしている。

戦後のエポックは、なんと言っても1966年の千代田生命本社ビル(p224)である。ここでもアルキャストとテッセラという2つの材料で建物が構成され、工業製品の鋳物として繰り返し型抜きされるアルキャストをルーバーとして多用しながらも、その重さを感じさせない手作り感のあるやわらかい襞をもつ表皮にまで昇華させている。かさねの美学、繰り返しの美学が見事である。

「典型的な近代オフィスビル、いわゆる鉄とガラスの表現でなく、千代田生命の長い伝統と表現によるたたずまいを、おぼろげに頭の中で往来させていた」という村野自身の言葉が、建築に取り組む姿勢を如実に物語っている。

建築家／東西建築サービス

森五商店東京支店［現：近三ビルヂング］

1931年／1956年［増築］

東京都中央区日本橋室町4-1-21

1

4

5

6

独立第一作である。全作品の中で特に重要な位置を占める。世評も高く、村野建築事務所の地位を確立した作品。「この建築は納得のゆくまで練りに練ったものだ」と村野自身も語っている。その後の村野の作品に一貫する作風の特徴が盛り込まれている。
黒褐色タイル貼りの重厚な壁面に整然と配列された窓、当時としては画期的であったジュラルミンでスチールを包んだサッシ、壁面と開口部の絶妙なバランス、抱きの薄い窓の納まり、出隅のアール、庇状に突き出したパラペットなど、すべて計算し尽くされていた。呉服問屋の紬の生地をイメージした外装とのこと。
一方、1階の玄関ホールは、トラバーチンの壁とガラスモザイクタイルで覆い尽くされた天井の構成で、華やいだ空間であり、外との対比が印象的である。
第2次世界大戦の戦火を免れ、自社ビルから貸事務所に用途が変わっが、1956年に背後への増築、既存部分最上階の増築が行われ、1992年には築後60年の大改修を経て、現代に生き続け、創業者一族により大切に管理されている。[KO]

⑦

⑧

⑨

①東南側全景
②コーナー見上げ
③外壁詳細：開口部、現在はエルミンサッシだが、当時はジュラルミンを用いていた
④エントランスまわり
⑤光庭
⑥1階窓まわり詳細
⑦エントランスホール
⑧階段室
⑨エントランスホール天井

紙卸商中島商店

1932年

石川県金沢市十間町8-1

1893年創業の紙問屋、金沢の十間町にある。加能合同銀行本店(p102)とこの中島商店は、1932年4月、7月に相次いで竣工している。3代目店主·中島徳太郎が、加能合同銀行の計画図面を見てそのデザインに惚れ込み、村野に設計を依頼した。金沢での鉄筋コンクリート造の走りとなった建物である。計画は銀行の着工直後に始まり、同じレンガタイルの外装であるが、隣家の町家と背後の蔵をつなぐ形で新築され、これらとの関係性を意識して挑みかかるような非対称の構成としている。1973年に外装の一部、さらに1999年には正面のレンガと大理石が大々的に補修された。内装は、村野の初期の作品の中でももっともよく保存され、70数年を経て現在に受け継がれている。家業の近代化をめざしていた経営者との出会いにより村野自身も触発され、独立後6作目となるこの作品を極めて短期間に練り上げている。クライアントの気概と設計者のこだわりが昇華した作品。[KO]

4

6

7

8

5

①正面外観
②全景：3階にガラスブロックの階段室が突き出ている
③道路側外部足元
④ガラスブロックの階段室
⑤2階貴賓室：壁の一部が膨らんでいる
⑥⑧通路
⑦階段室

非現存

板谷生命ビル［心斎橋ビル］

1939年／1955年［増改築］
大阪市中央区

①外装を変更後の心斎橋ビル

そごう大阪本店（1933 p116）の北側に御堂筋に面して建っていたオフィスビル。板谷生命保険から融資を受けて1939年に建てられ、建物の一部がそごうの施設として使われていた。2003年にそごうが解体された際、取り壊された。
建物の外観は森五商店東京支店（1931 p214）にも似たシンプルなものであったが、建物の角の壁面が襞のようになった凝った造りになっていた点が異なっていた。
1955年に増改築され、その際5階から8階の壁面が幾何学模様を配したタイル貼りとされ、新しい外観を持つビルに生まれ変わった。2階から4階の隅部の襞のような造りや装飾は最後まで残されていた。
自らの作品をまったく異なる外観に改築しながら、新旧の対比を見せたユニークな作品であった。［KK］

内覧は要申込　map44

宇部窒素工業事務所［現：宇部興産ケミカル工場事務所］

1942年

山口県宇部市大字小串1978-10

①外観
②エントランスまわり
③④エントランスホール

宇部窒素工業はアンモニアの合成を核とする会社で、現在の宇部興産は複数の企業が合併して創立されており、その前身の1つである。事務所棟は1942年2月に竣工しており、すぐ背後に立つ工場群と道路に挟まれた不整形な敷地に建つ工場へのエントランスの機能をもっている。1階の中央を貫通して、工員の入場ゲートがあり、その両側は事務所と工員の厚生施設が配置され、妻面にロータリーに面した玄関がある。2階は会議室と幹部室で、セットバックした部分には1階に採光を確保するための天窓がある。

一見、鉄筋コンクリート造タイル貼りの建物に見えるが、実は、外壁と主要な区切りの壁のみがRCの梁とレンガの壁による防火壁であり、その他は木造である。RCのスラブは唯一玄関庇と2階バルコニーを兼ねる部分に採用されたが、実際には竹筋コンクリートで施工された。戦時下での厳しい状況に追い込まれた中での施工の苦労の跡を覗わせている。[KO]

map19

フジカワ画廊［現：フジカワビル］

1953年
大阪市中央区瓦町1-7-3

堺筋に面して建つオフィスビル。1階に老舗のフジカワ画廊の店舗をもつ。建物の正面は、中央に横長連続窓を挟み込んだガラスブロック窓があり、両端にベランダが設けられるという構成である。つまりガラスとガラスブロックとベランダという3種類の「空」がビルの正面を覆っていることになる。何種類もの「空」が隣接するデザインは、その後の村野の作品にたびたび用いられることになる。
ベランダの手すり子は、2階の両端で同じデザインの手すり子が裏返しにして用いられ、鏡像関係をなしている。また3階と4階では、2階とは異なる2種類のデザインの手すり子が、左右入れ替わる形で配置されている。手の込んだ操作による、村野ならではのデザインだと言える。
なお1階ギャラリーには、村野が設計を手がけた家具が、現在もいくつか残されている。ギャラリー内に設けられた螺旋階段は、竣工当初は存在せず、後年設置されたものである。[KK]

①②外観
③④1・2階画廊吹き抜け
⑤2階画廊床の間
⑥ベランダの手すり装飾

非現存

大信紡績ビル

1958年
愛知県名古屋市

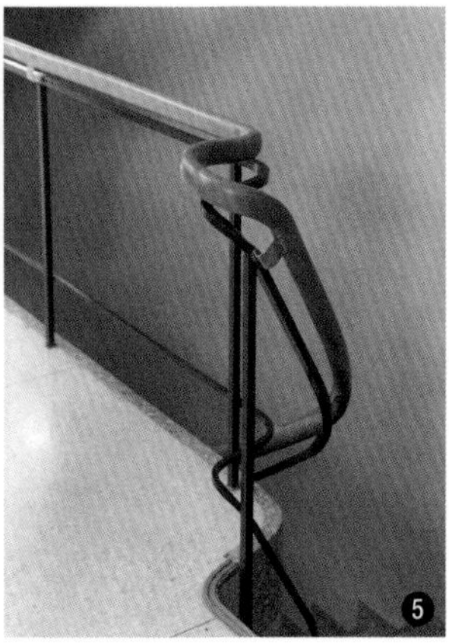

①外観
②全景（夜景）
③窓際の金具
④バルコニー
⑤階段手すり

間口が狭く奥行が深い、市街地に建つ小規模ビルの典型的な例。フジカワ画廊（1953 p220）の平面、ファサード構成と同じ手法をこの大信紡績ビルにも用いていた。カーテンウォールの左右両端に同じくバルコニーをとり、茶褐色に黄色のアクセントを入れたタイル壁面の深みで、陰影と色彩の効果を与えていた。バルコニーの手すりは、鶏の本場・名古屋にちなんで、鶏をモチーフにした抽象彫刻風にデザインしていた。[KO]

内覧不可　map19

森田ビルディング

1962年
大阪市中央区備後町2-4-6

大阪は船場のオフィス街の一画に建てられたオフィスビル。黒御影石貼りの壁面とその壁面と面一になった熱線吸収ガラスの窓による、黒っぽい色彩で統一された外観が特徴。一見、同じデザインが反復されているように見えるが、そうではない。
2階以上は壁面が強調されているが、1階は柱が強調されたデザインとなっている。また2階から4階では、1階とはプロポーションの異なる縦長の窓が使われており、5階と6階には正方形に近いプロポーションの窓が使われている。だが7階と8階は、2階から4階と同様の縦長の窓が使われている。加えて6階の東側の壁面の一部や、7階と8階の南側と東側の壁面は後退しているなど、建物の外形にも変化がつけられている。
一方内部は、階段やエレベータのコア部分が建物の北西に寄せられた明快なものとなっている。ほとんど同じ形状の窓と壁面のデザインだけで細かな変化がつけられた、実験的とも言える作品である。[KK]

①外観
②外観コーナー部詳細
③遠景
④エントランスホール

内覧不可　map20

浪花組本社ビル［現：住友実業ビル］

1964年

大阪市中央区東心斎橋2-3-27

左官業や塗装業などを専門とする浪花組の本社ビル。村野は東京支店（1966 p228）や名古屋支店（1976 p235）、心斎橋プランタン（1956 p122）など、浪花組の関係施設を複数手がけている。

この建物の最大の見所は、やはり正面のデザインである。壁面が三角形や四角形や六角形、八角形、菱形といった複数の幾何学形態の凹凸で覆い尽くされている。出窓の下の八角形部分は瓦と漆喰を用いた海鼠壁風とし、六角形部分は人造石によるレリーフとなっている。また上階のベランダ部分には、銅板葺きの三角形の庇が反復されている。形態ごとに素材やデザインが異なっているのが面白い。

いずれも日本的なモチーフが使われているのだが、その組み合わせは、日本の伝統にはない独創的なものとなっている。それは、大阪新歌舞伎座（1958 p146）で正面の壁面を唐破風で覆い尽くした方法にも似ている。村野ならではの独創的なデザインである。[KK]

①外観
②入口
③外観見上げ

千代田生命本社ビル［現：目黒区総合庁舎］

1966年

東京都目黒区上目黒2-19-15

「典型的な近代オフィスビル、いわゆる鉄とガラスの表現でなく、千代田生命の長い伝統と表現によるたたずまいを、おぼろげに頭の中で往来させていた」と村野は振り返っている。アルキャストとテッセラ、ともに材料自体が強い素材感をもった2つの材料によってこの建物は構成されている。鋳物として繰り返し型抜きされるアルキャスト、それを連続ルーバーとして建物に纏わせ、テッセラの妻側もアルキャストと見事に調和している。

有機的で軽快なキャノピーに招き入れられたロビー空間は静けさに満ちている。低く抑えられた両側の非対称な窓に対して、春夏秋冬をモチーフにした絞られた天窓からやわらかな光が降り注ぐ。まさに「静謐」そのものである。1階の中庭にはL型に池が配され、要には「心」をかたどった石積みがあり、それに続く石組みの終わりが水の中に溶け込んでいる。

2層に及ぶ敷地の高低差を巧みに生かした外部空間と、本館と別館のバランスが絶妙である。築後約40年を経て、2003年企業の本社ビルから、目黒区総合庁舎として公共建築に生まれ変わった。このような事例も珍しいが、村野の息づかいは今もなお随所に生き続けている。［KO］

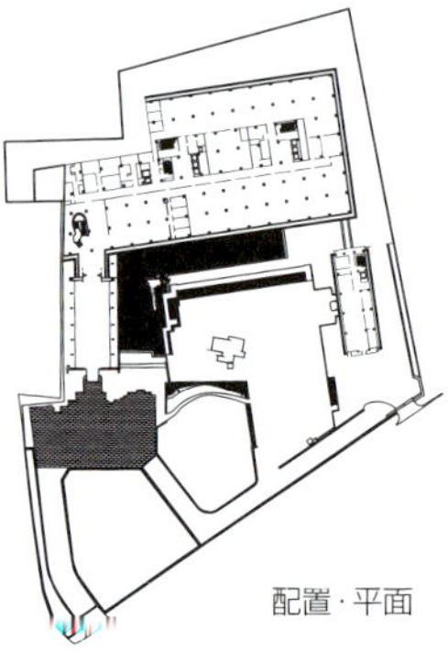

配置・平面

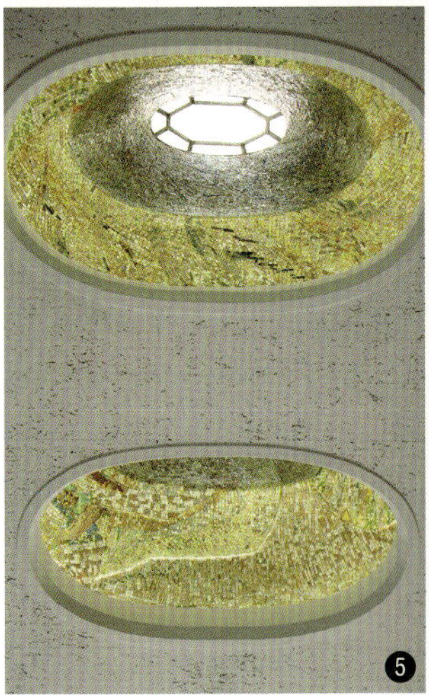

①アルミダイキャストのルーバーの連続が奏でる外観
②空撮
③アルミダイキャストのルーバー詳細
④エントランスホール
⑤エントランスホール：トップライト（作野旦平作）
⑥エントランスホール：地窓（アクリル装飾）
⑦車寄せキャノピー見上げ

千代田生命本社ビル

⑧⑨⑩大階段（鉄骨吊り階段）
⑪小会議室外壁詳細：テッセラ貼り
⑫アルミダイキャストのルーバーと池

内覧不可　map23

村野・森建築事務所

1966年

大阪市阿倍野区阿倍野筋2-3-8

①北東側外観
②玄関
③中庭を見る

JR天王寺駅南側の繁華街の裏通りに位置する村野藤吾の設計事務所ビル。小さな敷地の中に、庭を取り込みながら建物が配され、いくつかのボリュームが複合したような形状をもつ。壁面は粗ずりタイルで覆われているが、目地とタイルの面が合っているため、平滑で軽さを感じさせる。また窓は、繊細な手すりが取り付けられた窓、嵌め殺し窓、引き違い窓、鎧戸、小さな窓、大きな窓など、さまざまなものが用いられ、建物に表情を与えている。

一方内部では、玄関脇に小さな光庭、そして奥には竹が茂った中庭が設けられ、細かく区切られた部屋からの異なる景色が演出されている。

さまざまな形の窓や庭、部屋によって外部と内部との多様な関係性が演出され、小さいながらも実に豊かな空間が実現している。村野の技が凝縮された数寄屋建築のようでさえある。

なお建物は、村野・森建築事務所が移転したあと所有者が替わったものの、現存している。[KK]

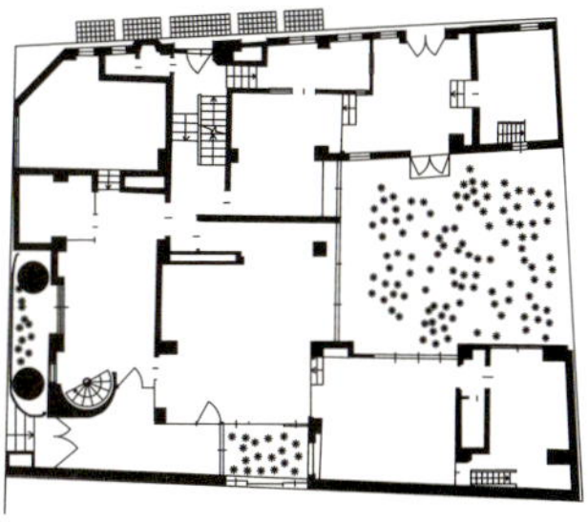

平面

非現存

浪花組東京支店

1966年
東京都港区

関西左官業界の中心的組織、浪花組の東京支店。1964年の浪花組本社ビル（p223）に続き、1966年のこの東京支店、1976年の名古屋支店（p235）と3連作の1つ。これら3つのビルはまったく異なった表情を見せるが、いずれも事務所ビルとしてはかなり閉鎖的な構えであることが共通している。
この東京支店は、赤錆色のコールテン鋼の外装によるマッシブな構成で、ランダムな縦窓が鉄の塊に刻み込んだようにうがたれている。この素材はマンガンやニッケルが少量入っていて、錆の被膜が緻密なため、それ以上の錆の進行を許さない。
この特異な素材に挑戦したいという狙いを村野は早くに温めていて、設計に先立ってアメリカ・イリノイ州モラインにエーロ・サーリネン設計のディア・カンパニー本社（1963）を訪れている。建物の規模や構成も、企業の業種もまったく違うため、片や線的な構成であるのに対して、こちらは面的な構成に徹している。[KO]

①②③外観：外装はコールテン鋼

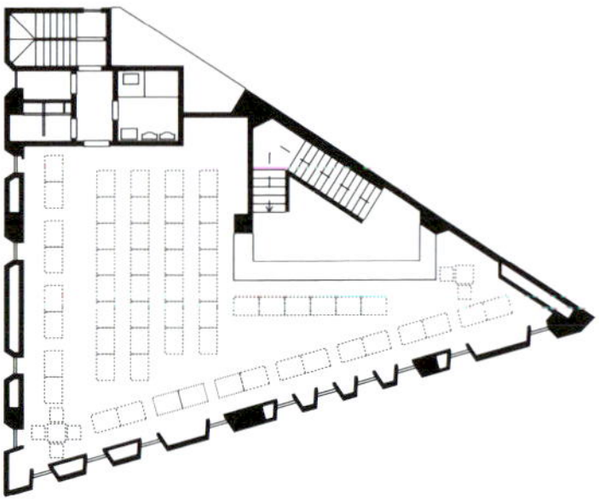

2階平面

清原東京支店

1967年

東京都千代田区東神田3-2-11

服飾資材・繊維資材の卸売販売・輸出入を行う清原株式会社の東京支店。神田川の美倉橋のたもと､東神田の地､左岸から1つ入った、南北2本の通りに面する立地である。東西に長い矩形の平面に対して、西側に主動線などのコアを配置し、その他を事務室、倉庫などとしている。コアの頂部を強調して交差点に対する広告塔の役割を担わせた。正面に立つと両端の少し突き出た妻壁の内側に、落ち着いた色調の黒褐色の二丁掛けと小口タイルのフランス張りの壁面が印象的である。両端の柱、妻壁、バルコニーの構成は、フジカワ画廊（1953 p220）や大信紡績ビル（1958 p221）で実証済みの手法である。地上6階、地下1階、延床面積2,800m²の建物は、正面からは5層の構成で、1階は大理石張りの独立柱とし、凹凸の差をつけた2、5階の大きな開口部に対して、3、4階は対照的にガラスブロックをはめ込んだ小さめの開口部で、いかにも村野らしいさりげなく変化のあるファサードを構成している。
「人の出入りしやすい、装飾性より機能性を」と村野に設計を託したと3代目の斧原秀夫会長は振り返ってくれた。清原は、2009 年11 月に創業75周年を迎える。[KO]

①南側外観
②南側全景：左上に塔屋部分
③エントランスホール
④玄関と2階窓回り
⑤階段室
⑥役員室

内覧不可

大阪ビルヂング（八重洲口）［現：八重洲ダイビル］

1967年

東京都中央区

東京駅八重洲口近くの賃貸オフィスビルである。柱型と梁型が巧みに外装デザインに生かされている。柱型はカナディアン・ブラックのジェットバーナー仕上げで、窓回りも色やテクスチャーをそれと調和させるために、ジュラクロン仕上げのアルキャスト、ブロンズペアガラスを用いている。

正面からよく見ると、柱型は上階にいくに従って細くなり、力の流れがさりげなく表現されている。全体としてはフラットな壁面でありながら、微妙なくり型を施した窓回りのデザインは、上品な印象を与える。

屋上の塔屋も高さを強調したデザインで、特徴的な外観を構成している。その屋上は木の実のなる雑木の樹園で、野鳥が集まるようにつくられた都心では貴重な存在である。各階の平面は約57m×32mの矩形で、コアを偏心させることで4つの異なる奥行のオフィス空間が提供されている。［KO］

①正面全景
②空撮：屋上庭園
③外壁詳細

内覧不可　map22

近鉄新本社ビル

1969年

大阪市天王寺区石ヶ辻町16

近鉄上本町駅の南側に建つ近鉄本社ビル。村野は戦前から数々の近鉄関係の建物の設計に関わっており、旧本社ビルも近隣の敷地に村野の設計で建てられていた。だが手狭になったため移転、新築されたものである。
建物は、直方体のような高層部と玄関ポーチの役割も果たす低層部との組み合わせによる明快な構成となっている。白いタイルで覆われ、窓と壁面が同一面で収まっており美しい。壁面の窓は、その上部に楣《まぐさ》風の飾りが取り付けられ、下部には開閉可能な小さな掃き出し部分をもつが、最上階から2層目の7階部分の窓だけは、掃き出し部分がない。また同じ7階の東面には壁の内側の一部にベランダが設けられている。こうしたわずかなデザインの違いが、頂上部に帯状のラインを感じさせるものとなっている。
一見モダニズム建築の典型のように思えるが、よく見ると3層構成をなし窓に楣をもつ、様式建築的な雰囲気を湛えた村野ならではの作品だと言える。[KK]

①全景
②外壁見上げ
③エントランス・ピロティ

高橋ビル本館［現：アールビル本館］

1970年

大阪市北区西天満5-9-3

①全景
②③階段室
④外壁見上げ

貸ビル業を営む高橋ビルの本社屋。周囲の景色を映し込むほど磨き上げられた黒御影石貼りの外観が美しく、際立っている。窓は壁面と面が同一に揃えられているため、御影石の重々しい印象に反して、軽さを感じさせるものとなっている。また南東角に接する壁面に窓を設けていないため南東角に重さを感じさせるのだが、角を斜めに切り落としているため軽さも感じられるという、村野ならではの矛盾したデザインが特徴。

窓のサッシは、1階にステンレス、2階以上にはアルミが使われるなど、使い分けがなされている。内部では、エレベータホールを中心に、外観とは一転して白い大理石が使われ、その落差に戸惑うことになる。

村野は複数の高橋ビルの関係施設を手掛けており、本社以外に東館、東3号館、西館（梅新）、南館、北10号館、阿倍野橋、阿倍野ボーリング場などを設計した。西天満界隈には、本社以外にもいくつかの村野設計の高橋ビルが現存している。[KK]

内覧不可

黒田電気本社［現：黒田電気大阪支社］

1970年

大阪市淀川区木川東4-11-3

①南側全景
②東南側全景
③エントランス

大阪市の北部、新幹線の新大阪駅に比較的近い場所に建つオフィスビル。長方形の敷地の中央に横長直方体が置かれた格好の、単純明快な建物である。だが正面の壁面に目を向けると、村野ならではのデザインを見ることができる。

壁面は茶色いタイルに覆われているが、上階に行くほど窓と窓の間の壁面が細くなっている。つまり上階に行くほど窓が大きくなっている。そのため壁面は、エンタシスをもつ様式建築の柱を連想させる。また窓は、1階がはめ殺しで2階以上は引き違いとなっており、最上階の5階は浅いベランダの奥に設置されている。そしてその上部のパラペット部分にはタイルが貼られておらず、そのため様式建築の梁部分を連想させる。壁面に村野が好んだ様式建築の「影」を見ることができるのが興味深い。

なお建物の東部分は、1999年に増築されたものである。その継ぎ目部分もていねいにデザインされ、外観に変化を与えている。[KK]

内覧不可

大阪ビルヂング（麹町）［現：麹町ダイビル］

1976年

東京都千代田区

このビルがある麹町界隈は起伏に富み、豊かな緑に恵まれている。前面道路を隔てた西側には上智大学とメリノール教会の鬱蒼とした緑が広がる閑静な環境。
メインの西側のファサードはプレキャストコンクリートとアルミジュラクロンサッシの窓の構成。プレキャストコンクリートは花崗岩骨材洗出し仕上げで、質感、色調とも落ち着いたものとなっている。またその断面は独特の形で、彫りの深いクラシックな印象でありながら、フラットなハーフミラーの窓との相乗効果で、全体のシルエットをいっそう際立たせている。
鉄骨造床板コンクリートで、間口方向6mスパン、奥行方向10m×2スパンで東西の外壁にさらに3mの片持ちでカーテンウォールを支えている。北側に向かって敷地が細くなるに従って外壁をセットバックさせた、重層したファサードが変化とスケール感を与えている。北側のアプローチではシャープなエッジの風除室と薄い翼形の屋根が迎えてくれる。[KO]

①正面外観
②南西側外観
③空撮

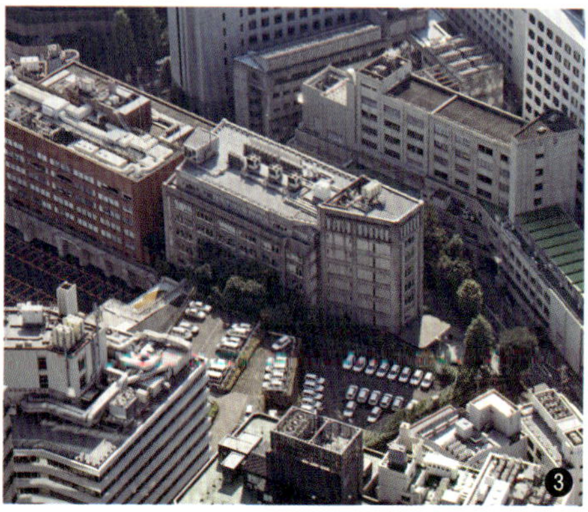

内覧不可　map16

浪花組名古屋支店

1976年

愛知県名古屋市中村区砂田町2-8

浪速組3連作の3作目。これらの3連作は、それぞれまったく異なったたたずまいを見せるが、中でもこの名古屋支店はもっともおとなしい表現である。建物は地下鉄中村公園駅にほど近い大通りから入った住宅地に、街路に南面して建っている。
前面には正面玄関の両脇に2台分の駐車スペースがあり、2階建ての正面のファサードは、中央に低く抑えられた玄関と、右上に鍵穴のような飾り窓があり、シンメトリーの緊張感を和らげている。
東西のファサードは1、2階にまたがる縦スリットの開口部を象徴的に設けている。狭い敷地の中で、街中の喧騒に対して執務スペースの静寂さを確保するための工夫である。厚めの茶褐色の小口タイルの外装は、村野が好んで使った手法である。
玄関を入るとトラバーチンの床、壁、受付カウンターで構成されたロビーで、カウンター内部の執務スペースもベージュの同系色でまとめられている。ロビー左手の「村野階段」を上ると、2階は落ち着いた会議室になっている。[KO]

①東面開口部詳細
②南側正面外観
③階段詳細
④東南側全景
⑤正面入口楣部詳細
⑥正面外壁上部詳細

内覧不可　map01

京橋三丁目ビルディング

1978年

東京都中央区京橋3-1-3

このビルは東京駅の近く、鍛冶橋通りと日本橋通りの交差点、三方道路に面した敷地にある。できるだけ貸室面積を確保するために敷地いっぱいに建てられている。基準階は東側の日本橋通りに面して開く形で、典型的なコの字型プランで構成されている。西側の隣地側にエレベータ、階段、給湯室、トイレ、機械室がコンパクトにまとめられている。
突き出したコーナーは極めて抽象的にまとめられている。通りに面するファサードは、3階から8階までが、縦リブの吹き付けタイルのプレキャストコンクリートとガラス窓の組み合わせである。1階レベルは斜めの長方形の耐候性鋼パネルで縁取られた窓である。コーナー部のコンクリートシャフトは深くえぐられていて、最上階の壁梁を支えるように力強く表現されている。
北側の通りに面してエントランスホールがある。床、壁ともトラバーチンで仕上げられ、一角に地下のレストラン街に続く階段がとられている。[KO]

①北東側全景
②庇詳細
③外観見上げ

南部ビルディング

1980年

東京都千代田区紀尾井町3-3

緩やかに北に向かって上っている紀尾井町通りが清水谷坂に突き当たるあたりにこの賃貸ビルは建っている。北側が前面道路で、東側と西側が隣地、南側は一段低い清水谷公園に面している。これらの立地から平面は、北、西、南側に開き、東側にコアをコンパクトにまとめたコの字型プランとしている。大判のアルキャストパネルによる外装で、接合部を半円状に盛り上げ、フラットな壁面に対してアクセントにしている。パネルの真中に村野特有のT型窓がとられている。北側のエントランスには軽快な庇が設けられている。ここ清水谷は、尾張屋板江戸切絵図にも「シミズダニ」と記されており、周辺から清水が湧き出ていたことに由来している。[KO]

①外観詳細
②エントランスキャノピー：
　アルミキャスト
③空撮

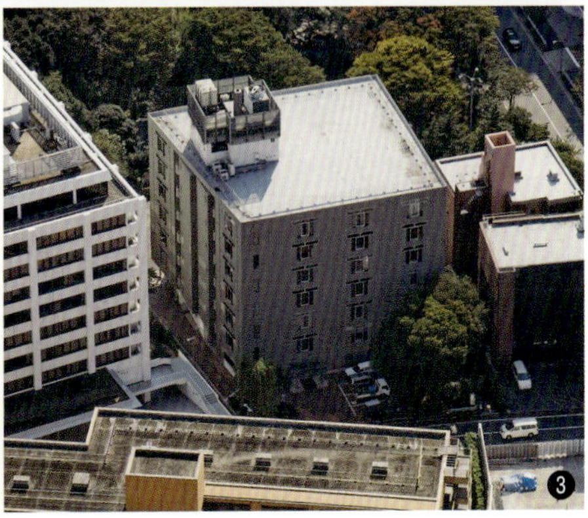

内覧不可

黒田電気名古屋支社

1981年
愛知県名古屋市瑞穂区洲山町3-42-2

名古屋市の郊外、新瑞橋の交差点にほど近い住宅地にこのビルは建っている。黒田電気本社（1970 p233）に続き、村野の設計である。3階建ての小規模なオフィスだが、随所に村野らしさが感じられる建物である。名古屋の拠点として建設されたが、近年、一部の機能が他に移転した。外装はベージュ色の荒摺り小口タイルで、目地はタイルと同面に塗りこめられている。壁面を分節するように3階分連続した開口部があり、パラペット部分もセットバックさせてバルコニー風にデザインされている。西側の道路に面し、他は隣地に面しているため、建物は南側に寄せ、西側にアプローチ、北側に駐車スペースがとられている。南側にコア、2階に安定した北側採光の執務スペースが配されている。
妻側の瀟洒な赤い庇をくぐると、3階までの吹き抜け空間に折り返し階段と廊下がブリッジ状に構成され、明るく開放的な動線空間が用意されている。3階は会議室と、茶室の設えの4畳半の和室、休憩室等で、1階のエントランスの奥はかつて配送機能を担った倉庫になっている。[KO]

①北西側全景
②エントランス側外観とキャノピー
③北側壁面
④エントランスホールと階段
⑤階段室

内覧不可

内幸町大阪ビルヂング［現：内幸町ダイビル］

1983年

東京都千代田区

村野藤吾がチーフデザイナーを務めた、渡辺節設計によるかつての日比谷大阪ビルは現存しないが、その街区の南側、3方道路の敷地にこの内幸町大阪ビルヂングは建っている。西側の隣地側に片側コアの構成で、道路に面してオフィスはコの字型に取られている。典型的な賃貸オフィスビルで、各スパンごとに分割貸しを想定したプランである。外壁はステンカラーのアルミパネルで単窓が配されており、南端の隅切り部分の縦長の窓が特徴的である。[KO]

①東側外観
②全景

非現存

村野建築研究所心斎橋事務所

1984年

大阪市中央区

1

そごう大阪本店（1933 p116）の北側に隣接して建っていた村野・森建築事務所の分室。戦前からこの敷地に同事務所が存在したが、老朽化したため建て替えられ、1984年に竣工したものである。残念ながら、2003年のそごう建て替えに際して取り壊された。

建物は、戎橋プランタン（1965 p130）と同様、正面の壁に極端に薄く白い鋼板が使われ、サッシのない窓がはめられていた。そのため重力感がなく、抽象性の高いデザインとなっていた。

内部では、1階の床が少し高い位置に設けられ、奥に長い空間に上下の変化が与えられていた。階段には細かいモザイクタイルが貼られ、コーナー部が丸められてやわらかな陰影をつくり出していた。

また阿倍野の村野・森建築事務所（1966 p227）と同様、光庭が設けられており、正面のガラス越しにこの光庭を見ることができた。ガラスと室内と光庭という、質の異なる「空」が重ねられることで、建物に透明性と同時に厚みがもたらされていた。[KK]

2

①正面外観
②モザイクタイル貼りの階段

村野藤吾と建築写真家・多比良敏雄

松隈 洋 建築史家／京都工芸繊維大学教授

数多くの建築作品を遺した村野藤吾には、その竣工時の姿を写し続けた、良き理解者である建築写真家がいた。それが、多比良敏雄(1911-83)である。

多比良は、長崎県に生まれ、1927(昭和2)年、写真館を営んでいた叔父を頼って単身大阪へ上京、叔父の紹介で入門した土井写真館で写真技術を学んだ。その後、今でいう広告代理店のような存在だったユニバース写真工芸所に移り、そこで建築写真を撮り始めている。1936(昭和11)年には仲間たちと同盟写真工芸所を開設して活動を始めるが、戦争へと突き進む時代の中で解散を余儀なくされる。そして、戦時下の空白を経て、戦後まもない1946(昭和21)年にタイラ・ホートを開設。以来、亡くなるまで、関西を中心に、生涯フリーランスの建築写真家として活動を続けた。多比良は、戦後復刊された『新建築』や、創刊された『新住宅』といった建築雑誌を中心に活躍し、村野藤吾、吉田五十八、坂倉準三、前川國男、浦辺鎮太郎、丹下健三、石井修、菊竹清訓ら、戦後を代表する建築家たちの建築作品を写真に記録し続けた。また、竹中工務店や大林組からの竣工写真の依頼も数多く、関西の建築界によってその活動が支えられていた。こうした活動が評価されて、1977(昭和52)年、「建築写真を通したわが国建築界への永年にわたる貢献」により、第2回吉田五十八特別賞を受賞している。しかし、本人が望まなかったこともあり、その仕事が展覧会や写真集で紹介されることは生前には一度もなかった。

その多比良が、他の誰よりも数多く記録し続けたのが、村野藤吾の建築作品だった。残念ながら、村野との出会いの経緯については特定できない。しかし、残された資料からは、1930年代の初めには何らかのつながりがあったことがわかっている。そして、最も古い南大阪教会(1928 p018)から1980年代の建物まで、50年以上にわたって、村野の建築作品70件以上とパースや模型の写真などを撮り続けたのである。その総カット数は、2,700にも及ぶ。村野は年若い多比良の仕事に信頼を寄せ、その撮影に数多く立ち会って、アングルの確認を行うなど深い交流があったのだという。だからこそ、その写真には、村野建築の竣工時点におけるみずみずしい姿が、最良の姿で写真にとどめられているのである。

村野は、時間の中で成熟する建築の質感を大切にした建築家である。しかし、時間は建築の姿を刻々と変え、あるときにはその姿を地上から消し去ってしまう。多比良の写真は、当時の社会の姿や風俗と共に、村野がその建築に込めた初発のイメージを確かな形で記憶している。私たちは、その仕事によってはじめて村野藤吾の建築を正確に理解できるのだと思う。その意味で、多比良敏雄の写真は、村野藤吾にとってかけがえのない遺産の一部をなしているのである。

世界平和記念聖堂(1954):多比良敏雄撮影

住宅

昭和期における邸宅の数々
照井春郎

村野藤吾の数多い作品を見ていくと、住宅の事例が少ないことに気づくであろう。村野は、住宅の設計は苦手で、竣工後住人が気に入ってくれればまずは合格であると語っていた。彼は常時住宅に取り組んだような、いわゆる住宅作家ではなかったといえる。

戦前戦後を通して住宅改良運動がいろいろとあったが、それに関して村野が言論をもって牽引するということはなかった。後年、住宅設計については、依頼者との人間関係やその要望の汲み取り方などを淡々と述べている。また、彼が設計した住宅の多くが木造和風住宅であるが、和風建築となったのも依頼者の求めに応じたものか、村野からの提案だったのかは、詳細をあまり明らかにしていない。特に戦前期のものについては、その経緯を村野はほとんど書き残していないのではないか。

これら住宅の依頼者の多くは企業の経営者であった。その経営者がクライアントとして、村野に他の建築を発注していたことが多かった。この事実は、第一に彼らが村野に絶大な信頼をおいていたことによると考えてよいであろう。当然のことながら、その住宅は敷地や資金その他において、ある程度恵まれた環境の下で建設されたはずである。つまり昭和期における大邸宅の実例でもあったのである。

現在、これらの住宅を敷地外から容易に認

作品解説：竹原義二［YT］

めることは難しい。しかしながら発表されたプランや写真その他を見ていくと、その構成をうかがい知ることは可能である。ただ各住宅それぞれの建設時期には隔たりがあり、事例数も少なく、敷地状況や規模も多様であるため、総体として何か特別の手法などを見出すことは困難である。

民間企業の経営者は、浮沈の激しい競争社会に生きている。彼らには世間に見せる顔以外の面も少なからず存在している。その住居は日々の生活をこなすだけというわけにはいかなかった。村野が設計した住宅のプランを見ていくと、居住者の生活域とは別の、たとえば応接室やサロンといった接客などに供したであろう一種の公的空間にスペースが割かれているのがわかる。和室においても、格式のある座敷が設えられていて、応接や客室として使用された交流の場であったことは容易に想像できる。

この交流空間は、村野が他の建築で見せたものと同種の、華麗な意匠によってなっている。クライアントは一般建築において村野が独自のデザインで空間をつくり出すことを知っていた。この建築家としての実力に信頼と期待をこめて、自邸の設計をも村野に託したと考えても、それほど間違いではないであろう。

冒頭で村野が住宅を苦手と語っていたと記したが、これに加えて、住宅の設計に必要な労力に見合った成果を常時示すことは困難であって、たやすく請けることには慎重になると述べている。すなわち不才という意味ではないようである。このことはその住宅を見れば明白であろう。住宅設計は個人の生活に立ち入り、きめ細かな作業を求められる。高度成長期において村野は多忙な建築家であった。

村野の設計した住宅は大作といえるものもあって、他分野の建築に比べ決して見劣りせず、今後の手本となる良作も多い。

建築家／東京電機大学講師／元村野・森建築事務所所員

非現存

神戸大丸舎監の家

1931年

兵庫県神戸市

神戸大丸百貨店の男子店員寄宿舎舎監のための家。
建物は摩耶山を背に神戸港を望む山の手の傾斜地に位置した。屋根のかたちは独特なものがあり、天然スレートで葺かれた屋根の陰影がもたらす雰囲気と壁面に貼られたタイルと目地の納まりは村野流の始まりを暗示するものであった。また小さな円窓・櫛型の窓が屋根裏部屋を形取り、装飾の楽しさをうかがわせた。
斜面に鉄筋コンクリートで地下部分が構築され、上階は木造軸組で組み上げられた混構造の建物であった。外観は和の雰囲気を表現する格子状の出窓が付けられ、裏返しのタイルの壁が荒壁で仕上げられた壁のように表現されていた。これによって色調にグラデーションが生まれ、洋風でありながら和の雰囲気を醸し出した外観をもっていた。材料に手を加えることでひと味違った表現になるところが、村野流の原点である。[YT]

①道路側外観
②屋根詳細

非公開

中山悦治邸

1934年
兵庫県芦屋市

①玄関ポーチ
②東側外観
③外観詳細

渡辺節建築事務所から独立後最初の本格的な住宅である。建物は芦屋の山手にあり、一街区全体を占める広い敷地に建つ。
土地の傾斜を巧みに利用したプランで、東に和室とサロン風の居間、西にベランダを、高低差をつけながら配置している。道路からは長大な建物の全容をつかむことはできない。
正面から入ると、道路側に供待の平屋があり、やや広めの中庭を挟んで玄関ポーチがある。その玄関ポーチも広めで覆いをもち、玄関広間から大広間へつながる。大広間は2層分の吹き抜けで、床は寄木張り、壁はチーク、天井は銀フルミの格調高い空間。この洋間に付けられた曲がり階段は2階バルコニーをアルコーブとしてアクセントを付け、インテリアの一部として空間を引き締めている。さらにこの住宅の門、扉、壁面はアール・デコ風の室内意匠で納められている。洋風と和風を併存・融合させたモダンな装飾が見どころである。[YT]

中山悦治邸

4

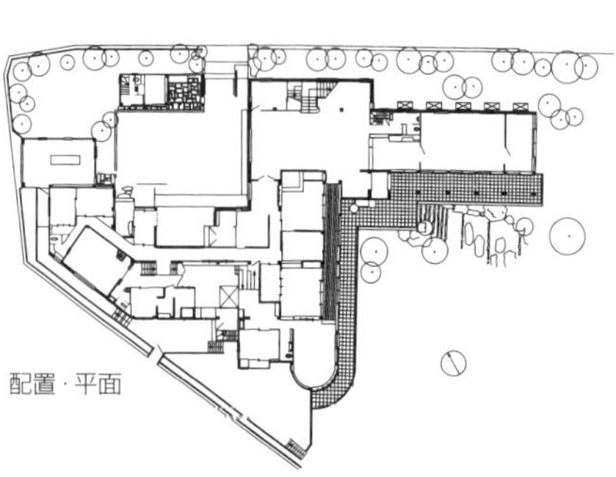

配置・平面

5

④⑤大広間
⑥⑦南側外観
⑧玄関扉
⑨玄関からポーチを見返す

非現存

中山半邸

1940年

兵庫県神戸市

この建物は神戸市東灘区の山腹に位置した。南斜面の見晴らしのよい場所に別棟、離れ家が点在するなか、主屋が建てられていた。平面は斜面の眺望を生かした形でつくられ、接客部分は洋風、私的な部分は和風にまとめられてゾーニングされていた。
外観は斜面を活かすようにつくられていた。主屋部分は切り妻屋根で納め，洋風テラス部分は片流れとし、奥の部屋は大和棟の屋根を掛けるなど、さまざまな変化を付けて立体的な外観を構成していた。
この住宅の見どころは土庇で低く抑えられた玄関ポーチの脇にある中庭の見え方にあった。中庭の石灯籠と台杉の配置はフレームの中に切り取られた障屏画のように見えた。この見え方の手法は村野の巧みなプランニングによるものと見て取れるものである。
玄関を入ると吹き抜けのあるロビー室があり、そこにある回り階段が空間を引き締め、装置としての役割を果たしていた。村野は回り階段を好んで使い、空間に垂直の広がりを求めた。

[YT]

①外観
②ロビー
③車寄せ奥の前庭
④テラス

非現存

中橋武一邸

1940年

大阪市天王寺区

大阪阿倍野の悲田院にこの住宅はあった。1920年前半頃に長谷部鋭吉の設計で建てられた洋風の建物の玄関まわりだけを残し、それ以外は新築した。この建物の見どころは、3棟で構成された屋根の表現にあった。洋風を主体とする応接棟は寄棟の錣《しころ》葺き、その北側にサービス部門をもち、東側の和風を配した部分の屋根は大和棟で、上部を急勾配の切妻、下部を緩勾配の寄棟として、洋と和の対比をつくり上げ、外観に大きな特徴を与えていた。大和棟は村野が好む屋根の造形であった。

村野によって改修されたと見て取れる応接室は、木質の単板が壁に張り巡らされ、外部に設けられた土庇の軒下空間と連続し、室内はやわらかな質感を生み出していた。この壁の仕上げは、中山悦治邸（1934 p245）、中林仁一郎邸（1941 p250）の玄関ホールの質感とつながりをもっていた。

村野が尊敬した長谷部の作品をていねいに扱い、両者の良さを生かしながらも自分流を打ち出し、村野の作品とした。[YT]

①南側の庭から見る：右は和室棟
②玄関ポーチ
③玄関ポーチ内部
④食堂

中林仁一郎邸

1941年

京都市

2

3

4

5

6

この建物は京都市街を見晴らす東山の山裾に建っている。見どころは東側のファサードにある。車寄せに片流れに架けられた奥行14尺に及ぶ深い土庇が全体のエレベーションのバランスを良くし、シンメトリーを避けることで立面に力強さを与えている。外観は数寄屋風と書院風を混ぜ合わせてモダン化している。

玄関は扉を片開きドアとし、開口部回りの額縁は大きく面取りした切り石で縁取り、玄関内部のトラバーチンの石貼りを暗示している。組積造りと思わせる洋風の骨格を見せているが、細部の納まりが和風の手法を取っているために、洋風と和風という対立的な空間構成が見事に両立している。大理石貼りの玄関から吹き抜けの単板貼り壁のホールへと続く。このつながりをもった場によって、石から木へと空間が切り替わる。

この住宅は戦前の大邸宅のプランニングを、より合理的にまとめあげたものである。[YT]

①東側外観
②ポーチ
③入口
④東面詳細
⑤ポーチ
⑥ホール
⑦西側外観
⑧⑨⑩1階主人室

立面

中林仁一郎邸

12

15

13

16

14

⑪2階からの眺め
⑫⑬書斎：窓にはこの家の別称「比燕荘」をあしらった飾り
⑭2階洋室
⑮木製建具（レールも）
⑯2階廊下
⑰2階客間
⑱客間窓まわり
⑲客間側廊

村野自邸

1942年／1957年

兵庫県宝塚市

①玄関
②③④アプローチ
⑤玄関内部
⑥⑦醤油絞り丸太のある居間
⑧茶室

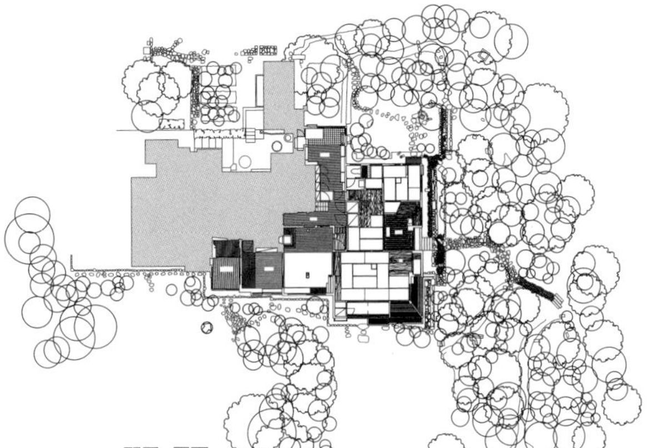
配置・平面

村野邸は、かつて村野が敬愛した建築家・長谷部鋭吉が住んだ阪急宝塚線清荒神の山の手にある。
1942年に河内の民家を移築して自邸をつくった。住宅の中心となる部分は民家であるため、太い主要軸組はそのままで、改装という形で住宅に手を入れていった。そのために住宅全体が成長を遂げていく。自邸は時間の厚みを内蔵しながら、デザインの表現と納まりの演習が繰り返される場であった。かつての主屋に接続して離れが増築され、書斎と和室がつけられたことで住宅は奥行を増していった。特に和室は村野好みの残月の間が見どころである。
手を加えていくことで和とも洋とも民家とも数寄屋ともつかず、数寄なものを寄せ集めてつくった住宅である。そのことで材の寸法も仕上げもさまざまであるが、空間に統一感をもっているのは寸法と納まりにこだわり、ディテールを実験的につくり続けた結果である。
またそれぞれの室が相互貫入し、場面が転換するが、見方によって空間が引き締まるのは、軸線を複数もつことで無方向性の空間を引き出しているからである。村野はこの手法を好んで使った。[YT]

村野自邸

⑨⑩広間（残月床）
⑪縁のコーナー
⑫⑬庭側外観（寝室）

指月亭

1959年

東京都港区

この建物は東京都心部の閑静な住宅の一画に位置した。通りからは透かされた縦横格子の門扉越しに前庭と中庭を仕切る塀がのぞいて見えた。低く抑えられた塀は街並みの環境を整えるようにたたずんでいた。
この住宅の見どころは、玄関から渡り廊下へと続くアプローチにあった。数寄屋のエッセンスがこの廊下に詰まっていた。廊下は中庭を囲い込み、外廊下を張り巡らし、外と内がつなげられていた。土庇で低く抑えられた軒は軒裏空間に翳り部分を生み出し、外と内に緊張感をもたせていた。部屋が雁行型に配され、屋根が重なるように納められている点は見事であった。
中庭を囲む外の部分の取り合いは、雁行に配されたことで見え隠れしながら納められていた。外部と内部の関係は見る角度によって庭がさまざまな相を表し、数寄屋建築の面白さを余すところなく表していた。軒の見付けを薄くすること、軒を低く、出を深く、軒鼻はできるだけ低く見せることが村野のねらいであった。[YT]

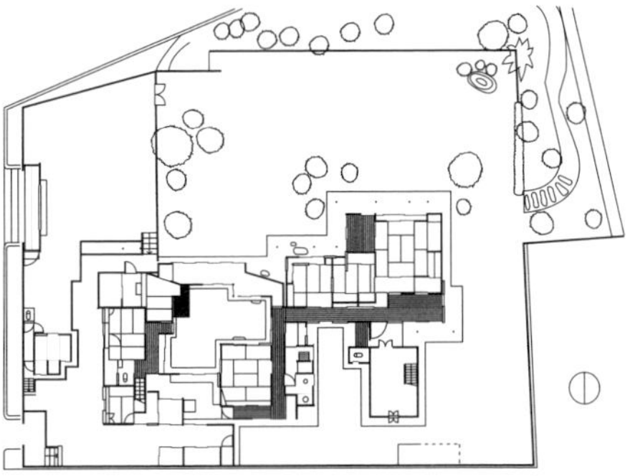

配置・平面

①道路側外観
②中庭と主庭：間に渡り廊下が走る

指月亭

③玄関から中庭を見る
④中庭見下ろし
⑤座敷と中庭
⑥座敷の土庇
⑦座敷の南側外観

中川邸

1959年

大阪市住吉区

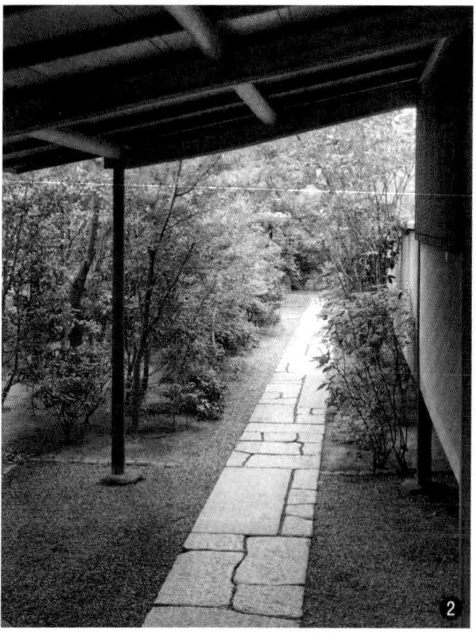

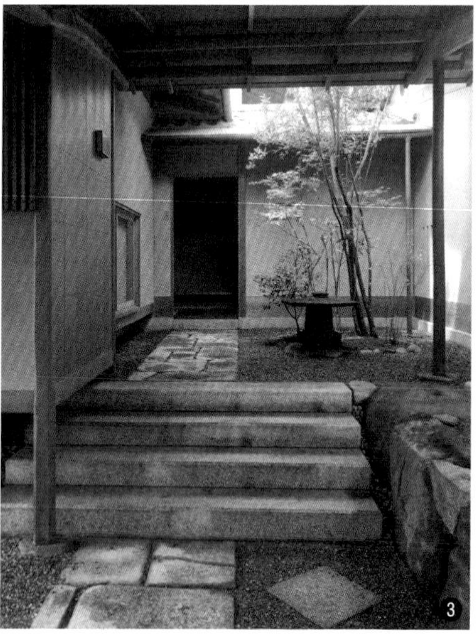

中川邸は大阪市帝塚山の一画にある。北側と東側が道路に面し、広大な敷地をもち、境界線は生け垣で覆われている。この住宅の見どころは東南の角に位置する表門である。門は寄棟造りの桟瓦葺き屋根で、全体にかすかにむくり、低く抑えた軒先とともにやさしげな風情をもたらしている。腰の杉面皮丸太が聚楽壁と和し、全体のプロポーションが見事である。

表門から玄関へ向かうアプローチは建物と平行に敷かれた延段石を伝っていく。建物と低い塀の西側に植栽が施され、玄関前の土庇の下に滑り込むように導かれる。このように人の視線と動きをずらしつつ、先へ先へと歩ませる手法は村野独特である。

もうひとつの見どころは、本宅の南側立面にある。南の庭から見るエレベーションは水平に広がり、薄く仕上げられた軒と土庇空間が心地よい緊張感と美しい均整を生み出している。

[YT]

①表門
②アプローチの見返し
③玄関へのアプローチ
④南側外観
⑤玄関ホール
⑥茶室

高知県知事公邸

1963年

高知市鷹匠町2

2

3

この建物は知事公邸としての「公的ゾーン」「私的ゾーン」「共用ゾーン」が明快に分けられたゾーニング方法が取られている。3つのゾーンは、渡り廊下と中庭によって連結し、分離され、外と内が庭を介してうまくつながっている。
2方道路から見える美しいプロポーションは屋根の架け方にある。入母屋が雁行してつながり、2.8寸の緩勾配で葺かれ、妻側は箕甲で納められている。これは小屋裏の通気、換気の機能を果たすだけではなく、全体の屋根面が陰影をつくって浮遊するような軽やかなエレベーションを生み出している。
構造は木造でつくられているが、高知という場所柄、強風、豪雨を考え、木造の骨組みに鉄骨造を加味することにより強度を保っている。たとえば、独立柱は鉄骨芯に檜材をプレートで重ねた複合柱が使われ、軒先部分も鉄骨造りとなっている。しかしデザインが繊細に納められているため、あくまで和風の造りとなっているところが村野流なのである。[YT]

4

5

6

7

8

①玄関棟外観、奥に応接棟
②車寄せ
③玄関
④⑤⑥応接室南側外観
⑦柱の連なり：鉄骨を檜材でくるみ、鉄のタガをはめている
⑧応接室

佐伯邸

1965年

奈良市登美ヶ丘2-1-4松伯美術館内

佐伯邸は、近鉄によって住宅地として開発された近鉄奈良線の学園前駅地区の一画、大渕池のほとりに建っている。
この建物はアプローチに細心の注意が払われている。門から玄関への雁行する回廊は渡り廊下のようにつくられているが、屋根は低く抑えられ、磨き小丸太で軽く架けられている。廊下と庭との距離感から生まれるシークエンスがほどよい緊張感を醸し出している。
座敷と茶室からなる「和」の接客空間と、応接、食堂からなる「洋」の接客空間がつなぎの間で接続されている。そして、それぞれの諸室は庭に面して雁行するように配置され、部屋がずれることで寄棟に架けられた屋根は重複し、集落のような佇まいを見せている。また床が高くもち上げられて雁行する立面は桂離宮を思わせる。この建物の意匠は伝統建築のボキャブラリーを採用してはいるが、飽きのこない意匠でまとめられているところが村野流和風住宅のつくり方なのだろう。住宅は静かに環境に溶け込むように建っている。[YT]

3

①車寄せ側外観
②屋根の連なり
③④内庭外観

佐伯邸

⑤南側外観
⑥広間と残月の床
⑦茶室入口廊下
⑧茶室躙口
⑨広間より庭を見る

❻

❾

常陸宮邸

1976年

東京都渋谷区

2

この建物は1925年に東伏見宮邸として建てられた英国風の御殿であった。そこに常陸宮同妃両殿下が御成婚以後ずっと住んでおられた。しかし、築50数年たった建物はさすがに老朽化が進み出したために村野が改築し、新しく生まれ変わった。建物の位置は、ほぼ今まで通りに配置したが、敷地の北側にあった元の正面は通用門に変更し、東南の隅に正門を設けた。

平面は、中庭をはさんで東側は公室ブロックで平屋建て、西側に私室ブロックを2階建てでコンパクトにまとめている。建物の正面となる玄関はシンメトリーを少し崩し、建物に変化を与えている。

平屋建てで構成された車寄せの屋根に本屋の屋根が重なって見える。この屋根の表情は銅板の瓦棒葺きが陰影を生み出し、建物に奥行感を与えている。さらに屋根から突出した煙突が変化を生み出し、全体のエレベーションのバランスを整え、品位のある建物となっている。[YT]

①南側外観
②東側車寄せ
③応接室
④エントランスホール
⑤窓飾り詳細

3

4

5

「村野藤吾の建築とは何か」という夢

小林浩志 写真家

私は1年余をかけて、数件の住宅を除いて現存するすべての村野藤吾の建築作品を撮影した。撮影を続けていくうちに、街を歩いていて遠目でも村野の建築を見分けることができるようになった。窓のデザインや庇のカーブ、細かいディテールなど、村野の匂いを嗅ぎ分ける。

しかし、「村野藤吾の建築とは何か」と問われても答えることができない。

村野は渡辺節の事務所で様式の図面を描くかたわら、実務とは逆の論文「様式の上にあれ」を発表したように、外国の建築、芸術の流れに敏感だったが、いやでも情報が流れ込み取捨選択に苦労している現在の建築家と何が違うのか。

何日もかけて描いた所員の図面にためらうことなく赤を入れ、消しゴムで消してしまう非情さ。

たくさんの線の中からただ1本の線を見抜く感性。

妥協のない確かな眼差し。

剽窃と烙印を押されてもしかたがないほどオリジナルの建築に似た作品をつくる大胆さ。

ドイツ表現派やロシアや北欧、オランダなどの建築から強い影響を受け、その反面アメリカの摩天楼をひどく嫌っていた頑なさと柔軟性。

オシップ・ザッキンやモンドリアンの彫刻や芸術からの影響。

異様に低い椅子、同じパターンを執拗に繰り返すファサード、あまりにも工芸的すぎるディテール、うねる曲線と布に対する偏愛など、常識にとらわれない自由な発想等々。

本を読めば読むほど、人に話を聞けば聞くほど、村野像は絡み合い、迷路に引き込まれて「村野藤吾の建築とは何か」への出口が見つからなくなった。撮影に向かう車の中であるいは帰り道で、彼の数々の人間像が頭の中で渦巻き、建物の姿がぼやけてくるのだった。

しかし、梅田吸気塔（1963 p283）の撮影中、突然、私の中で変化が起った。それは撮影も忘れて暫く立ち尽くすほど衝撃的なことだった。「これはまぎれもなく村野藤吾が表現したかったことだ」と。

そして閃いたのはマイヨールとオシップ・ザッキンの彫刻だった。それほどまでに完璧なフォルムを梅田吸気塔は秘めていた。村野藤吾その人の「魂の塊」がそびえたっていた。この感動がぼんやりと心の中に何かを形づくった。これは彫刻だ。何かが、ひっくり返っている。

そして、谷村美術館（1983 p040）の撮影で、それはよりはっきりと見えてきた。

美術館の門をくぐると雪で覆われた中庭が目に飛び込んできた。右手の長いアプローチが中庭を囲み、その先に美術館が建っている。白い雪の中庭、岩の塊と化した「うずくまる美術館」。まるで石庭か山水画を想起させる佇まいであった。アプローチの回廊はあの世とこの世を結ぶ、能舞台の「橋懸かり」に思えてくる。その先の「うずくまる美術館」の中には、あの世の宇宙が広がり菩薩の世界がある。美術館（あの世）の内部は、うねるように壁が続き、仏像は厳かに、しかし艶かしく安置されている。雲の中を、極楽浄土を、彷徨っているかのような幻覚が起きた。

撮影を終え表に出て感じたのは、清々しい気持ちと同時に寂しさだった。

内部と外部の落差はなんだろう。外観はうずくまる岩のようでもあり、蟻塚のようでもある。内部の艶かしさと対照的に無骨なまでに枯れている。この違和感は彼の建築に接してたびたび感じていたことだったが、これほどはっきり心に浮かんだことはなかった。

「華やかさと侘しさが、沸き立つ心と寂しさ」。

絶対に矛盾した情念を対立させたまま、1つの建築の中にそれが存在していた。

西田幾多郎のとらえた日本文化の特徴、「絶対矛盾的自己同一」という相容れない要素を並立して存在させる考えと相通じるものがある。

たとえば、大阪新歌舞伎座（1958 p146）のファサードには「てりむくり」を36も連ねている。日本独自の形態、てり（凹）とむくり（凸）。プラスとマイナス、相反する形態の融合。双方の形態は反発しながら特異な形態として生きている。ゼロにはならないのだ。

また、広島の世界平和記念聖堂（1954 p020）は松竹梅や蓮の文様を窓や天井に使い、螺鈿や漆の工芸品を思い起こさせるデザインが随所にみられる。敷地の入り口の門は日本の鳥居が原型となっている。教会に鳥居。絶対的矛盾の自己同一、これが村野藤吾の奥深いところだ。

「御前」という貴人に対する呼びかけが、「おまえ」となると主体と客体が入れ替わり地位の逆転が起こるように、こうした例は日本の言葉にも文化にもよく見られることだ。たとえば、建築空間のために存在するべき階段が、村野藤吾の建築では階段のために建築が存在しているように見受けられるものが多々ある。主体と客体の逆転。村野は融通無礙な文化や美意識と滅びゆく儚さなど、矛盾や逆転のうえに成り立つ日本文化を建築化しているのだろう。

村野の建築は、私たちに日本の文化と歴史を思い出させてくれる。侘びも寂びも、ハレもケも、はんなりときらびやかも、枯れと滅びも。

村野藤吾は日本の文化に正面から向き合った建築家だ。しかも片足は日本文化、もう一方の足は現代建築にのせて二股をかけた建築家だ。村野藤吾が創り出した作品は、巨大な空間と職人技の繊細な造りとを融合させる離れ業をなし遂げている。だから巨大な空間も「手の中に収まってしまう工芸作品の端正さと愛おしさ」を感じさせる。

まずは何も考えずに村野藤吾の建築に向き合うことだ。

饒舌なストーリーテラー、村野藤吾が語りかけるのを待つことだ。

何も考えずに建物の中を進もう。映画を見るようにさまざまな情景が次々に現れ、飽きることがない。感動も驚きも喜びも、奇妙キテレツさも、侘びも寂びも、朽ちる儚さ、「諸行無常の響きあり」。

私が追い求めた「村野藤吾の建築とは何か」は、指の間をすり抜けていった。ただ春の夜の夢のごとし。

私はこれからも村野の建物を訪れるたびに、「村野藤吾の虚像という実像」の建築物語を聞くことになるのだろう。

梅田吸気塔（1963）

その他

鑑賞されることで生きる空間
前田尚武

大学で建築科に転科した村野藤吾は、かつて電気科にいた時、「どうしても電気をやらなければならんのならば舞台照明をやろう」と考えていた。演者を照らし、舞台の美しさを引き出す審美眼が試される仕事を。村野の建築への姿勢もまた、自身の眼をフルに活用し、美に光をあて、観る人に何かを感じさせようとしていたに違いない。

戦後、ホテル建築の礎になった豪華客船の1つである、あるぜんちな丸(1939 p274)の一等食堂やスモーキングルームのインテリア。ここを訪れた人は、食事や会話を楽しむ人々の背景の、あるいは煙草の煙を目で追う視線の先の、壁面や天井に設えられた華麗な装飾に眼を奪われたことだろう。村野はこうした装飾制作に優れたアーティストや職人を登用し、自身の建築を、彼らの作品を鑑賞する展示空間に仕立てた。それが客船のインテリアであれ、吸気塔であれ、ガソリンスタンドであれ、いずれの作品も訪れる人を驚かせ楽しませることを意識しており、鑑賞されることで生かされる空間を生涯得意とした建築家であった。

建築を構成する要素のそれぞれは必然的な目的をもち、総合的に機能するための部分として働く。村野の建築は執拗なまでに緻密で繊細なディテールが魅力的であるといわれる。それは、部分の機能性をみごとに解決した高度に洗練されたディテールもさる

作品解説：越後島研一[KE]
川島智生[TK]
河崎昌之[MK]
安達英俊[TA]
堤 洋樹[HT]
小田道子[MO]

ことながら、その機能性を超えるほどに追求された造形美の協奏にこそ、村野建築の真髄があるからであろう。

地下街へ空気を送り込むための梅田吸気塔(1963 p283)は、本来、人々に知らせる必要のない機能ゆえ、存在感を消すことも可能だっただろう。が、逆にその機能を象徴的に、彫塑的に表現することで、活気に満ちた地下街へ送り込まれるエネルギーの源泉をイメージさせるパブリック・アートへと転化させた。また、出光興産九州支店(1962 p281)では、ガソリンスタンドに共通するピロティとその上部構造のコントラストが興味深い。ピロティがつくりだす深い影と洗練された造形の柱脚によって上部がいっそう引き立つように計算され、まるで瀟洒な台に展示された美しい工芸品のようである。

「99%は要望を受け入れ、残った1%が村野である」との自身の言葉に象徴されるように、村野の建築への姿勢は実に謙虚で、かつクライアントに対する建築家の責務については非常に厳格である。その一方で、アーティストが創り出す、とくに手仕事から生み出される唯一無二の奔放な造形の価値を信じており、現代では矛盾ともいわれかねない資本主義的な合理性と芸術的な恣意性の二面を巧みに建築の中に共存させた。

辻晋堂[彫刻家]、藤田嗣治[画家]、リチ・上野・リックス[工芸デザイナー]などのアーティスト達とのコラボレーションにより、その両義性はより際立ち、人々を飽くことなく魅了する劇的な空間へと昇華させた。村野は、建築とアートを不可分な状況におくことで、互いが1つの空間に溶け合い、つぎつぎと鑑賞者を感動させるインスタレーションをつくりあげた。そんな村野の残像に、建築家にとっていま忘れられつつある審美眼を養うことの大切さを感じるのである。

森美術館学芸部

大阪商船あるぜんちな丸・ぶら志゛る丸

1939年

①あるぜんちな丸：1等食堂
②同：1等スモーキングルーム
③同：船体

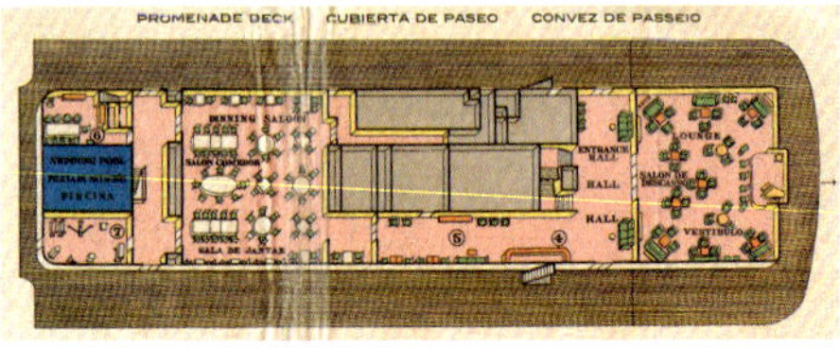

あるぜんちな丸：平面

1930年代半ば、海運大手2社のうち日本郵船の客船は英仏式内装を特徴とした。もう一方の大阪商船は現代日本式をめざし、ホテル建築に実績のあった村野らに依頼した。当初は広さに比して天井が低いなど、建築とは異なる難しさに戸惑ったが、しかし「実に金をかけさせてくれ」「思うとおりにさしてくれ」たともいう。実際、後の自在で華麗な室内意匠の原点は、ここでの多様な試みに見い出せる。
あるぜんちな丸、ぶら志゛る丸共、世界一周航路用の豪華貨客船で、あるぜんちな丸の食堂は村野の船内設計の集大成。4本の大理石柱にアルミの幅木や枠。一方で、壁は和箪笥と同じ桐の合板、照明笠は漆の上に蒔絵、天井には花鳥画等、伝統美を巧みに盛り込んでいる点が見どころ。
日本海軍は、有事には空母に短期改装できる国策商船を計画し資金援助した。両船とも空母予定船として計画されたものであった。あるぜんちな丸は開戦後1943年に飛行甲板を載せる等の改修を経て、特設空母「海鷹」となるが、1945年7月別府湾で機雷にふれて航行不能となり戦後まもなく解体。ぶら志゛る丸は特設運送船として使用されたが、1942年トラック島方面で撃沈された。[KE]

④ぶら志゛る丸：1等ラウンジ
⑤同：船体
⑥同：1等食堂

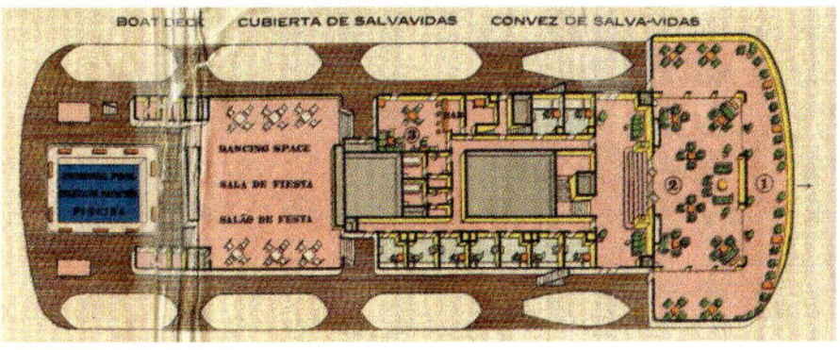

ぶら志゛る丸：平面

橿原神宮駅舎［現：橿原神宮前駅舎］

1940年

奈良県橿原市久米町618

①南西側外観

②構内：壁画が施されている

村野藤吾が手掛けた数少ない駅舎の1つで木造建築である。大阪電気軌道会社（大軌、現：近鉄）橿原線の線路の付け替えならびに大阪鉄道会社（現：近鉄）の橿原神宮駅への乗り入れがあって、1940年に新たに建設された。外観上は大和棟とよばれる奈良地方に特有の屋根形状をもつ民家のスタイルが用いられているが、内部はモダンデザインの影響が見られ、コンコース上部には漆喰を塗ることで鉄骨梁を模した木製梁が架け渡され、また正面エントランスには陶管を縦積みとした鉄筋コンクリート風丸柱が並ぶ。その内側には木製柱と縦樋が入る。鉄やコンクリートの使用に制限のあった時代の苦肉の策の産物といえる。

この駅舎には私鉄では珍しく皇族のための貴賓室があって、壁面には古代の銅鐸や埴輪等をモチーフとした装飾がはまり、天井は抽象的な意匠となる。

この駅舎の設計は村野藤吾と大林組設計部の2社のコンペであり、村野案は現在の駅舎とほぼ同じ大和屋根の建築で、木炭コンテで描かれた。一方大林組設計部の提出案は、陸屋根のモダンデザインの四角い箱を描いた凡庸なものであって、村野案は大軌経営陣を圧倒し、その場で村野案に決定した。全体計画は大軌改良課が行い、実施設計は大林組設計部、工事は大林組が請負った。［TK］

非現存

東京銀行宝塚クラブハウス

1951年
兵庫県宝塚市

宝塚に設けられた旧東京銀行の総合運動場に隣接するクラブハウスであった。テニスコート側に大きく流れる切妻屋根、そしてピロティ空間が印象的な外観であった。
構造は混構造で、斜面に半分埋まる地階は鉄筋コンクリート造、1、2階は木造となっていた。
自動車利用時の玄関がある地階には、更衣室や浴室等、運動に関わりの深い諸室が配されて、運動施設利用者への便宜が図られていた。ピロティの柱につけられたテーパーに、設計者の気遣いを感じるものであった。歩行者玄関のある1階は、テニスコートや野球場へ向かって視覚的に大きく開放されたサロンをはじめ、食堂、そしてサロンの一隅を占めるバー等の交流空間によって構成されていた。
2階への階段は2ヵ所あった。そのうちの1つは片持ち形式で宙に浮く踊り場をもち、サロン東側にあった。吹き抜けを強調し、サロンを引き締めながらビリヤード場や和室のある上階へ導いていた。[MK]

①南東側全景
②③吹き抜けのサロン
④北側全景

非公開

宝塚ゴルフ倶楽部

1959年
兵庫県宝塚市蔵人字深谷1391-1

積層する水平線と塔屋の垂直線とによる構成はどこか船を思わせ、またコンクリート打ち放しのストイックな表情は庁舎建築のような印象を見る者に与える。1階にはロッカーや浴室等プレイ前後に関連する諸室があてられている。2階の食堂やラウンジは、木、レンガや石材等が組み合わせられた温かみあるインテリアの社交空間である。ラウンジ天井の照明を絡めた柱頭部の納まりをはじめ、村野らしさが各所に見い出される。大きな開口が与える開放感は、空間に清々しさを与え、さらに辻晋堂による食堂のタイル壁面が、華やかな色彩を添える。
南側に大きく張り出す、特徴的な断面をした庇等、竣工時の姿をよく残してはいるが、40年余を経る中での増改築等により、相応の変化を見せている箇所も少なくない。ただそれらが建物を損ねていないところに、この建築が元来有しているその骨格の確かさ、そして所有者の作品への思いを感じるのである。[MK]

①西側全景（スタート側）
②東側外観（アプローチ側）
③サロン
④レストラン
⑤東西に長く架け渡された桁
　および柱・梁の表現

比叡山回転展望閣

1959年

京都市左京区修学院尺羅ヶ谷四明ヶ嶽（比叡山頂）

比叡山頂遊園地の中に計画された、4層3階建て（中2階あり）の円筒形の建築が今も残る。
竣工時は、最上階の床がゆっくりと360度回転し、頂上より見渡す伊吹山や琵琶湖周辺の絶景が来訪者を魅了した。
きのこ状の屋根は、一部鉄骨フレームのみの部分を介して球状の形態が庇へと延びており、シンボルとして映えていた。
今日、床の老朽化のため回転はしていないが、比叡山観光のスポットとして、フランス庭園のガーデンミュージアム比叡の中にその姿を残す。[HA]

①遠景
②全景
③展望室

非現存

出光興産谷町給油所

1960年

大阪市中央区

①外観
②全景

鳥が翼を広げて飛び立つ瞬間のような、力強く大きな屋根が特徴的な作品である。手前中央にある鳥の脚のように細い2本の十字型鉄骨の柱が目に留まるが、屋根面の大きさに対してアルミパネルを使った屋根側面の高さのバランスが絶妙で、奥の事務所側で屋根全面をしっかり支えていることが視覚的に感じられ、安定感をもたせることに成功していた。
またモノクロの写真ではわかりにくいが、この屋根の天井面は、黒色に塗られたH型鋼のグリッド内が赤・青・黄の3色で塗り分けられていた。このカラフルかつ落ち着いた色彩デザインは、画家・和田三造が率いた日本色彩研究所が担当した。解体され現存しない。[HT]

非現存

出光興産九州支店［万町給油所］

1962年
福岡市中央区

外周を取り囲む精悍なアルミグリルのパターンと1階の力強い造形が印象的なこの建物は、地下に食堂、1階は給油所、2階から4階は事務所として設計された。その近代的なファサードは、建設当時、周囲に強烈なインパクトを与えていたと思われるが、市街拡張によって周囲にビルが建ち並び、向かい側にある若者の繁華街、親不孝通りが賑わうにつれ、地味で目立たない建物になってしまった。その後、次第に賑わいが薄れた親不孝通りが親富孝通りへと改名した2000年に取り壊された。なお1964年から東京の出光美術館に先駆け、福岡出光美術館として1フロアを一般市民に開放していたが、現在美術館は門司に移転し、跡地にはホテルが建っている。[HT]

①全景
②③ピロティ

非現存

名神高速道路 大津レストハウス

1963年

茨木〜栗東間

大津レストハウスは、1963年7月の日本初の高速道路開通を前に栗東・大津・京都・茨木の4ヵ所につくられたレストハウスの1つである。都市間を高速道路網でつなぐという計画は、戦後20年を経て現実のものとなった。

大津レストハウスは、上り、下りの2ヵ所につくられた。上り側の平屋の建築は、ミース・ファン・デル・ローエを彷彿させる、繊細な鋼製の屋根・独立柱と、キュービックなガラス壁面の構成でできていた。独立柱とガラス壁面の間隙は、日本建築の軒下空間と合い通じるものであった。

この空間は、屋根下の空きと相俟って、一瞬の静寂を周辺に与えていた。日本建築と西洋近代建築の融合を観る思いである。

残念なことに現存せず、この作品を見ることはできない。[HA]

①下り線側より上り線レストハウスを見る
②上り線レストハウス
③下り線レストハウス
④上り線レストハウス詳細

梅田吸気塔

1963年

大阪市北区曽根崎2

1

梅田地下街の吸気用につくられた三角地に建つモニュメントである。高さ14〜18mに及ぶ5本の柱状の構築物が、有機的に、独立した柱をぬうように、上部でつながりを見せる。
自由な3次曲面は、ステンレス板をパッチワークのように鋲で留め、太陽光による微妙な陰影を生み出している。竣工時には、行き交う3方道路の都市オアシスとして、噴水が存在した。現在は、阪急百貨店・阪神百貨店・曽根崎警察署の狭間でライトアップされ、夜景を演出する。都市の駅前のランドマークとして、全国的に見ても秀逸な作品である。[HA]

②

③

4

⑤

①全景
②③④⑤詳細

非現存

愛知県森林公園センター

1965年

愛知県尾張旭市

①傾斜面を活用した計画
②中庭
③バルコニー
④レストラン

1955年、愛知県営ゴルフ場ができ、そのゴルフクラブハウスの設計が村野に委ねられた。
雁行型平面は、三郷の東谷山の自然の起伏に呼応していた。緩やかな勾配屋根は、水平線が強調され、高床は大地と床面を調整していた。中庭は、虚なる中心として、この建築を引き締めるものであった。
深い軒の出は、化粧垂木を露出し、天井を張らない室内へと貫入して、日本建築特有の内外一体感を思い出させた。
惜しくも2006年に閉鎖され、その後、建て替えのため解体された。[HA]

非現存

出光興産京都支店

1966年

京都市下京区

①東北側全景
②北側外観東端
③北側外観詳細
④東側外観詳細

五条通(国道1号)と鴨川の西を流れる高瀬川の交点の南西側に位置していたが、2007年に解体された。
北の国道側には道路と平行するように給油所が設けられ、事務所棟はその奥に少し振って建てられた。1階は給油所施設で、2階以上がオフィス専用のスペース。当時、村野はエレベーションや開口部にアルミを積極的に用いるようになっていたが、ここ京都では、押し出し成形のアルミを連子格子風に用い、また鋼板角穴加工の格子パネルをバルコニーの手すりに使って、京都の風情に意を凝らした。
一方、外部からの視線をこうしたルーバーで遮りながら、東面、北面の開口部は全面ガラスとして明るい室内をつくりだした。バルコニーは各層大きく張り出し、その床スラブは水平ラインを強調するように一直線で、さらにその先端を3段にして薄く見せる工夫がなされていた。[MO]

近鉄志摩線賢島駅舎

1970年

三重県志摩市阿児町神明747-17

①全景
②③④構内
⑤外観詳細

賢島駅は志摩観光の拠点として、戦後に設置された近畿日本鉄道の数少ない終着駅であって、線路に直交する形で横に長く延びた2階建てのターミナルビルを有する。
その特徴はロケーションにあって、海岸とは約10mの段差がある段丘上に駅が設置された。賢島駅は正確には特急専用の賢島上駅として、近鉄乗り入れ時の1970年に竣工したが、1993年までは1929年に開通した志摩電気軌道時代の駅舎が賢島下駅として存在した。1階は改札やコンコース、2階は吹き抜けを設けたレストランや特産の真珠などの民芸品展示場があり、その四周にはテラスが張りめぐらされ、眺望を楽しむ仕組みになる。屋根は緩勾配の寄棟形状で、水平線を強調する。
1階は鉄筋コンクリート打ち放し仕上げの柱が並び、その柱型平面は十字形をなし、立面としてはテーパーが付くなど、造形的なこだわりが見て取れる。1階の梁は鉄骨造で架構され、2階以上は鉄骨造になり、一部にレンガの壁が用いられている。構造材をデザインとして見せている。またプラットホームの中、改札の手前に3つの傘風の鉄骨の小屋根があり、その形状は六角形をなす。
平面的な特徴としては、電車を降りた乗客が雨に濡れることなく、自動車にそのまま乗り込めるように、ターミナルビルの1階が一部ピロティとなって車寄せにつながる。[TK]

笠間東洋ゴルフ倶楽部

1985年

茨城県笠間市池野辺2340-1

このクラブハウスは大きく3つの部分からなっているといえるだろう。
1階は地域産出の花崗岩が乱貼りされた壁がちの基壇的な表現となっている。壁面に穿たれた開口部のシャープなサッシュのラインと、石貼りの目地との対比が互いの意匠性を高めあっている。
ガラスに囲まれた2階には、1階ロビー上部を取り巻くようにロッカールームや浴室、食堂等が置かれ、全体として吹き抜け空間が構成されている。
ギャラリーから下階に伸びる、それぞれ直線、曲線で構成された2種類の階段が、この30mにわたる無柱空間のアクセントとして効いている。
平・断面計画に特徴をもつこのような空間を、金属板葺きのむくりのある大きな屋根が包み込む。その柔らかく滑らかな表情は、素材、形状や勾配の違いを超え、神戸大丸舎監の家（1931 p244）や、松寿荘（1979 p170）の屋根を想起させると同時に、造形の基軸の延伸を感じさせるのである。[MK]

①北西側外観
②ロビー
③④外観

村野藤吾の建築

塚本由晴 建築家／アトリエ・ワン／東京工業大学大学院准教授

建築には知性がある。といってもインテリジェント・ビルの話ではない。世界中で建築が繰り返し建てられる中で形式化されてきた建築の言語に埋め込まれた知性のことだ。さまざまな風土や社会との対応の中で培われた物事の取り扱いが、試行錯誤をくぐり抜け、洗練された末に、ある種の知性として建築の言語には定着されているはずである。その意味で建築の言語の総体は、使い方を外していなければ、誰がいつどこで使っても良い、歴史的に蓄積された人類的叡智なのである。どんな枠組においてどんな建築の言語を用いるのかによって、空間は活き活きとしたものにも、生気を失ったものにもなる。だから建築家の責任は重く、知力を問われることになる。これは建築という相手に知性がある以上、避けて通れないことではある。逆に建築の言語を介して、その建物が世の中にあらわれるに到った社会的事実に対して知的な分析を施すことができるのもそのためである。

建築の言語はまた、個人の経験にまでも降りてくる。その資源としての豊かさに触れることによって、人はそれまで経験してきた以上のことを追体験することができる。たとえば、地中海をのぞむロッジアで食事をした時のこと、ほろ酔い気分の中、じわじわと「ずっと昔からこういうふうに食事を楽しんできた」ことに思い至り、壮大な時間の流れとそこに対峙する感覚が励起されたことがある。即物的には、ロッジアという建築言語を介して、生身の身体と環境のセットが組み立てられただけかもしれないが、その体験は皮膚によって閉じられた身体から開放され、より広い時間的、空間的広がりに自らの生が位置づけ直されたような新鮮さをともなっていた。

何かに祝福される喜び、何かに捧げられる誠実さ､存在の哀しさに寄り添う優しさといった、人間の深い感情に訴える空間の作用は、個人的であると同時に、歴史的、世界的な人間性の体験なのだ。そうでなければ数百年前の人達の感覚が現代の人間にもわかることや、地球の裏側に住む人の感覚が反対側からでもわかることを説明できない。そこから反転して、現代の人間の感覚が、数百年前の人達や遠く離れた人達にもわかるように建築をつくることを考えてもいいはずだ。現代社会の大量移動性は距離の問題を克服しつつあるように見えるが、過去の人達に向けて建築をつくることは未だにままならない。その作業は結局、過去を見ながら未来の人達に向けてつくることになる。過去と未来の「ブリッジ」という独特の位置づけを、現代という時制が獲得する。これを知性と言わずして何と言おうか。

建築の言語がもつこのブリッジ作用は、近未来に起ることをよりよく準備する「計画」とは違う位相にあって、相互に補い合うべきはずのものである。しかしこのバランスが崩れて、計画の方に傾いてしまうと、建築はただ目的のためにあることになってしまう。このことへの反省と批判が、アルド・ロッシ、ロバート・ベンチューリ、バーナード・ルドフスキー、クリストファー・アレグザンダーなどの理論的な仕事になってあらわれた。目的的な建築にかわって全体性を一気に獲得していく、存在としての建築。E・G・アスプルンドやジオ・ポンティ、リナ・ボ・バルディ、そして日本では村野藤吾の建築をそこに加えることができるだろう。日本の同時代の近代主義を標榜した建築家達の作品に比べると、抜きん出た守備範囲を誇る村野建築の豊富な語彙は、こうした文脈でがぜん輝きを増す。語彙の豊富さは、建築の言語の元々の豊かさに、その反復に加えられた村野個人の解釈やプロジェクトが要請する改変の豊かさを掛け合わせて爆発的になる。

日本橋宝町の旧森五ビル（森五商店東京支店1931 p214）は、周囲のガラス張りのオフィスビルと比べると地味で目立たない、寡黙な印象を与える建物である。しかし他の敷地で反復されたとしても、テナントが変わったとしても、ぶれることのない都市建築としてのあり方——良い意味での冗長性——を示している。それはこのビルが下敷きにしたと思われるパラツッオという建築型に定着されてきた知性である。また大阪新歌舞伎座（1958 p146）も大衆演芸の劇場を、繁華街に面した奥行きのない敷地に納めた上で、そのファサードの間口いっぱいに唐破風を各層で反復連続させ、屋上には大きな千鳥破風を載せている。この唐破風や千鳥破風は、東京の歌舞伎座を参照したものだが、そのファサードにおける反復と積層の修辞は、やはりルネッサンスのパラッツォが、ローマのコロッセオのオーダー柱の反復と積層を創造的に参照したのと同じである。プロポーションの良さもさることながら、そういう知的な企みが無ければ、あのような操作はすぐにキッチュやパロディに陥ってしまうだろう。その大阪新歌舞伎座が壊されるという。残念なことに、建築の知性は土地の値段よりも価値がないのである。でもだからこそ、今がこの国のビルを、旧森五ビルや大阪新歌舞伎座がつなげようとした知性に戻って見直す時期なのではないだろうか。

森五商店東京支店（1931）

大阪新歌舞伎座（1958）

村野藤吾 建築案内 資料編

索引

掲載作品データ

教会・修道院・寺院

●**南大阪教会**…p018 map23
竣工年　1928
所在地　大阪市阿倍野区阪南町1-30-5
施工　岡本工務店
敷地面積　2,045m²
構造　木造、一部鉄筋コンクリート造（鐘楼）
掲載誌　村野藤吾1928→1963、現代日本建築家全集2、村野藤吾建築設計図展カタログ4
改築
竣工年　1981
施工　奥村組
建築面積　362m²
延床面積　415m²
構造　鉄筋コンクリート造、一部鉄骨造
規模　地上1階・一部2階
掲載誌　村野藤吾1975→1988

●**世界平和記念聖堂**
［カトリック幟町教会］…p020 map40
竣工年　1954
所在地　広島市中区幟町4-42
施工　清水建設
延床面積　4,500m²
構造　鉄筋コンクリート造、一部木造
掲載誌　新建築5504・5910・6406、建築と社会5507、建築5508、村野藤吾1928→1963、現代日本建築家全集2、別冊新建築 村野藤吾、村野藤吾建築設計図展カタログ2・8
備考　第7回（1955）日本建築学会賞、重要文化財

●**宝塚カトリック教会**…p024 map37
竣工年　1965
所在地　兵庫県宝塚市南口1-7-7
施工　聖和建設
敷地面積　1,342m²
建築面積　380m²
延床面積　418m²
構造　鉄筋コンクリート造、一部鉄骨造（屋根）
規模　地上1階・一部2階
掲載誌　新建築6702、建築と社会6702、村野藤吾1964→1974、現代日本建築家全集2

●**桜井寺**…p026 map30
竣工年　1968
所在地　奈良県五條市須恵1-3-26
施工　淺沼組
延床面積　295m²（本堂）、198m²（会館）、186m²（住宅）、26m²（蔵）
構造　鉄筋コンクリート造（本堂・蔵）、鉄骨鉄筋コンクリート造（会館・鐘楼・門）、木造（住宅）
規模　地上1階（本堂・会館）、地上2階（住宅・蔵）
掲載誌　新建築6807、村野藤吾1964→1974

●**日本ルーテル神学大学 礼拝堂**
［現：ルーテル学院大学 礼拝堂］…p027 map07
竣工年　1969
所在地　東京都三鷹市大沢3-10-20
※詳細は「日本ルーテル神学大学」を参照

●**西宮トラピスチヌ修道院**
［シトー会西宮の聖母修道院］…p028
竣工年　1969
所在地　兵庫県西宮市鷲林寺町3-46
施工　竹中工務店
建築面積　2,312m²
延床面積　4,406m²
構造　鉄筋コンクリート造、一部鉄骨鉄筋コンクリート造
規模　地上4階
掲載誌　建築と社会6909、新建築7003、村野藤吾1964→1974、現代日本建築家全集2、別冊新建築 村野藤吾、村野藤吾建築設計図展カタログ8

●**信貴山成福院客殿**…p031 map29
竣工年　1970
所在地　奈良県生駒郡平群町信貴山

美術館

●**兵庫県立近代美術館**
［現：原田の森ギャラリー］…p036 map40
竣工年　1970
所在地　兵庫県神戸市灘区原田通3-8-30
施工　戸田建設
敷地面積　6,559m²
建築面積　2,894m²
延床面積　6,524m²
構造　鉄骨造（展示部分）、鉄筋コンクリート造（管理部分）
規模　地上2階（展示部分）、地上5階（管理部分）
掲載誌　近代建築7012、建築文化7101、建築7104

●**小山敬三美術館**…p037 map11
竣工年　1975
所在地　長野県小諸市丁221
施工　北野建設
敷地面積　363m²
建築面積　208m²
延床面積　196m²
構造　鉄筋コンクリート造
規模　地上1階
掲載誌　新建築7601、近代建築7701、建築画報7803、別冊新建築 村野藤吾、村野藤吾1975→1988、村野藤吾建築設計図展カタログ9
備考　毎日芸術賞

●**八ヶ岳美術館［原村歴史民俗資料館］**…p038 map12
竣工年　1979
所在地　長野県諏訪郡原村17217-1611
施工　諏訪土木建築

※『別冊新建築「日本現代建築家シリーズ」村野藤吾』(1984年 新建築社)、『村野藤吾1975→1988』(1991年 新建築社)のデータを元に、掲載雑誌や各企業の社史などのデータを勘案して加筆修正

敷地面積 15,274m²
建築面積 1,155m²
延床面積 1,155m²
構造 鉄筋コンクリート造、半球型PC屋根
規模 地上1階
掲載誌 新建築8009、近代建築8101、別冊新建築 村野藤吾、村野藤吾1975→1988

●谷村美術館[澤田政廣作品展示館]…p040 map10
竣工年 1983
所在地 新潟県糸魚川市京ケ峰2-1-13
施工 谷村建設
敷地面積 7,152m²
建築面積 518m²
延床面積 551m²
構造 鉄筋コンクリート造
規模 地上1階
掲載誌 新建築8401、別冊新建築 村野藤吾、村野藤吾1975→1988、村野藤吾建築設計図展カタログ9
備考 2009年2月より閉館中

ホテル・迎賓館

●大阪パンション…p048
竣工年 1932
所在地 大阪市西成区
施工 藤木工務店
敷地面積 894m²
建築面積 376m²
延床面積 1,188m²
構造 鉄筋コンクリート造
規模 地上4階・一部地下室(倉庫)
掲載誌 新建築3302・5910、建築6411、村野藤吾1928→1963、村野藤吾建築設計図展カタログ4

●都ホテル
[現:ウェスティン都ホテル京都]…p049 map33
所在地 京都市東山区三条蹴上げ
5号館(8号館)
竣工年 1936
施工 藤木工務店
建築面積 1,188m²
構造 鉄筋コンクリート造
規模 地下2階・地上2階、塔屋1階
掲載誌 新建築3609、村野藤吾1928→1963、別冊新建築 村野藤吾、村野藤吾和風建築集、現代日本建築家全集2
中宴会場[現:稔りの間]
竣工年 1939
施工 藤木工務店
延床面積 158m²
構造 鉄筋コンクリート造
掲載誌 新建築3905、現代日本建築家全集2
スカイルーム
竣工年 1958
施工 大林組
延床面積 1,028m²
構造 鉄骨造
新本館
竣工年 1960
施工 大林組
建築面積 3,968m²
延床面積 16,595m²
構造 鉄骨鉄筋コンクリート造
規模 地下1階・地上9階・塔屋3階
掲載誌 新建築6104、村野藤吾1928→1963、国際建築6107、建築と社会6106、現代日本建築家全集2
宴会棟
竣工年 1968
施工 藤木工務店
延床面積 3,700m²
構造 鉄骨鉄筋コンクリート造
規模 地下1階、地上4階
掲載誌 新建築6812
南館
竣工年 1969
施工 大林組
延床面積 9,300m²
構造 鉄骨鉄筋コンクリート造
規模 地下2階、地上7階、塔屋3階
掲載誌 新建築6911
特別貴賓室
竣工年 1970
施工 大林組
新8号館
竣工年 1987
施工 大林組・大日本土木・藤木工務店JV
規模 地下1階、地上4階
新館
竣工年 1988
施工 大林組・大日本土木・藤木工務店JV
延床面積 19,800m²
構造 鉄骨鉄筋コンクリート造
規模 地下2階、地上8階

●観光ホテル丸栄・丸栄ピカデリー劇場…p052
竣工年 1949
所在地 愛知県名古屋市中区栄町錦3-23-3
施工 染木組
延床面積 6,000m²
構造 鉄筋コンクリート造、鉄骨鉄筋コンクリート造(ロビー・劇場)
規模 地下1階・地上7階
掲載誌 新建築5105、建築と社会5107、村野藤吾1928→1963
備考 丸栄百貨店北館を改装、ロビーと劇場は新築

●志摩観光ホテル
[現:志摩観光ホテル クラシック]…p053 map18
所在地 三重県志摩市阿児町賢島
設計 近畿日本鉄道営繕課、村野・森建築事務所

東館

竣工年　1951

施工　大林組

延床面積　3,059m²

構造　鉄筋コンクリート造、一部木造

規模　地下2階・地上2階

掲載誌　新建築5107、建築文化5107、建築と社会5107、別冊新建築 村野藤吾

西館

竣工年　1960

施工　大林組

延床面積　3,700m²

構造　鉄筋コンクリート造

規模　地下2階・地上5階

掲載誌　建築と社会6109

本館

竣工年　1969

施工　大林組

延床面積　11,495m²

構造　鉄筋コンクリート造、一部鉄骨鉄筋コンクリート造

規模　地下2階・地上6階・塔屋3階

掲載誌　新建築6911、建築と社会6911、近代建築6912

宴会場

竣工年　1983

施工　大林組・大日本土木

構造　鉄骨鉄筋コンクリート造

掲載誌　村野藤吾1975→1988

● 名古屋都ホテル…p056

竣工年　1963

所在地　愛知県名古屋市中村区

施工　鹿島建設

敷地面積　2,047m²

建築面積　1,901m²

延床面積　24,435m²

構造　鉄骨鉄筋コンクリート造

規模　地下4階・地上10階・塔屋4階

掲載誌　新建築6311、近代建築6311、村野藤吾1928→1963

増築

竣工年　1970

施工　鹿島建設

延床面積　11,147m²

構造　鉄骨鉄筋コンクリート造

規模　地下3階、地上10階

● 高輪プリンスホテル旧館改装 [現:グランドプリンスホテル高輪 貴賓館]…p057 map05

竣工年　1972

所在地　東京都港区高輪3-13-1

施工　大成建設

延床面積　1,202m²

構造　鉄骨+レンガ造

規模　地上2階

掲載誌　新建築7303

備考　旧竹田宮邸

● 箱根樹木園休息所…p058 map09

竣工年　1971

所在地　神奈川県足柄下郡箱根町元箱根139

施工　鹿島建設

建築面積　715m²

延床面積　711m²

構造　鉄筋コンクリート造

規模　地下1階・地上1階

掲載誌　新建築7108、村野藤吾1964→1974、現代日本建築家全集2、別冊新建築 村野藤吾、村野藤吾建築設計図展カタログ9

● 迎賓館 [旧赤坂離宮改修]…p060 map04

竣工年　1974

所在地　東京都港区元赤坂2-1-1

監理　建設大臣官房庁営繕部、村野・森建築事務所

協力　東京芸術大学寺田研究室（天井絵画修復）、東京芸術大学田中勇研究室（七宝焼修復）

施工　迎賓館改修工事共同企業体（大林組・鹿島建設・清水建設・大成建設・竹中工務店）

敷地面積　117,062m²

延床面積　15,379m²

構造　鉄骨補強レンガ造、一部石造

規模　地下1階・地上2階

掲載誌　建築文化7405、新建築7406、日本の洋式建築、村野藤吾1964→1974、別冊新建築 村野藤吾

備考　国宝、迎賓館せせらぎ（和風別館）は村野藤吾和風建築集に掲載

● 新・都ホテル…p062 map34

竣工年　1975

所在地　京都市南区西九条院町17

施工　大林組・大日本土木JV

敷地面積　9,526m²

延床面積　38,585m²（本館）

構造　鉄骨鉄筋コンクリート造

規模　地下2階・地上10階・塔屋3階

掲載誌　建築画報7809

● 箱根プリンスホテル [現:ザ・プリンス箱根]…p063 map09

竣工年　1978

所在地　神奈川県足柄下郡箱根町元箱根144

施工　清水建設

敷地面積　40,900m²

建築面積　5,988m²

延床面積　14,058m²

構造　鉄骨鉄筋コンクリート造、一部鉄骨造

規模　地下2階・地上2階・塔屋1階

掲載誌　新建築7809、建築画報7809・8102、近代建築7810、別冊新建築 村野藤吾、村野藤吾1975→1988

備考　第21回（1980）BCS賞

●新高輪プリンスホテル
[現:グランドプリンスホテル新高輪]…p066 map05

竣工年 1982
所在地 東京都港区高輪3-13-1
施工 竹中工務店
敷地面積 45,735m²
建築面積 13,198m²
延床面積 74,163m²
構造 鉄骨鉄筋コンクリート造、一部鉄骨造(大宴会場)
規模 地下3階・地上15階・塔屋3階
掲載誌 新建築8207、近代建築8208、別冊新建築 村野藤吾、村野藤吾1975→1988、村野藤吾建築設計図展カタログ9
備考 第25回(1984)BCS賞

●宇部興産ビル[宇部全日空ホテル]…p069 map44

竣工年 1983
所在地 山口県宇部市相生町8-1
施工 大成建設・大林組JV
敷地面積 9,085m²
建築面積 4,311m²
延床面積 38,564m²
構造 鉄骨造、一部鉄骨鉄筋コンクリート造(高層棟地下)
規模 地下2階・地上15階・塔屋1階
掲載誌 新建築8404、別冊新建築 村野藤吾、村野藤吾1975→1988
備考 第26回(1985)BCS賞

●都ホテル大阪
[現:シェラトン都ホテル大阪]…p070 map22

竣工年 1985
所在地 大阪市天王寺区上本町6-1-55
施工 大林組・大日本土木・近鉄上六JV
敷地面積 27,399m²
建築面積 24,907m²
延床面積 63,677m²
構造 鉄骨鉄筋コンクリート造(低層部)、鉄骨造(高層部)
規模 地下2階・地上21階・塔屋3階
掲載誌 新建築8511、村野藤吾1975→1988、村野藤吾建築設計図展カタログ9

●京都宝ヶ池プリンスホテル
[現:グランドプリンスホテル京都]…p071 map31

竣工年 1986
所在地 京都市左京区宝ヶ池
施工 竹中工務店
敷地面積 29,238m²
建築面積 7,045m²
延床面積 37,113m²
構造 鉄骨鉄筋コンクリート造
規模 地下2階・地上8階・塔屋2階
掲載誌 新建築8612、日経アーキテクチュア8612-1、村野藤吾1975→1988、村野藤吾建築設計図展カタログ9

料亭・旅館・茶室

●富田屋[現:湯豆腐 嵯峨野]…p076 map32

竣工年 1957
所在地 京都市右京区嵯峨天竜寺芒ノ馬場45(旧所在地:大阪市南区)
施工 浪花組
構造 木造
規模 地上2階
掲載誌 新建築5706、村野藤吾1928→1963、村野藤吾和風建築集、現代日本建築家全集2

●今橋なだ万…p077

竣工年 1961
所在地 大阪市中央区
掲載誌 村野藤吾和風建築集

●都ホテル 佳水園
[現:ウェスティン都ホテル京都 佳水園]…p078 map33

竣工年 1959
所在地 京都市東山区三条蹴上げ
施工 大林組
延床面積 16,600m²
掲載誌 新建築6007、村野藤吾1928→1963、村野藤吾和風建築集、国際建築6008、現代日本建築家全集2、村野藤吾建築設計図展カタログ8

●千代田生命本社ビル 茶室・和室
[現:目黒区総合庁舎 茶室・和室]…p082 map06

竣工年 1966
所在地 東京都目黒区上目黒2-19-15
施工 大成建設
掲載誌 新建築6608、建築文化6608、近代建築6608、建築6608、国際建築6609、SD6611、村野藤吾1964→1974、現代日本建築家全集2
備考 現状の和室は「しじゅうからの間」「しいの間」「はぎの間」

●帝国ホテル 茶室 東光庵…p084 map01

竣工年 1970
所在地 東京都千代田区内幸町1-1-1
延床面積 73m²
構造 木造
掲載誌 村野藤吾和風建築集、別冊新建築 村野藤吾

●なだ万 山茶花荘…p087

竣工年 1976
所在地 東京都千代田区紀尾井町4 ホテルニューオータニ日本庭園内
施工 大成建設、水澤工務店
延床面積 396m²
構造 木造
規模 平屋・一部地下(機械室)
掲載誌 新建築7612、別冊新建築 村野藤吾、村野藤吾1975→1988、村野藤吾和風建築集

●新高輪プリンスホテル 和室 秀明
[現:グランドプリンスホテル新高輪 和室 秀明]
…p090 map05
竣工年 1982
所在地 東京都港区高輪3-13-1

●新高輪プリンスホテル 茶寮 惠庵
[現:グランドプリンスホテル新高輪 茶寮 惠庵]
…p092 map05
竣工年 1985
所在地 東京都港区高輪3-13-1
施工 大林組
延床面積 374m²
構造 木造、一部コンクリート造
規模 地上1階
掲載誌 新建築8508、村野藤吾1975→1988

●三養荘新館…p095 map14
竣工年 1988
所在地 静岡県伊豆の国市墹之上270
施工 竹中工務店
敷地面積 139,738 m²
建築面積 6,006m²
延床面積 6,426m²
構造 木造(客室)、鉄骨造+鉄筋コンクリート造+木造(玄関)、鉄骨造+鉄筋コンクリート造(広間)
規模 地下1階・地上2階
掲載誌 新建築8905、村野藤吾1975→1988、村野藤吾建築設計図展カタログ9

銀行

●加能合同銀行本店
[現:北國銀行武蔵ヶ辻支店]…p102 map17
竣工年 1932
所在地 石川県金沢市青草町88
施工 清水組
構造 鉄筋コンクリート造
規模 地下1階・地上3階・塔屋1階
掲載誌 村野藤吾建築設計図展カタログ4、新建築0907
備考 2007年10月曳家移動、2009年4月移転オープン

●宇部銀行本店[山口銀行宇部支店] …p103
竣工年 1939
所在地 山口県宇部市新天町1-1-1
構造 鉄筋コンクリート造
規模 地下2階・地上2階・屋上展望室1階

●東京銀行船場支店…p104
竣工年 1952
所在地 大阪市
施工 鴻池組
延床面積 1,882m²
構造 鉄筋コンクリート造

●泉州銀行本店…p105 map24
竣工年 1959
所在地 大阪府岸和田市宮本町26-15
施工 大林組
延床面積 3,100m²
構造 鉄骨鉄筋コンクリート造
規模 地下1階・地上3階・塔屋1階
掲載誌 建築と社会6003、村野藤吾1928→1963

●泉州銀行和泉府中支店
[現:泉州銀行和泉支店]…p106 map25
竣工年 1966
所在地 大阪府和泉市府中町1-7-7
施工 西田工務店
敷地面積 556m²
延床面積 1,363m²
構造 鉄骨鉄筋コンクリート造
規模 地上3階
掲載誌 建築と社会6606、村野藤吾1964→1974

●北九州八幡信用金庫本店
[現:福岡ひびき信用金庫本店]…p107 map46
竣工年 1971
所在地 福岡県北九州市八幡東区尾倉2-8-1
施工 岡崎工業
延床面積 7,233m²
構造 鉄骨鉄筋コンクリート造
規模 地下1階・地上8階

●日本興業銀行本店
[現:みずほコーポレート銀行本店]…p108 map01
竣工年 1974
所在地 東京都千代田区丸の内1-3-3
施工 大林組
敷地面積 6,489m²
延床面積 75,781m²
構造 鉄骨造(柱にコンクリート充填)、鉄骨鉄筋コンクリート造(コア部分)
規模 地下5階・地上15階
掲載誌 新建築7410、ディテール7404、村野藤吾1964→1974、別冊新建築 村野藤吾、村野藤吾建築設計図展カタログ9

店舗・百貨店

●そごう大阪本店…p116
所在地 大阪市中央区心斎橋筋1-8-3
第1期
竣工年 1933
施工 大倉土木[現:大成建設]
建築面積 786m²
延床面積 7,357m²
構造 鉄骨鉄筋コンクリート造
規模 地下1階・地上8階

第2期
竣工年　1935
施工　大倉土木[現:大成建設]
敷地面積　3,833m²
建築面積　2,825m²（1期含む）
延床面積　31,697m²（1期含む）
構造　鉄骨鉄筋コンクリート造
規模　地下3階・地上8階・塔屋
掲載誌　新建築3511・5910・6406、別冊新建築 村野藤吾、村野藤吾1928→1963、村野藤吾建築設計図展カタログ3
茶室
竣工年　1935
施工　大工北村
茶趣指導　官休庵愈好斉宗匠
第3期
竣工年　1937
施工　島藤
延床面積　34,300m²（1・2期含む）
改修
竣工年　1952
施工　大成建設
掲載誌　新建築5308・5910
備考　戦後の進駐軍接収期間を経て荒廃した建物の改修
増築
竣工年　1969
施工　大成建設
延床面積　9,695m²（増築部分）
規模　地下4階・地上8階・塔屋3階

●**大丸神戸店**…p118
竣工年　1936
所在地　兵庫県神戸市
施工　大林組
敷地面積　3,393m²
建築面積　769m²（旧館）、1,481m²（新館および改造）
延床面積　21,200m²
構造　鉄筋コンクリート造
規模　地下2階・地上8階・塔屋3階
掲載誌　新建築3703・5910・6406

●**髙島屋東京店増築**…p119 map01
所在地　東京都中央区日本橋2-4-1
備考　重要文化財
第1期増築（新館増築）
竣工年　1952
施工　大林組
延床面積　15,000m²
構造　鉄骨鉄筋コンクリート造
規模　地下2階・地上8階・塔屋3階
掲載誌　村野藤吾1928→1963
第2期増築（新々館増築）
竣工年　1954
施工　大林組
延床面積　10,000m²
構造　鉄骨鉄筋コンクリート造
規模　地下1階・地上8階
掲載誌　村野藤吾1928→1963
第3期増築（東館第1期増築）
竣工年　1963
施工　大林組
延床面積　13,600m²
構造　鉄骨鉄筋コンクリート造
規模　地下3階・地上8階
第4期増築（東館第2期増築）
竣工年　1965
施工　大林組
延床面積　13,600m²
構造　鉄骨鉄筋コンクリート造
規模　地下3階・地上8階
茶室
竣工年　1973
施工　水澤工務店
延床面積　68m²
構造　木造
掲載誌　新建築7308、村野藤吾和風建築集

●**丸栄本館増築**…p120 map15
所在地　愛知県名古屋市中区栄3-3-1
第1次増築
竣工年　1953
施工　清水建設
延床面積　26,189m²
構造　鉄筋コンクリート造
規模　地下2階・地上8階・塔屋3階
掲載誌　新建築5404・5609・6406、建築文化5612、村野藤吾1928→1963
備考　旧三星（丸栄前身の1つ）社屋の増築
第5回（1953）日本建築学会賞
第2次増築
竣工年　1956
施工　清水建設
延床面積　12,705m²
構造　鉄骨鉄筋コンクリート造
規模　地下2階・地上8階
第3次増築
竣工年　1984
施工　清水建設
延床面積　14,243m²

●**ドウトン[現:コムラード ドウトンビル]**…p121 map20
竣工年　1955
所在地　大阪市中央区道頓堀1-6-15
施工　清水建設
敷地面積　363m²
建築面積　321m²
延床面積　2,951m²
構造　鉄骨鉄筋コンクリート造
規模　地下1階・地上7階・塔屋4階
掲載誌　建築と社会5509、村野藤吾1928→1963

●心斎橋プランタン…p122
竣工年　1956
所在地　大阪市中央区心斎橋筋
施工　大成建設
延床面積　541m²
構造　鉄筋コンクリート造
規模　地上3階
掲載誌　村野藤吾1928→1963、別冊新建築 村野藤吾、村野藤吾建築設計図展カタログ5

●読売会館・そごう東京店
[現:読売会館・ビックカメラ有楽町店]…p124 map01
竣工年　1957
所在地　東京都千代田区有楽町1-11-1
施工　清水建設
敷地面積　3,313m²
建築面積　3,313m²
延床面積　30,815m²
構造　鉄骨鉄筋コンクリート造
規模　地下2階・地上8階
掲載誌　新建築5708・6406、建築文化5708、村野藤吾1928→1936、現代日本建築家全集2、別冊新建築 村野藤吾、村野藤吾建築設計図展カタログ3

●近鉄百貨店阿倍野本店増築…p126
所在地　大阪市阿倍野区阿倍野筋1-1-43
第1次増築
竣工年　1957
施工　大林組
延床面積　22,333m²
構造　鉄骨鉄筋コンクリート造
規模　地下2階・地上7階・塔屋3階
掲載誌　村野藤吾1928→1963
第2次増築
竣工年　1965
施工　大林組
延床面積　16,200m²
構造　鉄骨鉄筋コンクリート造
規模　地下2階・地上7階・塔屋3階

●東京丸物[現:池袋パルコ]…p128 map03
竣工年　1957
所在地　東京都豊島区南池袋1-28-2
施工　大林組
敷地面積　2,986m²
建築面積　2,716m²
延床面積　32,421m²
構造　鉄骨鉄筋コンクリート造
規模　地下2階・地上8階・塔屋3階
掲載誌　国際建築5812

●大成閣…p129 map20
竣工年　1964
所在地　大阪市中央区東心斎橋1-18-12
施工　矢島建設
建築面積　475m²
延床面積　3,573m²
構造　鉄筋コンクリート造
規模　地下1階・地上6階・塔屋3階
掲載誌　近代建築6507
増築
竣工年　1980
延床面積　5,498m²
構造　鉄骨造＋鉄筋コンクリート造

●戎橋プランタン…p130
竣工年　1965
所在地　大阪市中央区
施工　不二建設
建築面積　90m²
延床面積　385m²
構造　鉄骨鉄筋コンクリート造
規模　地上3階
掲載誌　新建築6506、近代建築6507、村野藤吾建築設計図展カタログ5

●近鉄上本町ターミナルビル
[近鉄百貨店上本町店]…p132 map22
所在地　大阪市天王寺区上本町6-1-55
1期工事
竣工年　1969
施工　大林組、大日本土木
延床面積　36,800m²
構造　鉄骨鉄筋コンクリート造
規模　地下4階・地上10階
2期工事
竣工年　1973
施工　大林組・大日本土木
延床面積　36,249m²
構造　鉄骨鉄筋コンクリート造
規模　地下4階・地上13階
掲載誌　村野藤吾1964→1974

●阿倍野センタービル…p133 map23
竣工年　1970
所在地　大阪市阿倍野区阿倍野筋1-5-36
施工　竹中工務店
延床面積　17,000m²
構造　鉄骨鉄筋コンクリート造
規模　地下3階・地上9階

●日本生命岡山駅前ビル[岡山髙島屋]…p134 map41
竣工年　1973
所在地　岡山市本町6-40
施工　大林組
延床面積　32,016m²
構造　鉄骨鉄筋コンクリート造
規模　地下2階・地上8階・塔屋3階
掲載誌　建築文化7308、村野藤吾1964→1974

劇場・ホール・公会堂

●**宇部市渡辺翁記念会館**…p138 map44
竣工年　1937
所在地　山口県宇部市朝日町8-1
施工　宇部興産直営
建築面積　1,857m²
延床面積　3,700m²
構造　鉄骨鉄筋コンクリート造
規模　地下1階・地上3階
掲載誌　新建築3706・5910・6406、村野藤吾1928→1963、建築と社会3707、現代日本建築家全集2、村野藤吾建築設計図展カタログ8
備考　重要文化財

改修
竣工年　1973
構造　鉄筋コンクリート造、一部鉄骨鉄筋コンクリート造
規模　地下1階　地上3階

改修
竣工年　1994
施工　高砂・大和・村上・佐々木JV
構造　鉄骨鉄筋コンクリート造＋鉄骨造
規模　地下1階・地上4階
掲載誌　新建築9404

●**近畿映画アポロ劇場**…p142
竣工年　1950
所在地　大阪市阿倍野区
延床面積　2,500m²
構造　鉄骨鉄筋コンクリート造、一部鉄骨造
規模　地下1階・地上4階
掲載誌　建築と社会5111、建築文化5110

●**千日前グランド劇場**…p143
竣工年　1953
所在地　大阪市
施工　大成建設
建築面積　2,380m²
延床面積　2,200m²
構造　鉄骨鉄筋コンクリート造
規模　地上4階
掲載誌　新建築5404

●**近映会館**…p144
竣工年　1954
所在地　大阪市阿倍野区阿倍野筋1
施工　大林組
敷地面積　2,011m²
延床面積　5,831m²
構造　鉄骨鉄筋コンクリート造
規模　地下1階・地上5階
掲載誌　建築と社会5504、新建築5505

●**近鉄会館［近鉄劇場］**…p145
竣工年　1954
所在地　大阪市天王寺区上本町6
施工　大林組
敷地面積　2,348m²
延床面積　8,750m²
構造　鉄骨鉄筋コンクリート造
規模　地下1階・地上4階
掲載誌　建築と社会5504

●**大阪新歌舞伎座**…p146
竣工年　1958
所在地　大阪市中央区難波4-3-2
施工　大林組
敷地面積　2,273m²
建築面積　1,942m²
延床面積　11,088m²
構造　鉄筋コンクリート造、一部鉄骨造
規模　地下2階・地上5階
掲載誌　新建築5902、国際建築5902、建築と社会5904、村野藤吾1928→1963、村野藤吾和風建築集、現代日本建築家全集2、別冊新建築 村野藤吾、村野藤吾建築設計図展カタログ5

●**米子市公会堂**…p148 map42
竣工年　1958
所在地　鳥取県米子市角盤町2-61
施工　鴻池組
延床面積　3,705m²
構造　鉄筋コンクリート造、一部鉄骨造
規模　地下1階・地上3階
掲載誌　新建築5807、村野藤吾1928→1964、現代日本建築家全集2、村野藤吾建築設計図展カタログ7

増改築
竣工年　1980
延床面積　1,170m²
構造　鉄骨鉄筋コンクリート造
規模　地下1階・地上4階

●**八幡市民会館**…p150 map46
竣工年　1958
所在地　福岡県北九州市八幡東区尾倉2-6-5
施工　清水建設
延床面積　5,519m²
構造　鉄骨鉄筋コンクリート造（本館）、鉄筋コンクリート造（工芸館）
規模　地下1階・地上4階
掲載誌　建築と社会5906、新建築5908、国際建築5908、村野藤吾1928→1962、現代日本建築家全集2、村野藤吾建築設計図展カタログ7
備考　第1回（1960）BCS賞

●**小倉市中央公民館［小倉市民会館］**…p151
竣工年　1959
所在地　福岡県北九州市小倉北区城内
施工　戸田建設
延床面積　9,333m²

構造　鉄筋コンクリート造、一部鉄骨造
規模　地下1階・地上3階・塔屋2階
掲載誌　村野藤吾建築設計図展カタログ7

●**日本生命日比谷ビル［日生劇場］**…p152 map01
竣工年　1963
所在地　東京都千代田区有楽町1-1-1
施工　大林組
敷地面積　3,753m²
建築面積　3,549m²
延床面積　42,878m²
構造　鉄骨鉄筋コンクリート造
規模　地下5階・地上8階・塔屋2階
掲載誌　新建築6401、建築文化6401、国際建築6401、近代建築6401、建築6401、村野藤吾1928→1963、現代日本建築家全集2、別冊新建築 村野藤吾、村野藤吾建築設計図展カタログ8
備考　第16回（1964）日本建築学会賞

●**近映レジャービル アポロ［現：きんえいアポロビル］**…p156 map23
竣工年　1972
所在地　大阪市阿倍野区阿倍野筋1-5-31
施工　竹中工務店
延床面積　30,347m²
構造　鉄骨鉄筋コンクリート造
規模　地下4階・地上12階
掲載誌　村野藤吾1964→1974

●**宇部市文化会館**…p157 map44
竣工年　1979
所在地　山口県宇部市朝日町8-1
施工　村上建設工業・今田工務店・早川組JV
敷地面積　2,121m²
建築面積　1,476m²
延床面積　3,581m²
構造　鉄筋コンクリート造
規模　地上3階・一部4階
掲載誌　建築文化8004、近代建築8004、建築画報8109、日経アーキテクチュア8002－4、村野藤吾1975→1988

●**西山記念会館**…p158 map40
竣工年　1975
所在地　兵庫県神戸市中央区脇浜町3-4-16
施工　清水建設
敷地面積　1,757m²
建築面積　1,048m²
延床面積　6,349m²
構造　鉄筋コンクリート造＋鉄骨造
規模　地下2階・地上5階・塔屋1階
掲載誌　新建築7506、建築文化7507、近代建築7508、村野藤吾1975→1988、別冊新建築 村野藤吾、村野藤吾建築設計図展カタログ9
備考　第17回（1976）BCS賞

会館

●**公楽会館**…p164
竣工年　1949
所在地　京都市下京区
施工　竹中工務店
延床面積　6,000m²
構造　鉄骨鉄筋コンクリート造
規模　地下2階・地上3階、一部改造
掲載誌　建築文化5110、村野藤吾建築設計図展カタログ6

●**神戸新聞会館**…p165
竣工年　1956
所在地　兵庫県神戸市中央区
施工　竹中工務店
敷地面積　2,551m²
延床面積　23,334m²
構造　鉄骨鉄筋コンクリート造
規模　地下3階・地上7階・塔屋4階
掲載誌　新建築5610、国際建築5610、建築文化5612、村野藤吾1928→1963、村野藤吾建築設計図展カタログ5

●**妙心寺花園会館**…p166
竣工年　1958
所在地　京都市右京区
施工　三和建設
延床面積　1,235m²
構造　鉄筋コンクリート造、一部鉄骨造
規模　地上2階
掲載誌　国際建築6001、新建築6002、村野藤吾1928→1963、村野藤吾和風建築集、現代日本建築家全集2

●**輸出繊維会館**…p168 map19
竣工年　1960
所在地　大阪市中央区備後町3-4-9
施工　戸田建設
敷地面積　1,752m²
建築面積　1,368m²
延床面積　15,160m²
構造　鉄骨鉄筋コンクリート造
規模　地下2階・地上8階・塔屋4階
掲載誌　建築と社会6103、建築文化6109、近代建築6310、村野藤吾1928→1963
備考　大阪建築事務所と共同設計、第3回（1962）BCS賞

●**西宮商工会館**…p169 map36
竣工年　1966
所在地　兵庫県西宮市櫨塚町2-20
施工　竹中工務店
敷地面積　1,616m²
建築面積　739m²
延床面積　2,322m²

構造　鉄筋コンクリート変断面梁ラーメン構造（本館）、鉄筋コンクリート格子版構造（別館1階ピロティ）、構造壁体プレキャスト軽量コンクリート造（別館2階）、壁式鉄筋コンクリート造（喫茶店）
規模　地下1階・地上5階・塔屋2階（本館）、地上2階（別館）、地上1階（喫茶店）
掲載誌　新建築6611、建築6611、村野藤吾1964→1974
備考　本館のみ現存

●松寿荘…p170
竣工年　1979
所在地　東京都港区
施工　鹿島建設
敷地面積　3,248m²
建築面積　1,059m²
延床面積　1,449m²
構造　鉄筋コンクリート壁式構造、一部鉄骨造
規模　地下1階・地上2階
掲載誌　新建築8203、別冊新建築 村野藤吾、村野藤吾1975→1988

庁舎・公共建築

●大庄村役場［現：尼崎市立大庄公民館］…p178 map38
竣工年　1937
所在地　兵庫県尼崎市大庄西町3-6-14
施工　岡本工務店
建築面積　493m²
延床面積　1,436m²
構造　鉄筋コンクリート造
規模　地下1階・地上3階・塔屋
掲載誌　新建築3111・5910・6406、村野藤吾1928→1963、現代日本建築家全集2、村野藤吾建築設計図展カタログ4・8
備考　登録有形文化財

●八幡市立図書館
［現：北九州市立八幡図書館］…p180 map46
竣工年　1955
所在地　福岡県北九州市八幡東区尾倉2-6-2
建築面積　157.5坪
延床面積　464.5坪
構造　鉄筋コンクリート造
規模　地下1階・地上3階
掲載誌　村野藤吾建築設計図展カタログ7

●熊本市水道局庁舎…p181
竣工年　1963
所在地　熊本市水前寺6-2-45
施工　滝建設
延床面積　3,480m²
構造　鉄筋コンクリート造、一部鉄骨造
規模　地下1階・地上3階・塔屋1階

●横浜市庁舎…p182 map08
竣工年　1959
所在地　神奈川県横浜市中区港町1-1
施工　戸田建設
敷地面積　18,819m²
建築面積　4,438m²
延床面積　28,281m²
構造　鉄骨鉄筋コンクリート造
規模　地下1階・地上8階・塔屋2階
掲載誌　近代建築6006、新建築6011、国際建築6012、村野藤吾1928→1963、現代日本建築家全集2、別冊新建築 村野藤吾、村野藤吾建築設計図展カタログ7

●尼崎市庁舎…p184 map38
竣工年　1962
所在地　兵庫県尼崎市東七松町1-23-1
施工　藤田組
敷地面積　18,685m²
建築面積　3,764m²
延床面積　22,319m²
構造　鉄骨鉄筋コンクリート造
規模　地下2階・地上9階・塔屋3階
掲載誌　新建築6302、近代建築6302、建築と社会6302、村野藤吾1928→1963、現代日本建築家全集2、村野藤吾建築設計図展カタログ7
備考　第5回（1964）BCS賞
第2庁舎増築
竣工年　1984
施工　藤田工業
延床面積　10,869m²
構造　鉄骨鉄筋コンクリート造
規模　地下2階・地上6階・塔屋2階

●千里南地区センタービル・千里市民センタービル
…p186 map25
所在地　大阪府吹田市津雲台1-1-D2
千里南地区センタービル
竣工年　1964
施工　奥村組
延床面積　6,798m²
構造　鉄筋コンクリート造、一部鉄骨造
規模　地下1階・地上4階
掲載誌　新建築6408、村野藤吾1964→1974
専門店街
竣工年　1965
施工　奥村組
延床面積　5,157m²
構造　鉄骨鉄筋コンクリート造
規模　地下1階・地上2階
掲載誌　建築と社会6604
千里市民センタービル
竣工年　1976
延床面積　2,500m²
構造　鉄骨鉄筋コンクリート造
規模　地下1階・地上2階

●佐賀県教育センター…p187
竣工年　1979
所在地　佐賀県
延床面積　8,514m²
構造　鉄筋コンクリート造
規模　地下1階・地上3階および5階

●宝塚市庁舎…p188 map37
竣工年　1980
所在地　兵庫県宝塚市東洋町1-1
施工　大林組・奥村組・飛鳥建設JV
敷地面積　16,319m²
建築面積　5,330m²
延床面積　18,824m²
構造　鉄骨鉄筋コンクリート造、一部鉄筋コンクリート造
規模　地下1階・地上6階
掲載誌　新建築8011、近代建築8101、別冊新建築 村野藤吾、村野藤吾1975→1988、村野藤吾建築設計図展カタログ7

大学・高校

●ドイツ文化研究所…p194
竣工年　1934
所在地　京都市左京区吉田牛ノ宮町
施工　津田甚組
延床面積　775m²
構造　鉄筋コンクリート造
規模　地上2階
掲載誌　新建築3311（計画案）・3502・5910・6406、建築と社会3501、建築世界3502、村野藤吾1928→1963、現代日本建築家全集2、村野藤吾建築設計図展カタログ4

●関西大学…p196 map25
所在地　大阪府吹田市山手町3-3-35
大学院学舎
竣工年　1949
延床面積　760m²（230坪）
構造　木造
規模　地上2階
大学ホール・研究室棟・階段教室［現：大学院ホール］
竣工年　1952
施工　竹中工務店
延床面積　2,000m²
構造　鉄筋コンクリート造、一部木造
規模　地上2階（大学ホール）、地下1階・地上1階（研究室棟）、地上1階（階段教室）
掲載誌　国際建築5903、近代建築6401、現代日本建築家全集2、別冊新建築 村野藤吾、村野藤吾建築設計図展カタログ5
法文学舎第1期［現：第一学舎］
竣工年　1952
施工　竹中工務店
延床面積　1,607m²
構造　鉄筋コンクリート造
規模　地上2階
経商学舎増築［現：第二学舎］
竣工年　1953
施工　竹中工務店
延床面積　887m²（269坪）
構造　鉄筋コンクリート造
規模　地上2階
第一高等学校
竣工年　1953
施工　竹中工務店
建築面積　1161m²（352坪）
延床面積　2590m²（785坪）
構造　鉄筋コンクリート造（1-2階）、木造（3階）
規模　地上3階
法文学舎第2期［現：第一学舎］
竣工年　1954
延床面積　4,522m²
構造　鉄筋コンクリート造、一部鉄骨造
規模　地下1階・地上3階
法文学舎第3期［現：第一学舎］
竣工年　1955
図書館増築［現：簡文館］
竣工年　1955
施工　竹中工務店
構造　鉄骨鉄筋コンクリート造
規模　地上3階（円形図書館）、地上6階（書庫）
掲載誌　新建築5902・6406、国際建築5903、村野藤吾建築設計図展カタログ5
備考　登録有形文化財
第三学舎［現：第二学舎2号館］
竣工年　1957
施工　竹中工務店
延床面積　5,463m²
構造　鉄骨鉄筋コンクリート造
規模　地下1階・地上6階
掲載誌　国際建築5903
法・文学部研究室［現：第一棟］
竣工年　1959
施工　竹中工務店
延床面積　2,487m²
構造　鉄筋コンクリート造
規模　地下1階、地上4階
掲載誌　国際建築5903
工学部実験実習場［現：第四学舎実験実習場］
竣工年　1959
施工　竹中工務店・大林組
延床面積　323m²（機械工学実習工場）
550m²（機械工学実験場）
550m²（金属工学実験場）
550m²（電気工学実験場）
550m²（化学工学実験場）
構造　鉄骨造
規模　地上1階
掲載誌　近代建築6401

第四学舎［現：第四学舎1号館］
竣工年　1960
延床面積　7,216m²
構造　鉄筋コンクリート造
規模　地下1階・地上5階
掲載誌　近代建築6401
誠之館1号館（会館棟）
竣工年　1962
規模　地上2階
掲載誌　近代建築6401
誠之館2号館（会議棟）
竣工年　1962
規模　地上2階
掲載誌　近代建築6401
誠之館3号館（部室棟）
竣工年　1962
規模　地上4階
特別講堂［誠之館4号館　現：KUシンフォニーホール］
竣工年　1962
施工　竹中工務店
延床面積　5,300m²
構造　鉄骨鉄筋コンクリート造
規模　地下1階・地上2階
掲載誌　新建築6303、近代建築6401、村野藤吾建築設計図展カタログ5
総合体育館［現：千里山東体育館］
竣工年　1963
施工　竹中工務店
延床面積　5,008m²
構造　鉄筋コンクリート造、一部鉄骨造
掲載誌　近代建築6401
専門図書館［現：円神館］
竣工年　1964
施工　大成建設
建築面積　940m²
延床面積　2,184m²
構造　鉄筋コンクリート造
規模　地上3階
掲載誌　新建築6505、建築文化6505、村野藤吾建築設計図展カタログ5
第五学舎［現：第四学舎2号館］
竣工年　1964
施工　竹中工務店
延床面積　7,545m²
構造　鉄筋コンクリート造、一部鉄骨造
規模　地下1階・地上5階
経済・商学部研究室
竣工年　1966
施工　竹中工務店
延床面積　3,167m²
構造　鉄筋コンクリート造
規模　地下1階・地上6階・塔屋1階
法・文学部研究室新館
竣工年　1967
施工　竹中工務店
延床面積　3,850m²
構造　鉄筋コンクリート造
規模　地下1階・地上6階
第三学舎新館
竣工年　1967
施工　竹中工務店
延床面積　3,161m²
構造　鉄筋コンクリート造
規模　地上3階
社会学部学舎・研究室棟（第三学舎）
竣工年　1968
施工　竹中工務店
延床面積　6,104m²（学舎）、1,690m²（研究室棟）
構造　鉄筋コンクリート造
規模　地下1階・地上5階（学舎）、地上6階（研究室棟）
工学部研究棟
竣工年　1969
施工　大林組
延床面積　10,854m²
構造　鉄筋コンクリート造
規模　地下1階・地上6階
新大学院学舎
竣工年　1974
施工　竹中工務店
延床面積　2,687m²
構造　鉄筋コンクリート造
規模　地下1階・地上4階
第一高等学校新校舎
竣工年　1980
建築面積　1,474m²
延床面積　6,326m²
構造　鉄筋コンクリート造＋鉄骨鉄筋コンクリート造
規模　地上5階

●早稲田大学文学部…p201
竣工年　1962
所在地　東京都新宿区戸山1-24-1
施工　戸田建設
建築面積　2,240m²
延床面積　9,984m²
構造　鉄骨鉄筋コンクリート造（研究室棟、大教室棟）、鉄筋コンクリート造（教室棟）
規模　地下1階・地上11階・塔屋2階（研究室棟）、地下1階・地上3階（教室棟）、地上2階（大教室棟）
掲載誌　国際建築6205・6412、新建築6206・6406、近代建築6206、建築6206、村野藤吾1928→1963、現代日本建築家全集2、別冊新建築 村野藤吾、村野藤吾建築設計図展カタログ8

●甲南女子大学…p204 map39
竣工年　1964
所在地　兵庫県神戸市東灘区森北町6-2-23
施工　大林組
敷地面積　52,616m²
延床面積　2,664m²（管理棟）、2,901m²（文学部）、1,546m²（図書館）、1,518m²（理学館）、2,063m²（講堂棟）、1,072m²（学生会館）

構造　鉄骨鉄筋コンクリート造
掲載誌　近代建築6411、新建築6412、村野藤吾1964→1974、現代日本建築家全集2、村野藤吾建築設計図展カタログ8

学生会館増築
竣工年　1974
施工　大林組
延床面積　196m²
構造　鉄骨造＋鉄筋コンクリート造
規模　地上2階

短大第2学舎
竣工年　1974
施工　大林組
延床面積　2,557m²
構造　鉄筋コンクリート造
規模　地上4階

人間関係学科学舎
竣工年　1975
延床面積　2,958m²
構造　鉄骨鉄筋コンクリート造
規模　地上4階

猪崎記念体育館
竣工年　1975
延床面積　1,816m²
構造　鉄骨鉄筋コンクリート造
規模　地下1階・地上3階

阿部記念図書館
竣工年　1976
施工　大林組
建築面積　752m²
延床面積　3,600m²
構造　鉄骨鉄筋コンクリート造
規模　地下1階・地上4階
掲載誌　新建築7701、建築文化7701、近代建築7701、建築画報7905、村野藤吾1975→1988

総合研究館
竣工年　1979
延床面積　3,850m²
構造　鉄骨鉄筋コンクリート造
規模　地上6階

7号館
竣工年　1984
施工　大林組
延床面積　3,600m²
構造　鉄骨鉄筋コンクリート造
規模　地下1階・地上5階

芦原講堂
竣工年　1988
施工　大林組
敷地面積　41,553m²
建築面積　1,874m²
延床面積　5,451m²
構造　鉄骨鉄筋コンクリート造、鉄筋コンクリート造＋鉄骨造
規模　地下3階・地上2階
掲載誌　新建築8812、村野藤吾1975→1988

●甲南女子学園 甲南女子中高等学校…p207 map39
竣工年　1968
所在地　兵庫県神戸市東灘区森北町5-6-1
施工　大林組
敷地面積　38,000m²
総延床面積　14,634m²

講堂・体育館
竣工年　1968
施工　大林組
延床面積　1,303m²（講堂）、2,248m²（体育館）
構造　鉄筋コンクリート造＋鉄骨造
掲載誌　新建築6902、建築文化6902、村野藤吾1964→1974

特別教室
竣工年　1977
施工　大林組
延床面積　1,300m²
構造　鉄筋コンクリート造、一部鉄骨鉄筋コンクリート造
規模　地上2階

●日本ルーテル神学大学
［現：ルーテル学院大学］…p208 map07
竣工年　1969
所在地　東京都三鷹市大沢3-10-20
施工　鹿島建設
敷地面積　23,130m²
延床面積　3,033m²（本館）、350m²（チャペル）、2,348m²（ドミトリー）、493m²（教職員アパート）、714m²（教員住宅）
構造　鉄筋コンクリート造
規模　地上4階
掲載誌　新建築7007、近代建築7007、村野藤吾1964→1974、現代日本建築家全集2、別冊新建築 村野藤吾、村野藤吾建築設計図展カタログ2

事務所

●森五商店東京支店［現：近三ビルヂング］…p214
竣工年　1931
所在地　東京都中央区日本橋室町4-1-21
施工　竹中工務店
延床面積　4,000m²
構造　鉄筋コンクリート造
規模　地上7階
掲載誌　新建築3110・5910・6406、別冊新建築 村野藤吾、村野藤吾1928→1963、建築と社会3511、村野藤吾建築設計図展カタログ4・8

増築
竣工年　1956
施工　竹中工務店
延床面積　3,415m²
構造　鉄筋コンクリート造
規模　地下1階・地上8階

●紙卸商中島商店…p216 map17
竣工年　1932
所在地　石川県金沢市十間町8-1
建築面積　200m²
延床面積　825m²
構造　鉄筋コンクリート造
掲載誌　国際建築3209、新建築5910、村野藤吾建築設計図展カタログ4

●板谷生命ビル[心斎橋ビル]…p218
竣工年　1939
所在地　大阪市中央区
施工　島藤
建築面積　473m²
延床面積　2,758m²
構造　鉄筋コンクリート造
規模　地下1階・地上4階
備考　十合別館とも称される

●宇部窒素工業事務所
[現:宇部興産宇部ケミカル工場]…p219 map44
竣工年　1942
所在地　山口県宇部市大字小串1978-10

●フジカワ画廊[現:フジカワビル]…p220 map19
竣工年　1953
所在地　大阪市中央区瓦町1-7-3
施工　大成建設
敷地面積　181m²
建築面積　154m²
延床面積　925m²
構造　鉄筋コンクリート造
規模　地下1階・地上4階
掲載誌　新建築5404、村野藤吾1928→1963

●大信紡績ビル…p221
竣工年　1958
所在地　愛知県名古屋市
施工　大成建設
延床面積　1,221m²
構造　鉄骨鉄筋コンクリート造
規模　地下1階・地上6階・塔屋2階
掲載誌　新建築5803

●森田ビルディング…p222 map19
竣工年　1962
所在地　大阪市中央区備後町2-4-6
施工　戸田建設
敷地面積　763m²
建築面積　695m²
延床面積　8,250m²
構造　鉄骨鉄筋コンクリート造
規模　地下3階・地上8階・塔屋4階
掲載誌　建築と社会6301、建築6305、村野藤吾1928→1963

●浪花組本社ビル[現:住友実業ビル]…p223 map20
竣工年　1964
所在地　大阪市中央区東心斎橋2-3-27
施工　不二建設
延床面積　1,702m²
構造　鉄骨鉄筋コンクリート造
規模　地下1階・地上5階・塔屋2階

●千代田生命本社ビル
[現:目黒区総合庁舎]…p224 map06
竣工年　1966
所在地　東京都目黒区上目黒2-19-15
施工　大成建設
敷地面積　18,127m²
建築面積　9,260m²
延床面積　51,636m²
構造　鉄骨鉄筋コンクリート造(本館・玄関棟)、鉄骨鉄筋コンクリート造+鉄骨造(別館)、鉄筋コンクリート造(クラブ・車庫)
規模　地下3階・地上6階・塔屋3階
掲載誌　新建築6608・0304、建築文化6608、近代建築6608、建築6608、国際建築6609、SD6611、村野藤吾1964→1974、現代日本建築家全集2、村野藤吾建築設計図展カタログ8
備考　目黒区総合庁舎への改修設計は安井建築設計事務所、第10回(1969)BCS賞

●村野・森建築事務所…p227 map23
竣工年　1966
所在地　大阪市阿倍野区阿倍野筋2-3-8
施工　鹿島建設
建築面積　214m²
延床面積　564m²
構造　鉄筋コンクリート造(地下)・鉄骨鉄筋コンクリート造(地上)
規模　地下1階・地上3階
掲載誌　建築と社会7104、村野藤吾1964→1974

●浪花組東京支店…p228
竣工年　1966
所在地　東京都港区
施工　間組
延床面積　1,350m²
構造　鉄骨鉄筋コンクリート造
規模　地下1階・地上4階
掲載誌　新建築6610・6705、建築6611、村野藤吾1964→1974

●清原東京支店…p229 map02
竣工年　1967
所在地　東京都千代田区東神田3-2-11
施工　竹中工務店
延床面積　2,800m²
構造　鉄骨鉄筋コンクリート造
規模　地下1階・地上6階

●大阪ビルヂング(八重洲口)
[現:八重洲ダイビル]…p230
竣工年　1967
所在地　東京都中央区
施工　鹿島建設
敷地面積　1,949m²
建築面積　1,836m²
延床面積　26,723m²
構造　鉄骨鉄筋コンクリート造
規模　地下5階・地上9階・塔屋4階
掲載誌　新建築6805、SD6812、村野藤吾1964→1974、現代日本建築家全集2
備考　第10回(1969)BCS賞

●近鉄新本社ビル…p231 map22
竣工年　1969
所在地　大阪市天王寺区石ヶ辻町16
施工　大林組・大日本土木
延床面積　13,470m²
構造　鉄骨鉄筋コンクリート造
規模　地下1階・地上8階

●高橋ビル本館[現:アールビル本館]…p232 map21
竣工年　1970
所在地　大阪市北区西天満5-9-3
施工　松村組
延床面積　9,347m²
構造　鉄骨鉄筋コンクリート造
規模　地下2階・地上10階
掲載誌　村野藤吾1964→1974

●黒田電気本社[現:黒田電気大阪支社]…p233
竣工年　1970
所在地　大阪市淀川区木川東4-11-3
施工　甲南建設
延床面積　2,459m²
構造　鉄筋コンクリート造、一部鉄骨造
規模　地上5階

●大阪ビルヂング(麹町)[現:麹町ダイビル]…p234
竣工年　1976
所在地　東京都千代田区
施工　鹿島建設
敷地面積　2,652m²
建築面積　1,492m²
延床面積　11,610m²
構造　鉄骨造床版コンクリート
規模　地下2階・地上7階・塔屋1階
掲載誌　新建築7801、村野藤吾1975→1988

●浪花組名古屋支店…p235 map16
竣工年　1976
所在地　愛知県名古屋市中村区砂田町2-8
延床面積　190m²
構造　鉄筋コンクリート造
規模　地上2階

●京橋三丁目ビルディング…p236 map01
竣工年　1978
所在地　東京都中央区京橋3-1-3
施工　竹中工務店・清水建設
敷地面積　1,077.8m²
延床面積　8,963.5m²
構造　鉄骨鉄筋コンクリート造
規模　地下1階・地上9階・塔屋1階
掲載誌　村野藤吾1975→1988

●南部ビルディング…p237 map04
竣工年　1980
所在地　東京都千代田区紀尾井町3-3
施工　間組
延床面積　7,110m²
構造　鉄骨鉄筋コンクリート造
規模　地下1階・地上7階・塔屋1階

●黒田電気名古屋支社…p238
竣工年　1981
所在地　愛知県名古屋市瑞穂区洲山町3-42-2

●内幸町大阪ビルヂング[現:内幸町ダイビル]…p239
竣工年　1983
所在地　東京都千代田区
施工　鹿島建設
敷地面積　1,104m²
建築面積　975m²
延床面積　10,122m²
構造　鉄骨鉄筋コンクリート造(地下)、鉄筋コンクリート造(地上)
規模　地下2階・地上9階・塔屋1階

●村野建築研究所心斎橋事務所…p240
竣工年　1984
所在地　大阪市中央区心斎橋筋
施工　奥村組
敷地面積　169m²
建築面積　145m²
延床面積　604m²
構造　鉄筋コンクリート造
規模　地下1階・地上4階
掲載誌　新建築8410、別冊新建築 村野藤吾、村野藤吾1975→1988

住宅

●神戸大丸舎監の家…p244
竣工年　1931
所在地　兵庫県神戸市
掲載誌　別冊新建築 村野藤吾、村野藤吾1928→1963、現代日本建築家全集2、村野藤吾建築設計図展カタログ4

●**中山悦治邸**…p245
竣工年　1934
所在地　兵庫県芦屋市
施工　藤木工務店
延床面積　919m²
掲載誌　和風建築秀粋、村野藤吾建築設計図展カタログ6

●**中山半邸**…p248
竣工年　1940
所在地　兵庫県神戸市東灘区
施工　藤木工務店
構造　木造
規模　地上2階
掲載誌　村野藤吾1928→1963、村野藤吾和風建築集、現代日本建築家全集2、村野藤吾建築設計図展カタログ6

●**中橋武一邸**…p249
竣工年　1940
所在地　大阪市天王寺区
施工　大林組
掲載誌　和風建築秀粋
備考　長谷部鋭吉設計の住宅を改修

●**中林仁一郎邸**…p250
竣工年　1941
所在地　京都市左京区
施工　清水建設
掲載誌　村野藤吾1928→1963、村野藤吾和風建築集、現代日本建築家全集2、和風建築秀粋、村野藤吾建築設計図展カタログ6

●**村野自邸**…p254
竣工年　1942
所在地　兵庫県宝塚市
構造　木造
規模　平屋
掲載誌　建築と社会5411、新建築5809、村野藤吾1928→1963、建築7201、村野藤吾和風建築集、現代日本建築家全集2、別冊新建築 村野藤吾、和風建築秀粋
増築
竣工年　1957

●**指月亭**…p257
竣工年　1959
所在地　東京都港区
施工　大金工務店
延床面積　250m²
構造　木造
規模　地上2階
掲載誌　新建築6001、村野藤吾1928→1963、別冊新建築 村野藤吾、村野藤吾和風建築集、現代日本建築家全集2

●**中川邸**…p260
竣工年　1959
所在地　大阪市住吉区
施工　浪花組
延床面積　340m²
掲載誌　村野藤吾1928→1963、村野藤吾和風建築集、和風建築秀粋

●**高知県知事公邸**…p262 map45
竣工年　1963
所在地　高知市鷹匠町2
施工　高野組
延床面積　660m²
構造　鉄筋コンクリート造・木造
規模　地上2階
掲載誌　和風建築秀粋

●**佐伯邸**…p264 map27
竣工年　1965
所在地　奈良市登美ヶ丘2-1-4
施工　大林組
構造　木造
掲載誌　村野藤吾和風建築秀集、和風建築秀粋

●**常陸宮邸**…p268
竣工年　1976
所在地　東京都渋谷区
設計　村野藤吾・宮内庁管理部
施工　清水建設
延床面積　約1,180m²
構造　鉄筋コンクリート造
規模　地上2階・一部地下1階
掲載誌　新建築7707、建築文化7707、別冊新建築 村野藤吾、村野藤吾1975→1988

その他

●**大阪商船あるぜんちな丸・ぶら志゛る丸**…p274
あるぜんちな丸
竣工年　1939
施工　三菱長崎造船所
掲載誌　新建築3907、村野藤吾建築設計図展カタログ6
備考　1942年に日本海軍に売却、1943年特設航空母艦「海鷹」に改装される
ぶら志゛る丸
竣工年　1939
施工　三菱長崎造船所
掲載誌　村野藤吾建築設計図展カタログ6

●**橿原神宮駅舎［現：橿原神宮前駅舎］**…p276 map28
竣工年　1940
所在地　奈良県橿原市久米町618
掲載誌　村野藤吾建築設計図展カタログ6

●**東京銀行宝塚クラブハウス**…p277
竣工年　1951
所在地　兵庫県宝塚市
施工　竹中工務店
延床面積　593m²
構造　鉄筋コンクリート造＋木造
規模　地下1階・地上2階
掲載誌　新建築5201、村野藤吾1928→1963

●**宝塚ゴルフ倶楽部**…p278
竣工年　1959
所在地　兵庫県宝塚市蔵人字深谷1391-1
施工　竹中工務店
延床面積　6,078m²
構造　鉄筋コンクリート造、一部鉄骨鉄筋コンクリート造
規模　地下1階・地上3階
掲載誌　新建築6003、建築と社会6003、国際建築6004、村野藤吾1928→1963、現代日本建築家全集2

●**比叡山回転展望閣**…p279 map35
竣工年　1959
所在地　京都市左京区修学院尺羅ヶ谷四明ヶ嶽（比叡山頂）
延床面積　1,315m²
構造　鉄骨鉄筋コンクリート造
規模　地上3階

●**出光興産谷町給油所**…p280
竣工年　1960
所在地　大阪市中央区
施工　間組
敷地面積　630m²
延床面積　590m²
構造　鉄骨造
規模　地上1階
掲載誌　近代建築6507

●**出光興産九州支店［万町給油所］**…p281
竣工年　1962
所在地　福岡市中央区
施工　鹿島建設
延床面積　4,640m²
構造　鉄骨鉄筋コンクリート造（上部軽量コンクリート）
規模　地下1階・地上4階・塔屋3階
掲載誌　新建築6212、近代建築6310、村野藤吾1928→1963、別冊新建築 村野藤吾

●**名神高速道路 大津レストハウス**…p282
竣工年　1963
所在地　茨木〜栗東間
施工　関組
延床面積　647m²（上り線レストハウス）、820m²（下り線レストハウス）
構造　鉄骨造
規模　地上1階（上り線レストハウス）、地上2階（下り線レストハウス）
掲載誌　新建築6309、村野藤吾1928→1963、近代建築6309、村野藤吾建築設計図展カタログ7
備考　他に茨木・京都南・京都東・大津・栗東の各インターチェンジの諸施設を設計

●**梅田吸気塔**…p283
竣工年　1963
所在地　大阪市北区曽根崎2

●**愛知県森林公園センター**…p284
竣工年　1965
所在地　愛知県尾張旭市
施工　大林組
建築面積　2,790m²
延床面積　3,518m²
構造　鉄筋コンクリート造＋鉄骨造
規模　地下1階・地上2階
掲載誌　新建築6602、近代建築6602、建築6602、村野藤吾1964→1974、村野藤吾建築設計図展カタログ7

●**出光興産京都支店**…p285
竣工年　1966
所在地　京都市下京区
施工　間組
延床面積　1,532m²
構造　鉄筋コンクリート造、一部鉄骨造
規模　地上4階・塔屋2階

●**近鉄志摩線賢島駅舎**…p286 map18
竣工年　1970
所在地　三重県志摩市阿児町神明747-17
施工　大日本土木
延床面積　1,754m²
構造　鉄筋コンクリート造＋鉄骨造
規模　地下2階・地上3階

●**笠間東洋ゴルフ倶楽部**…p287 map13
竣工年　1985
所在地　茨城県笠間市池野辺2340-1
施工　大林・銭高・大末・藤木JV
敷地面積　1,009,200m²
建築面積　2,238m²
延床面積　3,543m²
構造　鉄筋コンクリート造
規模　地下1階・地上2階
掲載誌　新建築8603

作品年譜

※『生誕100年記念 村野藤吾 イメージと建築』(1991年 新建築社)の年譜を元に、掲載雑誌や各企業の社史などを勘案して加筆修正
※作品名称の前の記号は
●:現存　▲:一部現存　◇:非現存　▽:不明　＊:計画案
を意味する(2009年10月現在)

1928年［昭和3］
▲南大阪教会(大阪市阿倍野区) p018 map23

1929年［昭和4］
◇あやめ池温泉場(奈良県奈良市)

1931年［昭和6］
●森五商店東京支店［現:近三ビルヂング］(東京都中央区) p214
◇神戸大丸舎監の家(兵庫県神戸市) p244
◇大丸呉服店神戸支店寄宿舎(兵庫県神戸市)
◇近江帆布三瓶工場(愛媛県西予市)
▽木梨邸
▽岩田邸
▽砂場邸

1932年［昭和7］
●加能合同銀行本店［現:北國銀行武蔵ヶ辻支店］(石川県金沢市) p102 map17
●紙卸商中島商店(石川県金沢市) p216 map17
◇大阪パンション(大阪市西成区) p048
＊あやめ池温泉余興場計画案(奈良市)

1933年［昭和8］
◇そごう大阪本店 第1期(大阪市中央区) p116
◇キャバレー・アカダマ(大阪市)
▽宗像邸改造工事
＊大阪メトロポリタンホテル計画案(大阪市)
＊七里浜ホテル計画案
＊新日本興産計画案
＊藤田氏商店計画案
＊ダンスホール計画案(京都市)

1934年［昭和9］
●中山悦治邸(兵庫県芦屋市) p245
◇ドイツ文化研究所(京都市左京区) p194
＊立石・中山商店計画案

1935年［昭和10］
▲中山製鋼所事務所［現:中山製鋼所総合管理センター］(大阪市大正区)
◇そごう大阪本店 第2期(大阪市中央区) p116
▽武智邸
＊三郷村小学校計画案

1936年［昭和11］
●中村健太郎法律経済事務所［現:中村健法律事務所］(大阪市中央区)
◇都ホテル 5号館［8号館］(京都市東山区) p049
◇大丸神戸店(神戸市中央区) p118
◇谷口病院(大阪市)
◇近鉄本社旧社屋［近鉄劇場別館］(大阪市天王寺区)

1937年［昭和12］
●宇部市渡辺翁記念会館(山口県宇部市) p138 map44
●大庄村役場［現:尼崎市立大庄公民館］(兵庫県尼崎市) p178 map38
◇そごう大阪本店 第3期(大阪市中央区) p116
◇叡山ホテル［比叡山ホテル］(京都市左京区)
◇大阪商船高砂丸
◇大阪商船浮島丸
▽高島屋飯田神戸店(兵庫県神戸市)
▽新栄会住宅(大阪府)
＊摂陽汽船計画案
＊湯浅翁記念教会計画案
＊川崎会館計画案(神戸市中央区)
＊西川商店計画案(東京都中央区)
＊中山製鋼所附属病院計画案(大阪市大正区)
＊宇部ゴルフクラブハウス計画案(山口県宇部市)

1938年［昭和13］
＊元町映画館計画案［大丸元町食堂計画案］(兵庫県神戸市)
＊川崎重工知多工場計画案(愛知県)
＊上海大丸計画案(中国上海市)
＊天津大丸計画案(中国天津市)
＊野戦郵便局計画案

1939年［昭和14］
●宇部銀行本店［山口銀行宇部支店］(山口県宇部市) p103 map44
◇大阪商船あるぜんちな丸 p274
◇大阪商船ぶら志゛る丸 p274
◇板谷生命ビル［心斎橋ビル］(大阪市) p218
▽都ホテル 中宴会場［現:稔りの間］(京都市東山区)
▽湯浅伸銅工場(大阪府)
▽川崎造船所諸工場
＊海軍監督兵舎計画案

1940年［昭和15］
●橿原神宮駅舎［現:橿原神宮前駅舎］(奈良県橿原市) p276 map28
◇中山半邸(兵庫県神戸市) p248
◇中橋武一邸(大阪市天王寺区) p249
◇大阪商船報国丸
＊田辺空気機械株式会社計画案
＊宇部窒素工場計画案(山口県宇部市)
＊日本郵船橿原丸計画案

1941年［昭和16］
●中林仁一郎邸(京都市東山区) p250
◇石原産業海運本社(大阪府)
◇日本製鉄八幡製鉄所内諸工場(福岡県北九州市)
◇川崎重工業工場・厚生施設・監督官事務所・総合事務所(兵庫県神戸市)
◇大阪商船愛国丸
▽宇部油化工業工場諸建物(山口県宇部市)
▽某氏邸(兵庫県神戸市)
＊宇部セメント工場計画案(山口県宇部市)

1942年［昭和17］
●宇部窒素工業事務所［現：宇部興産宇部ケミカル工場事務所］（山口県宇部市）p219 map44
▲村野自邸（兵庫県宝塚市）p254
◇大阪商船護国丸
▽横須賀海軍施設
＊東亜海運産業計画案

1943年［昭和18］
◇海軍将校倶楽部（三重県鈴鹿市）

1945年［昭和20］
＊大豊産業計画案

1946年［昭和21］
◇そごう難波店（大阪市中央区）
◇牧野山の家（滋賀県高島市）

1947年［昭和22］
◇食品市場そごう阿倍野店（大阪市阿倍野区）
＊浪花組計画案（大阪市）

1948年［昭和23］
＊三栄製作所計画案

1949年［昭和24］
◇観光ホテル丸栄・丸栄ピカデリー劇場（名古屋市中区）p052
◇公楽会館（京都市下京区）p164
◇関西大学 大学院学舎（大阪府吹田市）
＊宇部図書館計画案（山口県宇部市）
＊宇部鉱業会館計画案（山口県宇部市）

1950年［昭和25］
◇近畿映画アポロ劇場（大阪市阿倍野区）p142
＊夙川小学校講堂計画案（兵庫県西宮市）
＊吉本ビル計画案（大阪市）
＊八幡製鉄労働会館計画案（北九州市八幡東区）

1951年［昭和26］
●志摩観光ホテル［現：志摩観光ホテル クラシック］（三重県志摩市）p053 map18
●やまとやしき百貨店［現：ヤマトヤシキ姫路店］（兵庫県姫路市）
◇東京銀行宝塚クラブハウス（兵庫県宝塚市）p277
▽髙島屋京都店 第2期増築（京都市下京区）
＊別子百貨店計画案
＊学園前冨美ヶ丘近鉄計画案（奈良市）
＊飯田家納骨堂計画案

1952年［昭和27］
●髙島屋東京店 第1期増築［新館増築］（東京都中央区）p119 map01
●関西大学 法文学舎第1期［現：第一学舎］（大阪府吹田市）p196 map25
●関西大学 大学ホール・研究室棟・階段教室［現：大学院ホール］（大阪府吹田市）
●宇部興産中央研究所（山口県宇部市）
◇東京銀行船場支店（大阪市中央区）p104
◇そごう大阪本店 改装（大阪市中央区）p116
◇岡谷鋼機大阪支店（大阪市西区）
＊ブリヂストンレストラン計画案
＊布施の映画館計画案（大阪府東大阪市）
＊東京都庁舎計画案（東京都千代田区）

1953年［昭和28］
●丸栄本館 第1次増築（名古屋市中区）p120 map15
●フジカワ画廊［現：フジカワビル］（大阪市中央区）p220 map19
●南都銀行本店増築（奈良市）
◇千日前グランド劇場（大阪市）p143
◇宇部興産本社（山口県宇部市）
▽関西大学 第二学舎増築（大阪府吹田市）
▽関西大学 第一高等学校（大阪府吹田市）
▽髙島屋京都店 第3期増築（京都市下京区）
＊千日前アシベ改装計画案（大阪市）

1954年［昭和29］
●世界平和記念聖堂［カトリック幟町教会］（広島市中区）p020 map43
●髙島屋東京店 第2期増築（新々館増築）（東京都中央区）p119 map01
●関西大学 法文学舎第2期［現：第一学舎］（大阪府吹田市）p196 map25
◇近映会館（大阪市阿倍野区）p144
◇近鉄会館［近鉄劇場］（大阪市天王寺区）p145
◇平和ビル第1棟（北九州市八幡東区）
▽名古屋相互銀行改装（名古屋市）
▽岩木病院
＊大阪駅改造計画案（大阪市）
＊豊橋駅計画案（愛知県豊橋市）

1955年［昭和30］
●八幡市立図書館［現：北九州市立八幡図書館］（北九州市八幡東区）p180 map46
●ドウトン［現：コムラード ドウトンビル］（大阪市中央区）p121 map20
●関西大学 図書館増築［現：簡文館］（大阪府吹田市）p196 map25
●関西大学 法文学舎第3期［現：第一学舎］（大阪府吹田市）p196 map25
▽阿倍野ビル（大阪市阿倍野区）

1956年［昭和31］
●丸栄本館 第2次増築（名古屋市中区）p120 map15
●森五商店東京支店［現：近三ビルヂング］増築（東京都中央区）p214
◇心斎橋プランタン（大阪市中央区）p122
◇神戸新聞会館（神戸市中央区）p165
◇出光興産蛎殻町給油所［カズオスタンド］（東京都中央区）
▽髙島屋京都店 第4次増築（京都市下京区）

1957年[昭和32]

●富田屋[現:湯豆腐 嵯峨野](大阪市中央区[現:京都市右京区])p076 map32
●宇部銀行本店[山口銀行宇部支店]増築(山口県宇部市)p103 map44
●読売会館・そごう東京店[現:読売会館・ビックカメラ有楽町店](東京都千代田区)p124 map01
●東京丸物[現:池袋パルコ](東京都豊島区)p128 map03
▲村野邸増築(兵庫県宝塚市)p254
●やまとやしき百貨店[現:ヤマトヤシキ姫路店]増築(兵庫県姫路市)
◇近鉄百貨店阿倍野本店 第1次増築(大阪市阿倍野区)p126
◇六甲学院体育館・講堂(神戸市灘区)
◇吉本梅田劇場(大阪市)
◇レストラン・アラスカ(東京都中央区)
▽関西大学 第三学舎[現:第二学舎2号館](大阪府吹田市)
＊京都国際文化観光会館計画案(京都市)
＊梅田グランド劇場計画案(大阪市)
＊常盤座計画案(大阪市)

1958年[昭和33]

●大阪新歌舞伎座(大阪市中央区)p146
●米子市公会堂(鳥取県米子市)p148 map42
●八幡市民会館(北九州市八幡東区)p150 map46
●新大阪ビルヂング[現:新ダイビル]1期(大阪市北区)
◇妙心寺花園会館(京都市右京区)p166
◇大信紡績ビル(名古屋市)p221
◇凮月堂(東京都中央区)
◇旧歌舞伎会館増改築[千日デパート](大阪市中央区)
▽都ホテル スカイルーム(京都市東山区)

1959年[昭和34]

●都ホテル 佳水園[現:ウェスティン都ホテル京都佳水園](京都市東山区)p078 map33
●泉州銀行本店(大阪府岸和田市)p105 map24
●横浜市庁舎(横浜市中区)p182 map08
●中川邸(大阪市住吉区)p260
●宝塚ゴルフ倶楽部(兵庫県宝塚市)p278
●比叡山回転展望閣(京都市左京区)p279 map35
●日本シエーリング(大阪市淀川区)
▲高木産業ビル(大阪市中央区)
◇小倉市中央公民館[小倉市民会館](北九州市小倉北区)p151
◇指月亭(東京都港区)p257
▽関西大学 工学部実験実習場[現:第四学舎実験実習場](大阪府吹田市)
▽関西大学 法・文学部研究室[現:第一棟](大阪府吹田市)
＊福岡文化センター公会堂計画案(福岡市)

1960年[昭和35]

●都ホテル 新本館(京都市東山区)p049 map33
●志摩観光ホテル 西館(三重県志摩市)p053 map18
●輸出繊維会館(大阪市中央区)p168 map19
◇出光興産谷町給油所(大阪市中央区)p280
▽関西大学 第四学舎[現:第四学舎1号館](大阪府吹田市)
▽吉本ビル(大阪市中央区)
▽毎日興業ビル(山口県周南市)
＊ビワコホテル計画案
＊ドリームランド計画案

1961年[昭和36]

◇今橋なだ万(大阪市中央区)p077
◇出光興産新宿給油所(東京都新宿区)
◇出光興産宇都宮支店(栃木県宇都宮市)
＊柴田ゴム計画案

1962年[昭和37]

●尼崎市庁舎(兵庫県尼崎市)p184 map38
●関西大学 特別講堂[誠之館4号館 現:KUシンフォニーホール](大阪府吹田市)p196 map25
●早稲田大学文学部(東京都新宿区)p201
●森田ビルディング(大阪市中央区)p222 map19
●新梅ヶ枝ビル[現:第一住建梅ヶ枝町ビル](大阪市北区)
◇出光興産九州支店[万町給油所](福岡市中央区)p281
◇出光興産高松給油所(香川県高松市)
▽関西大学 誠之館1-3号館(大阪府吹田市)
▽出光興産北海道支店(北海道札幌市)
▽出光興産旧清水支店(静岡市清水区)
▽出光興産川崎給油所(神奈川県川崎市)
▽出光興産千葉給油所(千葉市)

1963年[昭和38]

●髙島屋東京店 第3期増築[東館第1期増築](東京都中央区)p119 map01
●日本生命日比谷ビル[日生劇場](東京都千代田区)p152 map01
●熊本市水道局庁舎(熊本市)p181
●関西大学 総合体育館[現:千里山東体育館](大阪府吹田市)p196 map25
●高知県知事公邸(高知市)p262 map45
●梅田吸気塔(大阪市北区)p283
●新大阪ビルヂング[現:新ダイビル]2期(大阪市北区)
●横浜市立大学(横浜市金沢区)
◇名古屋都ホテル(名古屋市中村区)p056
◇名神高速道路 大津レストハウス(滋賀県大津市)p282
◇出光興産東北支店(宮城県仙台市)
◇出光興産立川支店(東京都立川市)
▽出光興産千葉給油所(千葉県市原市)
▽天理教高井田教会

▽名神高速道路 茨木·京都南·京都東·大津·栗東インターチェンジ諸施設

1964年［昭和39］

●大成閣（大阪市中央区）p129 map20
●千里南地区センタービル（大阪府吹田市）p186 map25
●関西大学 専門図書館［現：円神館］（大阪府吹田市）p196 map25
●甲南女子大学（神戸市東灘区）p204 map39
●浪花組本社ビル［現：住友実業ビル］（大阪市中央区）p223 map20
●やまとやしき百貨店［現：ヤマトヤシキ姫路店］増築（兵庫県姫路市）
▽関西大学 第五学舎［現：第四学舎2号館］（大阪府吹田市）
▽芦屋のS邸（兵庫県芦屋市）
▽富田町ビル（大阪市）
▽出光興産奈良給油所（奈良市）

1965年［昭和40］

●宝塚カトリック教会（兵庫県宝塚市）p024 map37
●髙島屋東京店 第4期増築［東館第2期増築］（東京都中央区）p119 map01
●千里南地区センタービル専門店街（大阪府吹田市）p186 map25
●佐伯邸（奈良市）p264 map27
●美原町庁舎［現：美原区役所］（堺市美原区）
◇近鉄百貨店阿倍野本店 第2次増築（大阪市阿倍野区）p126
◇戎橋プランタン（大阪市中央区）p130
◇愛知県森林公園センター（愛知県尾張旭市）p284
▽髙島屋京都店 第5次増築（京都市下京区）
▽出光興産軽井沢寮［朴ノ木荘］（長野県北佐久郡軽井沢町）
▽三井銀行阿部野橋支店改装（大阪市）

1966年［昭和41］

●泉州銀行和泉府中支店［現：泉州銀行和泉支店］（大阪府和泉市）p106 map26
▲西宮商工会館（兵庫県西宮市）p169 map36
●千代田生命本社ビル［現：目黒区総合庁舎］（東京都目黒区）p082 p224 map06
●村野·森建築事務所（大阪市阿倍野区）p227 map23
●美原町立平尾小学校［現：堺市立平尾小学校］（堺市美原区）
◇出光興産京都支店（京都市下京区）p285
◇浪花組東京支店（東京都港区）p228
▽関西大学 経済·商学部研究室（大阪府吹田市）
▽関西大学付属高校·第一中学校特別教室（大阪府吹田市）
▽東京銀行名古屋東支店（名古屋市東区）
▽徳山東映ビル（山口県周南市）

1967年［昭和42］

●清原東京支店（東京都千代田区）p229 map02
●大阪ビルヂング（八重洲口）［現：八重洲ダイビル］（東京都中央区）p230
●箕面ビジターセンター（大阪府箕面市）
●高橋ビル東館［現：三共ビル東館］（大阪市北区）
▽関西大学 法·文学部研究室新館（大阪府吹田市）
▽関西大学 第三学舎新館（大阪府吹田市）
▽毎日興業ビル 改築
▽髙島屋桐生ストアー
▽近鉄ハウジングフェアモデル住宅

1968年［昭和43］

●桜井寺（奈良県五條市）p026 map30
●甲南女子学園 甲南女子中高等学校（神戸市東灘区）p207 map39
●高橋ビル西館［現：高木ビル］（大阪市北区）
▽都ホテル 宴会棟（京都市東山区）
▽関西大学 社会学部学舎·研究室棟（大阪府吹田市）
▽出光興産姉ケ崎給油所（千葉県市原市）
▽大阪府立青年の家（大阪府三島郡）

1969年［昭和44］

●日本ルーテル神学大学［現：ルーテル学院大学］（東京都三鷹市）p027 p208 map07
●西宮トラピスチヌ修道院［シトー会西宮の聖母修道院］（兵庫県西宮市）p028
●都ホテル 南館（京都市東山区）p049 map33
●志摩観光ホテル 本館（三重県志摩市）p053 map18
●近鉄上本町ターミナルビル［近鉄百貨店上本町店］1期（大阪市天王寺区）p132 map22
●近鉄新本社ビル（大阪市天王寺区）p231 map22
●高橋ビル東3号館［現：南森町イシカワビル］（大阪市北区）
◇そごう大阪店 増築（大阪市中央区）p116
▽髙島屋京都店 第6次増築（京都市下京区）
▽関西大学 工学部研究棟（大阪府吹田市）
▽松月ビル（栃木県足利市）

1970年［昭和45］

●信貴山成福院客殿（奈良県生駒郡）p031 map29
●兵庫県立近代美術館［現：原田の森ギャラリー］（神戸市灘区）p036 map40
●帝国ホテル 茶室 東光庵（東京都千代田区）p084 map01
●阿倍野センタービル（大阪市阿倍野区）p133 map23
●高橋ビル本館［現：アールビル本館］（大阪市北区）p232 map21
●黒田電気本社［現：黒田電気大阪支社］（大阪市淀川区）p233
●近鉄志摩線賢島駅舎（三重県志摩市）p286 map18

●東京銀行大阪支店(大阪市中央区)
●奈良ホテル増築(奈良市)
▲高橋ビル南館[現:西天満パークビル3号館](大阪市北区)
◇名古屋都ホテル増築(名古屋市中村区)p056
▽都ホテル 特別貴賓室(京都市東山区)
▽法隆寺の家(奈良県)
＊松山近鉄ホテル計画案

1971年[昭和46]
●箱根樹木園休息所(神奈川県足柄下郡箱根町)p058 map09
●北九州八幡信用金庫本店[現:福岡ひびき信用金庫本店](北九州市八幡東区)p107 map46
●出光興産宮前給油所(福岡県宗像市)
▽レストランヤマサ(愛知県豊橋市)
▽有働邸(横浜市中区)
＊難波ターミナルビル計画案(大阪市)
＊小豆島ヴィラ計画案(香川県小豆郡)

1972年[昭和47]
●高輪プリンスホテル旧館改装[現:グランドプリンスホテル高輪 貴賓館](東京都港区)p057 map05
●髙島屋東京店 新館・茶室(東京都中央区)p119 map01
●近映レジャービル アポロ[現:きんえいアポロビル](大阪市阿倍野区)p156 map23
●京都堀川会館[現:ホテル ルビノ京都堀川](京都市上京区)
◇堺泉北海員会館(大阪府高石市)
▽高橋アベノボーリング場(大阪市)
▽イエズス会秋川神冥窟(東京都西多摩郡檜原村)

1973年[昭和48]
●近鉄上本町ターミナルビル[近鉄百貨店上本町店]2期(大阪市天王寺区)p132 map22
●日本生命岡山駅前ビル[岡山髙島屋](岡山市)p134 map41
●宇部市渡辺翁記念会館 改修(山口県宇部市)p138 map44
●大阪府中河内府民センター(大阪府八尾市)
●泉北高速鉄道栂・美木多駅舎(堺市南区)
◇野村不動産港南台モデルハウス(横浜市港南区)
▽大阪府立枚方セツルメント(大阪府枚方市)
▽平城ニュータウン地区センター基本計画(奈良市)
＊志摩グランドホテル計画案(三重県志摩市)

1974年[昭和49]
●迎賓館[旧赤坂離宮改修](東京都港区)p060 map04
●日本興業銀行本店[現:みずほコーポレート銀行本店](東京都千代田区)p108 map01
●タケダグリーンビル(大阪市西区)
●泉北ニュータウン栂地区センタービル(堺市南区)
▽関西大学 新大学院学舎(大阪府吹田市)
▽甲南女子大学 短大第2学舎(神戸市東灘区)
＊KIWOIハイツ計画案(東京都)

1975年[昭和50]
●小山敬三美術館(長野県小諸市)p037 map11
●新・都ホテル(京都市南区)p062 map34
●西山記念会館(神戸市中央区)p158 map40
●甲南女子大学 人間関係学科学舎・猪崎記念体育館・学生会館増築(神戸市東灘区)p204 map39
●髙栄茅場町ビル(東京都中央区)
●美原町立平尾小学校[現:堺市立平尾小学校]増築(堺市美原区)
●美原町立総合会館[現:堺市立美原体育館](堺市美原区)
●美原中央公民館(堺市美原区)
●やまとやしき百貨店[現:ヤマトヤシキ姫路店]第4期工事(兵庫県姫路市)
▽高橋ビル南10号館(大阪市)

1976年[昭和51]
●なだ万 山茶花荘(東京都千代田区)p087
●千里市民センタービル(大阪府吹田市)p186 map25
●甲南女子大学 阿部記念図書館(神戸市東灘区)p204 map39
●大阪ビルヂング(麹町)[現:麹町ダイビル](東京都千代田区)p234
●浪花組名古屋支店(名古屋市中村区)p235
●常陸宮邸(東京都渋谷区)p268
●日本住宅公団壬生市街地住宅[現:UR都市機構壬生坊城アパート](京都市中京区)
●箕面自由学園記念体育館(大阪府豊中市)
▽高橋ビル北10号館(大阪市)
＊晴山ホテル計画案(長野県北佐久郡軽井沢町)

1977年[昭和52]
●甲南女子学園 甲南女子中高等学校 特別教室(神戸市東灘区)p207 map39
▽日本住宅公団平城地区事務所(奈良市)
▽大裕鋼業堺工場(大阪府堺市)

1978年[昭和53]
●箱根プリンスホテル[現:ザ・プリンス箱根](神奈川県足柄下郡箱根町)p063 map09
●京橋三丁目ビルディング(東京都中央区)p236 map01
●東京銀行大阪支店 増築(大阪市中央区)
▽東京クリスロア会宿舎(東京都保谷市)
＊出光軽井沢別荘計画案(長野県北佐久郡軽井沢町)

1979年[昭和54]
●八ヶ岳美術館[原村歴史民俗資料館](長野県諏訪郡原村)p038 map12
●宇部市文化会館(山口県宇部市)p157 map44
●佐賀県教育センター(佐賀県)p187

●甲南女子大学 総合研究館(神戸市東灘区)p204 map39
◇松寿荘(東京都港区)p170
▽都ホテル東京内装設計(東京都港区)
▽南霊園周辺地区市街地再開発等調査(大阪府)

1980年[昭和55]
●大成閣 増築(大阪市中央区)p129 map20
●米子市公会堂 増改築(鳥取県米子市)p148 map42
●宝塚市庁舎(兵庫県宝塚市)p188 map37
●南部ビルディング(東京都千代田区)p237 map04
●京都堀川会館[現:ホテル ルビノ京都堀川]増築(京都市上京区)
◇東銀綜合ビル[東京銀行神戸支店](神戸市中央区)
▽関西大学 第一高等学校新校舎(大阪府吹田市)

1981年[昭和56]
●南大阪教会 改築(大阪市阿倍野区)p018 map23
●黒田電気名古屋支社(名古屋市瑞穂区)p238

1982年[昭和57]
●新高輪プリンスホテル[現:グランドプリンスホテル新高輪](東京都港区)p066 map05

1983年[昭和58]
●谷村美術館[澤田政廣作品展示館](新潟県糸魚川市)p040 map10
●志摩観光ホテル 宴会場(三重県志摩市)p053 map18
●宇部興産ビル[宇部全日空ホテル](山口県宇部市)p069 map44
●内幸町大阪ビルヂング[現:内幸町ダイビル](東京都千代田区)p239

1984年[昭和59]
●丸栄本館 第3次増築(名古屋市中区)p120 map15
●尼崎市庁舎 第2庁舎・議会棟増築(兵庫県尼崎市)p184
●栂都市施設[堺市立栂文化会館](堺市南区)
◇村野建築研究所心斎橋事務所(大阪市中央区)p240
▽甲南女子大学 7号館(神戸市東灘区)
＊文教学園仁愛講堂計画案(東京都文京区)

1985年[昭和60]
●都ホテル大阪[現:シェラトン都ホテル大阪](大阪市天王寺区)p070 map22
●新高輪プリンスホテル 茶寮 恵庵[現:グランドプリンスホテル新高輪 茶寮 恵庵](東京都港区)p092 map05
●笠間東洋ゴルフ倶楽部(茨城県笠間市)p287 map13

1986年[昭和61]
●京都宝ヶ池プリンスホテル[現:グランドプリンスホテル京都](京都市左京区)p071 map31
●東京銀行宝塚クラブハウス(兵庫県宝塚市)

1987年[昭和62]
●都ホテル 新8号館(京都市東山区)p049 map33
●吉本会館(大阪市)

1988年[昭和63]
●都ホテル 新館(京都市東山区)p049 map33
●三養荘新館(静岡県伊豆の国市)p095 map14
●甲南女子大学 芦原講堂(神戸市東灘区)p204 map39
●新潟天寿園(新潟市)
▲近鉄阿部野橋ターミナルビル(大阪市阿倍野区)

参考書籍

『村野藤吾』（限定版）1965、村野藤吾＝著 村野藤吾作品集編集委員会＝編、村野藤吾作品集刊行会、作品集

『村野藤吾（現代日本建築家全集2）』1972、三一書房、作品集

『建築をめぐる回想と思索』（長谷川堯との対談）1976、新建築社、対談集

『村野藤吾和風建築集』1978、村野藤吾＝著、新建築社、作品集

『建築をつくる者の心』（長谷川堯との対談）1981、ブレーンセンター、対談集

『松寿荘』1983、新建築社、作品集

『村野藤吾　1928→1963』1983、新建築社、作品集

『村野藤吾　1964→1974』1984、新建築社、作品集

『村野藤吾　1975→1988』1991、新建築社、作品集

『村野藤吾（新建築別冊　日本現代建築家シリーズ9）』1984、新建築社、作品集

『村野藤吾　イメージと建築』（限定版）1985、村野藤吾先生を偲ぶ会＝著、新建築社、作品集

『追悼文集「村野先生と私」』（非売品）1986、村野・森建築事務所

『村野藤吾著作集』1991、村野藤吾＝著　神子久忠＝編、同朋舎出版、著作集

『三養荘』1991、村野藤吾記念会＝監修、同朋社出版、作品集

『生誕100年記念　村野藤吾　イメージと建築』1991、村野藤吾生誕100年記念会＝企画、新建築社、展覧会図録

『村野藤吾建築図面集　全8巻』1992、同朋舎出版、図面集
第1巻：モダニズムの展開、第2巻：仮象の世界、第3巻：地域と建築・宇部、第4巻：公共の美、第5巻：祈りの造形、第6巻：ホテル、第7巻：数奇とモダニズム、第8巻：艤装の美

『和風建築秀粋　村野藤吾の住宅建築撰集』1994、和風建築社＝企画・編、京都書院、作品集

『村野藤吾の造形意匠　全5巻』1994、村野・森建築事務所＝監修、京都書院、作品集
1巻：伝統のかたち、2巻：階段・手摺、3巻：壁・開口部、4巻：インテリア編1、5巻：インテリア編2

『村野藤吾選集 全6巻＋別巻（補遺）』1995、同朋舎出版、図面集
THEATER&OFFICE、MUSEUMS&OFFICE、REST-HOUSE&HOTELS、HOUSES, RESIDENCE&TYA-SITUS、SUKIYA I、SUKIYA II、SUPPLEMENTS

『TOGO MURANO　MASTER ARCHITECT OF JAPAN』1996、Botond Bognar＝著、Rizzoli、作品集

『村野藤吾建築設計図展カタログ　全10巻』1999-2008、京都工芸繊維大学美術工芸資料館・村野藤吾の設計研究会、展覧会図録
1：※サブタイトルなし、2：広島世界平和記念聖堂と日本ルーテル神学大学を中心に、3：村野藤吾とふたつのそごう、4：村野藤吾の初期作品をめぐって―再生と継承のデザインを考える、5：村野藤吾と建築写真―写真家・多比良敏雄の仕事、6：村野藤吾と1940年代―知られざる作品を通して、7：村野藤吾と公共建築、8：文化遺産としての村野藤吾作品、9：村野藤吾・晩年の境地、10：アンビルト・ムラノ

『村野藤吾のデザイン・エッセンス　全8巻』2000-2001、和風建築社＝編、建築資料研究社、作品集
Vol.1：伝統の昇華　本歌取りの手法、Vol.2：動線の美学　階段・手摺・通路、Vol.3：外の装い　素材とファサード、Vol.4：内の装い　素材とインテリア、Vol.5：装飾の躍動　ホテル・豪華客船、Vol.6：自然との交歓　建築と庭、Vol.7：空への輪郭　屋根・塔屋・キャノピー、Vol.8：点景の演出　照明・家具・建具

『建築家・村野藤吾のディテール〈旧千代田生命本社ビル写真／図面〉展』2004、目黒区美術館、展覧会図録

『村野藤吾著作集』（復刊）2008、村野藤吾＝著　神子久忠＝編、鹿島出版会、著作集

『様式の上にあれ　村野藤吾著作選』2008、鹿島出版会、著作集

『ある日の村野藤吾　建築家の日記と知人への手紙』2008、村野敦子＝編、六耀社、著作集

『村野藤吾　建築とインテリア ひとをつくる空間の美学』2008、アーキメディア、展覧会図録

その他の現存作品

①横浜市立大学（1963 横浜市金沢区） ②美原町庁舎［現：美原区役所］（1965 堺市美原区） ③④箕面自由学園記念体育館（1976 大阪府豊中市） ⑤大阪府中河内府民センター（1973 大阪府八尾市） ⑥京都堀川会館［現：ホテル ルビノ京都堀川］（1972 京都市上京区） ⑦泉北高速鉄道栂・美木多駅舎（1973 堺市南区） ⑧⑨栂都市施設［堺市立栂文化会館］（1984 堺市南区） ⑩やまとやしき百貨店［現：ヤマトヤシキ姫路店］（1951 兵庫県姫路市） ⑪泉北ニュータウン栂地区センタービル（1974 堺市南区） ⑫美原中央公民館（1975 堺市美原区） ⑬⑭箕面ビジターセンター（1967 大阪府箕面市）

※2009年10月現在

⑮⑯奈良ホテル増築（1970 奈良市） ⑰高橋ビル東3号館［現：南森町イシカワビル］（1969 大阪市北区） ⑱出光興産宮前給油所（1971 福岡県宗像市） ⑲⑳南都銀行本店増築（1953 奈良市） ㉑高橋ビル西館［現：高木ビル］（1968 大阪市北区） ㉒高橋ビル南館［現：西天満パークビル3号館］（1970 大阪市北区） ㉓高橋ビル東館［現：三共ビル東館］（1967 大阪市北区） ㉔日本シエーリング（1959 大阪市淀川区） ㉕中村健太郎法律経済事務所［現：中村健法律事務所］（1936 大阪市中央区） ㉖タケダグリーンビル（1974 大阪市西区） ㉗高栄茅場町ビル（1975 東京都中央区）

『村野藤吾建築案内』制作関係者・協力者

●編集委員
石堂 威［都市建築編集研究所］
小田惠介［東西建築サービス］
佐藤健治［矩須雅建築研究所］
照井春郎［東京電機大学講師］
小林浩志［写真家］

●企画
菊竹清訓［菊竹清訓建築設計事務所］
三橋千悟［三橋建築設計事務所］
奥村珪一［奥村建築設計事務所］
長谷川 堯［建築評論家］
大友洋佑［大友ファニチャーインテリア］
楜沢成明［アトリエDOM］
高橋志保彦［高橋建築都市デザイン事務所］
遠藤精一［エンドウプランニング］
石堂 威［都市建築編集研究所］
小林浩志［写真家］
熊井直人［竹中工務店］
森 義純［CORE建築都市設計事務所］

栗生 明［千葉大学大学院教授］
古市徹雄［古市建築都市設計事務所］
浜田明彦［日建設計］
岩佐達雄［栗生総合計画］
伊藤真人［類洲環］
神田 篤［日建設計］
石原秀一［グローバルネット］
川島順吉［元川島織物］
前田尚武［森美術館学芸部］

●村野藤吾作品データベース作成
福井康人［フクイアーキテクツデザイン］

●執筆
長谷川 堯［建築評論家］
内田文雄［山口大学大学院教授］
安田幸一［東京工業大学大学院教授］
石田潤一郎［京都工芸繊維大学大学院教授］
松下迪生［京都工芸繊維大学大学院］
槙谷亮祐［京都工芸繊維大学大学院］
三宅拓也［京都工芸繊維大学大学院］
平井直樹［京都工芸繊維大学大学院］
森 義純［CORE建築都市設計事務所］
石井和紘［建築家］
河崎昌之［和歌山大学准教授］
安達英俊［安達英俊建築研究所］
笠原一人［京都工芸繊維大学大学院助教］
越後島研一［建築家］
小田惠介［東西建築サービス］
照井春郎［東京電機大学講師］
竹原義二［大阪市立大学教授］
前田尚武［森美術館学芸部］
佐藤健治［矩須雅建築研究所］
石原季夫［元村野建築事務所］
川島智生［神戸女学院大学講師］
田代是明［田代建築事務所］
光安義博［光安義博＆アトリエMYST］
松隈 洋［京都工芸繊維大学教授］
塚本由晴［東京工業大学大学院准教授］
堤 洋樹［九州共立大学准教授］
小田道子［都市建築編集研究所］
小林浩志［写真家］

●インタビュー記事
吉田龍彦［和風建築社］
時園國男［元村野・森建築事務所］
斎藤格司［元村野・森建築事務所］
折戸嗣夫［矢橋大理石］
矢橋修太郎［矢橋大理石］
舟橋 巌［建築家］

インタビュア：栗生 明［千葉大学大学院教授］
記事構成：伊藤真人［類洲環］

●図面作成
神田 篤［統括／日建設計］

荒木 聡［早稲田大学大学院］
伊藤えり子［早稲田大学大学院］
高増拓実［早稲田大学大学院］
渡邉祥代［早稲田大学大学院］
金光宏泰［早稲田大学］
岡本江望里［早稲田大学］
国分足人［早稲田大学］
伊坂 春［早稲田大学］
猪股宗一［早稲田大学］
呂 知世［早稲田大学］
斉藤信吾［早稲田大学］
佐藤 敬［早稲田大学］
早田大高［早稲田大学］
金山恵美子［早稲田大学］
川辺真未［早稲田大学］
村岡知美［早稲田大学］
林 将利［早稲田大学］
河田 豊［早稲田大学］
※所属は図面作成当時

●図面データ提供
住宅建築［建築資料研究社］
p255

●作品年譜作成協力
岸本美々子

●現存作品撮影［下記以外すべての写真］
小林浩志

●その他写真撮影・提供
多比良敏雄
p014左上／p015左上／p048-049／p052-053／p054⑨／p056①②③／p076①②③／p077／p104／p106③／p113中上／p116-118／p122 p123②／p126-127①②③④⑤／p130-131／p142-144／p145②③④／p164-167／p169③／p194-195／p196-197①③④⑤⑥／p218／p221／p241／p244／p246／p248／p249①／p254／p256-257／p258⑨⑩⑪／p276②／p277／p278⑤／p280-282
建築資料研究社
p090②／p151③／p227③／p247／p249②③④／p255／p262①／p263⑦／p284
新建築社
p014中下／p015中上／p059④⑥／p060-061①②③⑥⑦⑧⑨⑩／p067⑤／p170-171①／p172-173 p／p208-209①／p240／p268-269
川澄明男
p259②／p260-261
古館克明
p009-010
長谷川 堯
p056④／p103①④／p123③④⑤⑥／p151①②④ p171②③／p182①／p200㉓／p228／p258⑫⑬／p259①
照井春郎
p073中上・中下
石堂 威
p102⑤
桑原由典
p011左下／p012／p073下／p113上／p127⑦／p150①④／p156②／p158①③／p180①③／p233①／p245／ p289
商船三井［提供］
p274-275
日本綿業倶楽部［提供］
p044-045

撮影者不明
p011左上［キャバレー・アカダマ］
p011左下［叡山ホテル］
p113中下・下［あやめ池温泉劇場］
※写真版権所有者をご存じの方はTOTO出版までご連絡ください

あとがき

2004年12月2日、活動期間を5年間と定めて「村野藤吾を偲ぶ会」の結成パーティが赤坂プリンスホテルの旧館で開催された（後に「村野藤吾研究会」と改称）。この日は村野藤吾の母校の早稲田OBのほか、他大学出身の方々も多数参加され、オープンな雰囲気が醸し出されていた。生前、村野藤吾は早稲田大学建築学科の大学院生を対象とした奨学金や卒業設計の最優秀者に授けられた「村野賞」を通じて早稲田とのつながりが強かったが、没後かなりの時間が経過したこともあり、「20年過ぎようとしている今だから、村野の再認識、再評価が可能な時期ではないか、広く社会に問いかけてみたい」とのご子息・漾氏の願いを受けて、かつて村野の知己を受けた早稲田OBが下支えとなって、その願いを成就するよう会が結成された。

その会場で私は、漾氏から出版についての協力を求められ、何ができるかわからなかったが、約束を交わした。その後、出版部会の委員たちと協議を重ね、「村野建築マップ」と「村野建築を支えた人びと」を形にするために作業を開始した。作業を進めていく中で、「支えた人びと」はすでに多くの関係者が物故され、また高齢になられていること、「マップ」も現存する建築のみが対象では寂しいなど、問題点が見えてきた。そこで両者を合体させ、非現存の建物も含むかたちで何かできないかと模索をはじめた。あるとき、ふっとアイデア浮かんだ。一人の建築家による建築ガイドブックができないか、と。

村野藤吾は93歳（1984年）の死の直前まで現役として生き、高齢ながらも作品は颯爽とした気品と刺激をもちつづけていた。建築界は村野が繰り出す「次」を、関心をもって見守っていたのである。そうした村野の仕事を一望する本である。ガイドブックを可能とする作品の数は十分にあり、ビルディングタイプも様々で、内容は変化に富んでいる。なぜか確信がもてた。

TOTO出版編集部に企画提案を行い、しばらくして、これまでの地域ガイドブック・シリーズとは別種の新ガイドブックとして評価をいただき、具体化が始まった。これまで村野藤吾の作品集は複数出版されているが、いずれも高価で、しかも分冊形式である。編集部との打ち合わせの中でこれを改め、手に取りやすいガイドブック形式で、低価格な1冊のミニ作品集としてまとめるという骨子が出来上がった。ふつうガイドブックであるならば現存する作品が対象であるが、本書は非現存を含めて、1作品最少1頁以上で紹介するという内容構成の方針が立てられた。

村野・森建築事務所OBによって整理された200件を超える作品データベースが土台となり、最少1頁を構成できる資料があるかないかを基準に、基本的には現存する建築は撮影が可能かどうか、非現存の場合は写真が入手できるかどうかが判断の焦点になった。作業をはじめてみると、これまで何らかのかたちで現存、非現存がつかめているおよそ半数はともかくとして、残り不透明の半数を直接に当たり、どのような内容か、状態はどうか、どこにあるのか、等を実際に確認していく必要が出てきた。

今回、撮影を買って出てくれた建築カメラマンと意思疎通を図り、当初はふたりで、後半はカメラマンにゆだねるかたちで確認の作業と撮影を行ってきた。本書に収録した130件余の作品はその結果である。残念なことに、わずかではあるが資料があるにもかかわらず掲載が許されずお蔵入りになったもの、また1頁を構成することが不可能と判断されたもの、資料が最終的に見つからない作品が相当数出てきた。この中には戦時中の仕事で実現に至らなかったアンビルトの作品も多く含まれているが、これらの確認作業の中で、戦前から戦後の1960年頃まで、村野は多くの増改築を手掛けていることを知った。

それは、新築されたもののみが建築であるかのように錯覚した戦後の高度成長期時代に建築教育を受けた者にとっては驚きであった。考えてみれば、日本の木造建築は昔から増改築、改修が繰り返されて機能してきたのである。村野藤吾は多くの増築・改修に携わりながら、江戸から明治、大正、昭和初期の先輩たちの仕事を実際に目にし、それらに見合う、いや見合う以上の仕事をと心掛けて精進されたことに思い至ったのである。渡辺節建築事務所時代、また独立後の欧米への視察旅行で学んだことも大きかったが、国内の増改築で得た知見とそれらの仕事の中で築かれた建築主との信頼関係はその後の村野藤吾に大きな影響をもたらしたように思える。

本書ではビルディングタイプ別に13の項目を立てているが、詳細にみると項目はもっと広がる内容を含んでいる。1アトリエ型建築事務所として抱えた建築種別は異例の多さだが、それがどのようにして広がったかを知ると納得がいく。たとえば近畿日本鉄道のオーナーとの緊密な信頼関係によってホテルをはじめ、デパート、オフィス、劇場、ホール、駅舎、住宅などの設計が任されていた。またあるプロジェクトをきっかけに、本社、支店のオフィスや飲食店の店舗を次々と手掛けた例。初期の大作、宇部市渡辺翁記念会館を手掛けたことから宇部市内のオフィスビルや銀行、ホテル、工場、研究棟など地域の主要な施設に多数関わることにもなった。オーナー企業の多い大阪に事務所を構えたことから、民間事務所として闊達に能力を振る舞えたことも種別を広げるに大きく貢献したのではないだろうか。

本書の編集作業に入ってから4年になるが、この期間内に重要な村野作品が消え、また馴染んだ建物のいくつかが消え去ろうとしている。わが国の建築をめぐる宿命ともいえるが、世界がCO_2削減に取り組まざるをえない状況の中でそこから脱出し、建物の長寿命化へと大きく舵をとる時が早く訪れてほしいものである。残念なことだが大阪の御堂筋を彩った大阪新歌舞伎座はすでに覆いの中にあり、あの独特の唐破風をいくつもかざしたファサードをはじめ、内部の手工芸によったインテリアもすでに見ることができなくなった。優れた職人の技も、現物がなくなってどのように受け継がれていくのだろうか。美術的な面でも建築の消滅はすこぶる影響が大きい。本書が単なるガイドブックにとどまらず、最小限1頁以上でデザインのエッセンスを読者に伝えようとした意図はここにある。同じ考えから、書名は『村野藤吾建築案内』とTOTO出版編集部が名付けられた。本書で村野建築を楽しまれた後、作品集やディテール集などで村野建築の深部をぜひ探っていただきたいと思う。

最後になるが、大切なことを記しておきたい。

まず本書に収録した作品の評価については、長谷川堯氏を中心とする作業小委員会において行った。ただし、ガイドブックという性格から絶対的な評価ではなく、資料の状態も含めてひとつの目安となるようにとの考えから、総合的意味合いで4段階に分け、それをページ数に反映させた。増改築のある建物など、資料の有無がページに反映した場合もある。作業小委員会を開く前に会員に村野建築についてのアンケートを行ったことがあり、そこで得た会員の作品評価も反映されている。

次に本書に対しての協力関係についてである。本書は基本的に村野藤吾研究会会員のボランティア精神によって支えられてきた。作品解説やコラム欄の執筆者として、写真撮影者として、また編集委員としての全面的なバックアップ体制。そして会員外の方々にも作品解説やコラム欄の執筆、図面作成などでたいへん大きなご協力をいただいた。真にありがとうございました。お名前は一括して320～321頁に記録させていただいた。

そして、様々の良きご指導をいただいたTOTO出版編集部に対しても心より感謝申し上げたい。

さて、発会式から5年目の2009年11月30日、講演会、シンポジウム、見学会、展覧会、ポスター・会報発行等々、様々な活動を展開してきた村野藤吾研究会は、本書の刊行をもって予定通り活動を終え、解散する。直前の11月26日は村野藤吾の命日で、2009年のこの日は没後25年目にあたる。関係者の皆さま、ご苦労さまでした。

そして、建築を愛する皆さま、建築の未来、果たすべき役割を信じて前へと進んでまいりましょう。村野藤吾が信じたように。

2009年10月　石堂 威

map

東京都	map01	日本興業銀行本店[現：みずほコーポレート銀行本店]
		髙島屋東京店増築
		京橋三丁目ビルディング
		読売会館・そごう東京店[現：読売会館・ビックカメラ有楽町店]
		日本生命日比谷ビル[日生劇場]
		帝国ホテル 茶室 東光庵
	map02	清原東京支店
	map03	東京丸物[現：池袋パルコ]
	map04	南部ビルディング
		迎賓館[旧赤坂離宮改修]
	map05	高輪プリンスホテル旧館改装[現：グランドプリンスホテル高輪 貴賓館]
		新高輪プリンスホテル[現：グランドプリンスホテル新高輪]
		新高輪プリンスホテル 和室 秀明[現：グランドプリンスホテル新高輪 和室 秀明]
		新高輪プリンスホテル 茶寮 惠庵[現：グランドプリンスホテル新高輪 茶寮 惠庵]
	map06	千代田生命本社ビル[現：目黒区総合庁舎]
		千代田生命本社ビル 茶室・和室[現：目黒区総合庁舎 茶室・和室]
	map07	日本ルーテル神学大学 礼拝堂[現：ルーテル学院大学 礼拝堂]
		日本ルーテル神学大学[現：ルーテル学院大学]
神奈川県	map08	横浜市庁舎
	map09	箱根樹木園休息所
		箱根プリンスホテル[現：ザ・プリンス箱根]
新潟県	map10	谷村美術館[澤田政廣作品展示館]
長野県	map11	小山敬三美術館
	map12	八ヶ岳美術館[原村歴史民俗資料館]
茨城県	map13	笠間東洋ゴルフ倶楽部
静岡県	map14	三養荘新館
愛知県	map15	丸栄本館増築
	map16	浪花組名古屋支店
石川県	map17	加能合同銀行本店[現：北國銀行武蔵ヶ辻支店]
		紙卸商中島商店
三重県	map18	志摩観光ホテル[現：志摩観光ホテル クラシック]
		近鉄志摩線賢島駅舎

大阪府	map19	フジカワ画廊［現：フジカワビル］
		森田ビルディング
		輸出繊維会館
	map20	大成閣
		浪花組本社ビル［現：住友実業ビル］
		ドウトン［現：コムラード ドウトンビル］
	map21	高橋ビル本館［現：アールビル本館］
	map22	近鉄上本町ターミナルビル［近鉄百貨店上本町店］
		都ホテル大阪［現：シェラトン都ホテル大阪］
		近鉄新本社ビル
	map23	近映レジャービル アポロ［現：きんえいアポロビル］
		阿倍野センタービル
		村野・森建築事務所
		南大阪教会
	map24	泉州銀行本店
	map25	関西大学
		千里南地区センタービル・千里市民センタービル
	map26	泉州銀行和泉府中支店［現：泉州銀行和泉支店］
奈良県	map27	佐伯邸
	map28	橿原神宮駅舎［現：橿原神宮前駅舎］
	map29	信貴山成福院客殿
	map30	桜井寺
京都府	map31	京都宝ヶ池プリンスホテル［現：グランドプリンスホテル京都］
	map32	富田屋［現：湯豆腐 嵯峨野］
	map33	都ホテル［現：ウェスティン都ホテル京都］
		都ホテル 佳水園［現：ウェスティン都ホテル 佳水園］
	map34	新・都ホテル
	map35	比叡山回転展望閣
兵庫県	map36	西宮商工会館
	map37	宝塚市庁舎
		宝塚カトリック教会
	map38	尼崎市庁舎
		大庄村役場［現：尼崎市立大庄公民館］
	map39	甲南女子大学
		甲南女子学園 甲南女子中高等学校
	map40	兵庫県立近代美術館［現：原田の森ギャラリー］
		西山記念会館
岡山県	map41	日本生命岡山駅前ビル［岡山髙島屋］
鳥取県	map42	米子市公会堂
広島県	map43	世界平和記念聖堂［カトリック幟町教会］
山口県	map44	宇部市渡辺翁記念会館
		宇部市文化会館
		宇部興産ビル［宇部全日空ホテル］
		宇部窒素工業事務所［現：宇部興産ケミカル工場事務所］
		宇部銀行本店［山口銀行宇部支店］
高知県	map45	高知県知事公邸
福岡県	map46	北九州八幡信用金庫本店［現：福岡ひびき信用金庫本店］
		八幡市立図書館［現：北九州市立八幡図書館］
		八幡市民会館

※2009年10月現在で現存する作品のうち、現所有者からmap掲載許可をいただいたものを掲載しています。

建物の色は見学条件

- 内覧可
- 内覧は要許可／利用者のみ見学可
- 内覧不可／非公開

001 は掲載ページ

皇居東御苑
旧三の丸
汐見坂
武蔵の森
二の丸庭園
白鳥濠
旧二の丸
本丸休憩所
大手門
（東御苑入口）
大番所
百人番所
富士見櫓
桔梗門
巽櫓
桔梗濠
蛤濠
大手濠
大手町
東京メトロ半蔵門線
読売新聞社
産経新聞社
大手町駅
108 日本興業銀行本店
［現:みずほコーポレート銀行本店］
パレスホテル
和田倉濠
内堀通り
和田倉橋
和田倉噴水公園
東京メトロ東西線
東京メトロ丸ノ内線
丸の内オアゾ
東京メトロ千代田線
日比谷通り
新丸の内ビル
東京駅
JR京浜東北線
JR山手線
JR総武線
首都高速都心環状線
常盤橋公園
日本ビル
グラントウキョウ
ノースタワー
大丸
八重洲
髙島屋
皇居前広場
皇居外苑
千代田区
馬場先濠
二重橋前駅
丸の内ビル
丸の内
丸の内
MY PLAZA
JR横須賀線
東京ビル
外堀通り
城東小学校
グラントウキョウ
サウスタワー
フォーシーズンズ
ホテル
楠木正成像
都営三田線
新東京ビル
124 読売会館・
そごう東京店
［現:読売会館・
ビックカメラ有楽町店］
東京国際フォーラム
鍛冶橋通り
八重洲富士屋ホテル
京橋駅
日比谷濠
東京メトロ日比谷線
日比谷駅
帝国劇場
DNタワー21
有楽町駅
無印良品
京橋三丁目ビルディング 236
交通会館
有楽町駅
東京高速道路
銀座一丁目駅
ホテル西洋
日比谷公園
心字池
有楽町
日比谷駅
有楽町イトシア
プランタン
東京メトロ有楽町線
152 日本生命日比谷ビル
［日生劇場］
マリオン
日比谷門
日比谷
シャンテ
銀座駅
並木通り
中央通り
泰明
小学校
阪急
松屋
ウインズ銀座
銀座駅
銀座
内幸町
帝国ホテル
茶室 東光庵 084
みゆき通り
外堀通り
三越
晴海通り
昭和通り

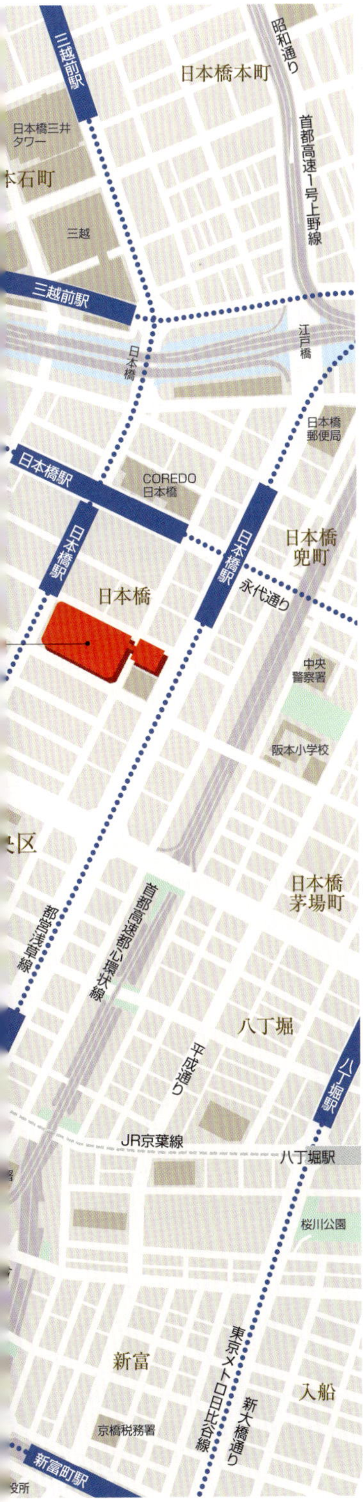

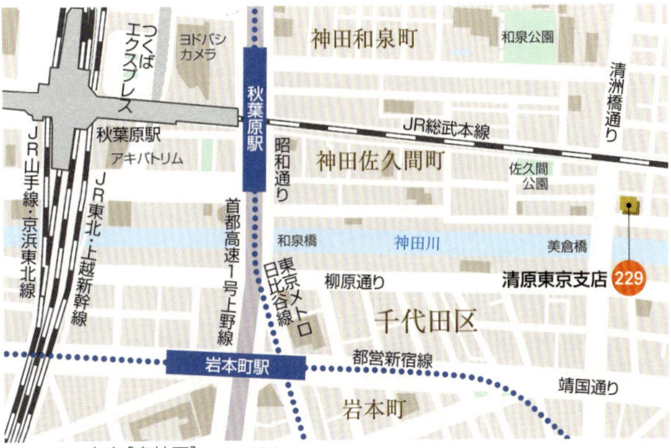

map02 東京［東神田］1:10,000

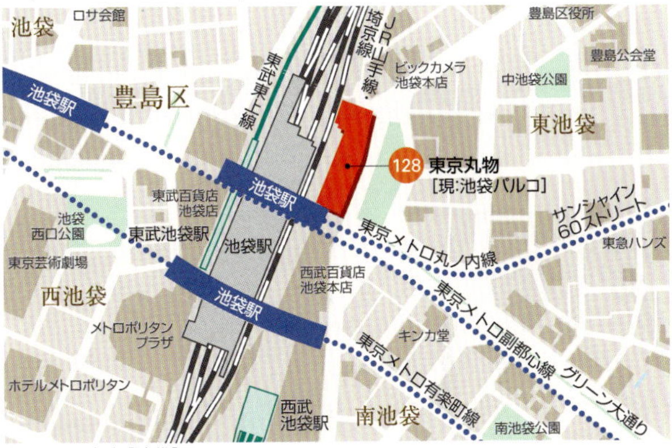

map03 東京［池袋］1:10,000

map04 東京［四谷］1:10,000

東京都・神奈川県

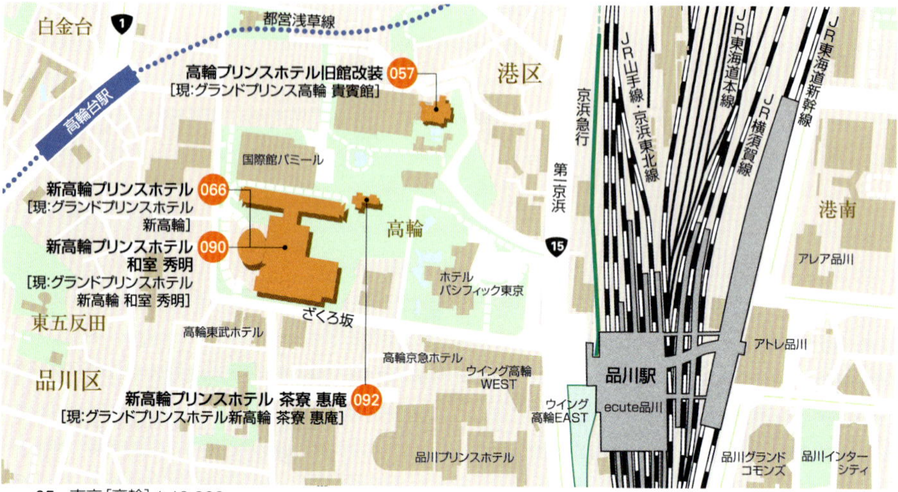

map05 東京［高輪］1:10,000

map06 東京［中目黒］1:10,000

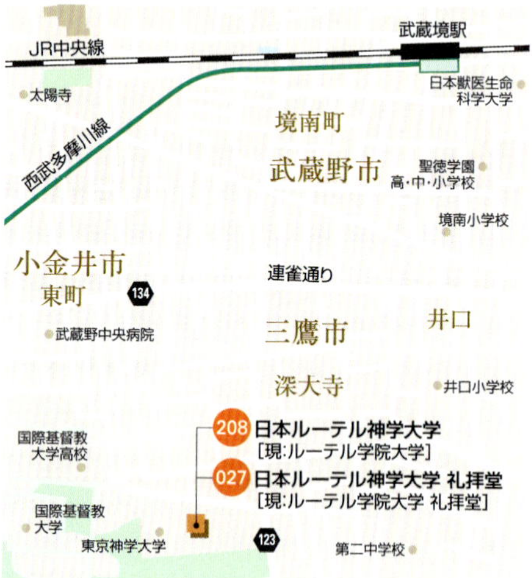

map07 東京［三鷹］1:30,000

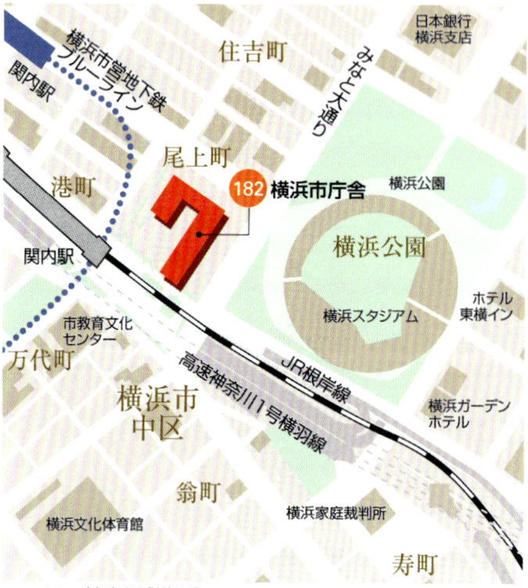

map08 神奈川［横浜］1:10,000

map09 神奈川［箱根］1:100,000

map10 新潟［糸魚川］1:50,000

map11 長野［小諸］1:50,000

map12 長野［原村］1:100,000

map13 茨城［笠間］1:100,000

map14　静岡［伊豆の国］1:20,000

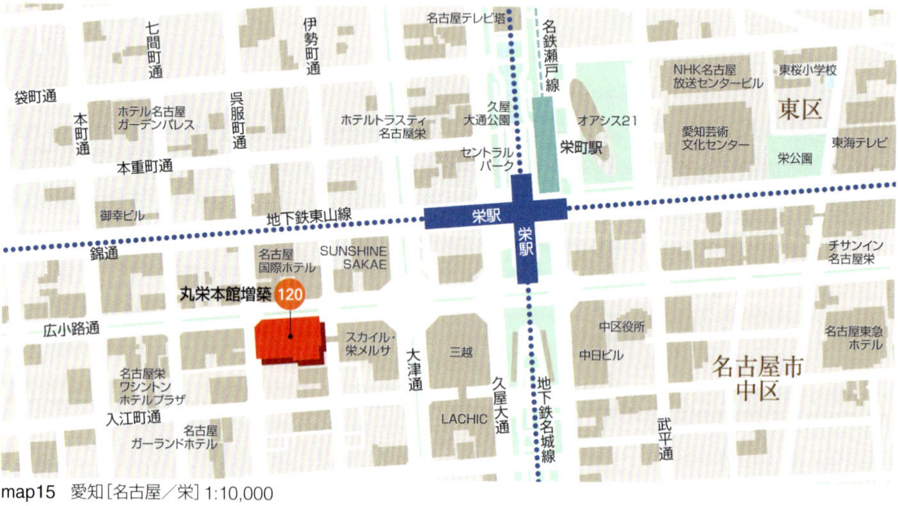

map15　愛知［名古屋／栄］1:10,000

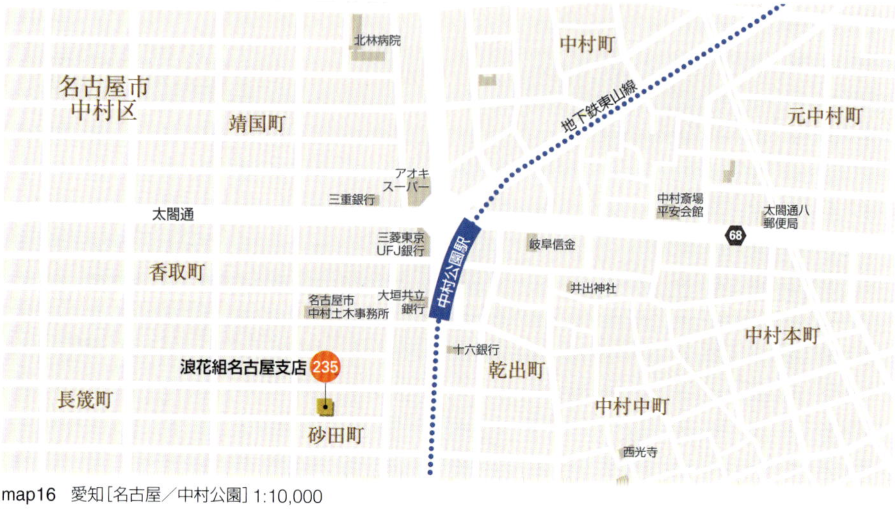

map16　愛知［名古屋／中村公園］1:10,000

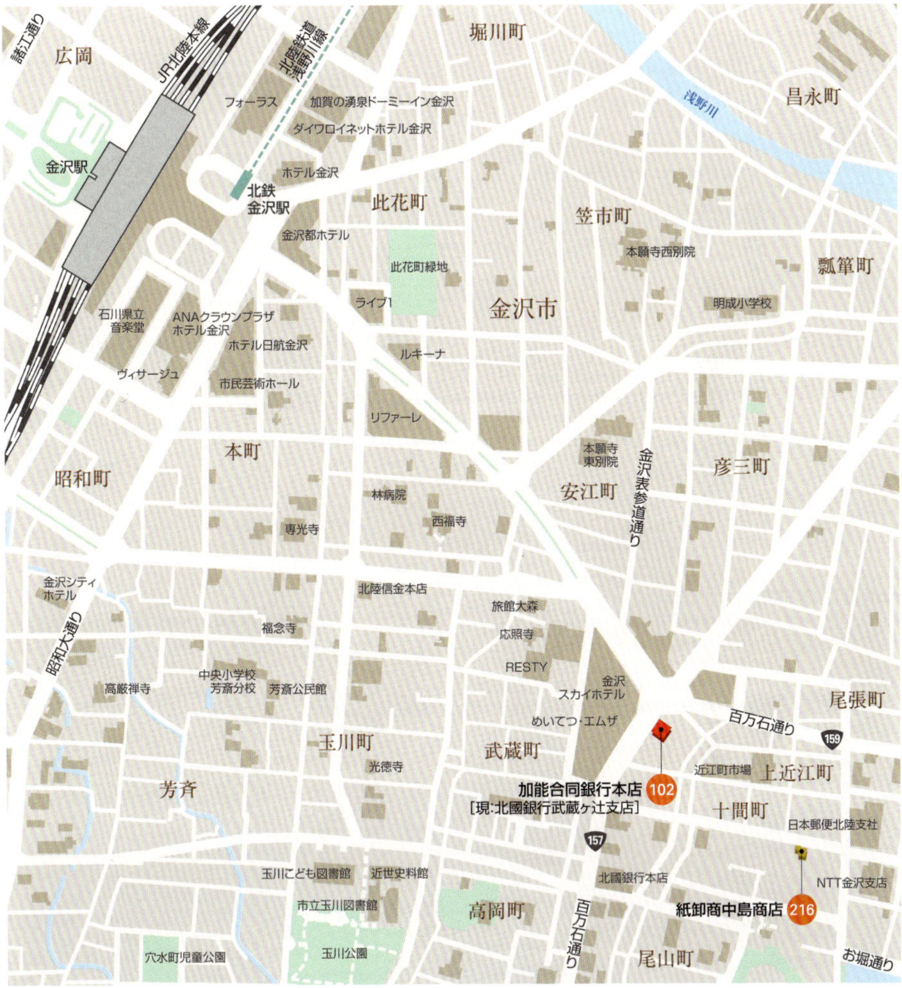

map17　石川［金沢］1:10,000

map18　三重［志摩］1:20,000

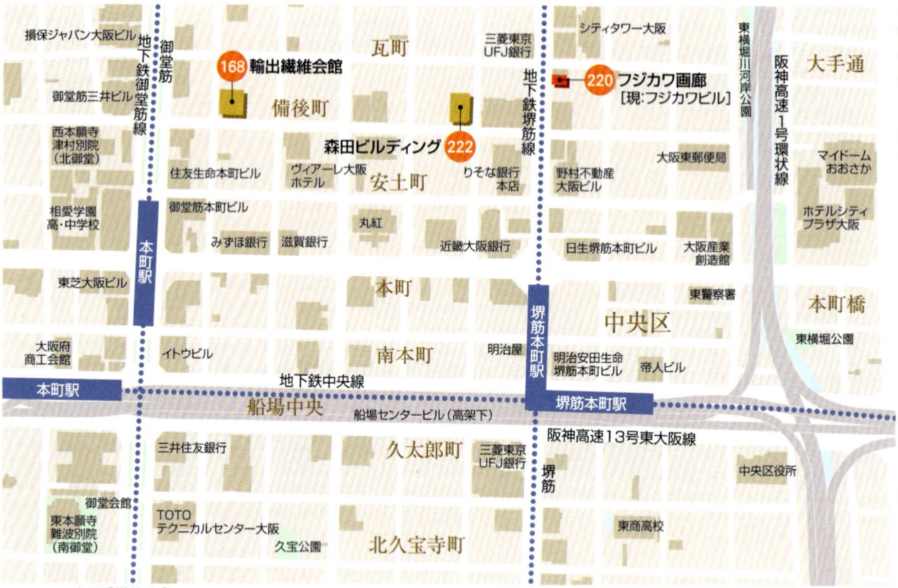

map19　大阪[備後町] 1:10,000

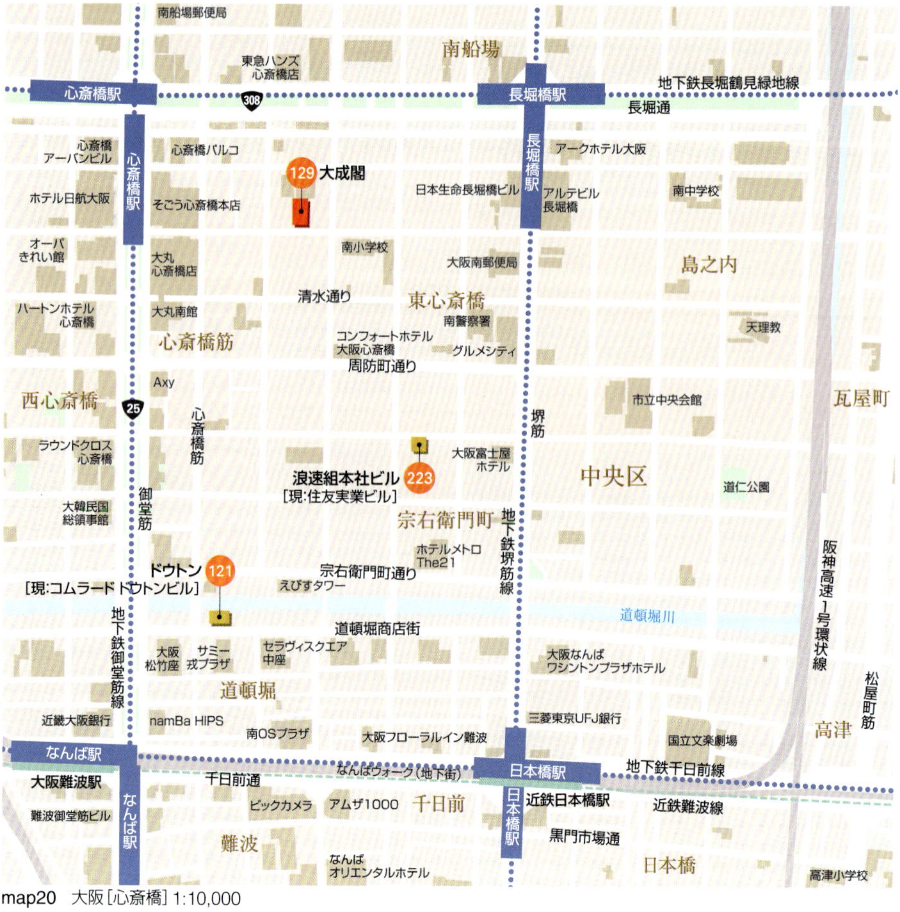

map20　大阪[心斎橋] 1:10,000

map21　大阪[西天満] 1:10,000

map22　大阪[上本町] 1:10,000

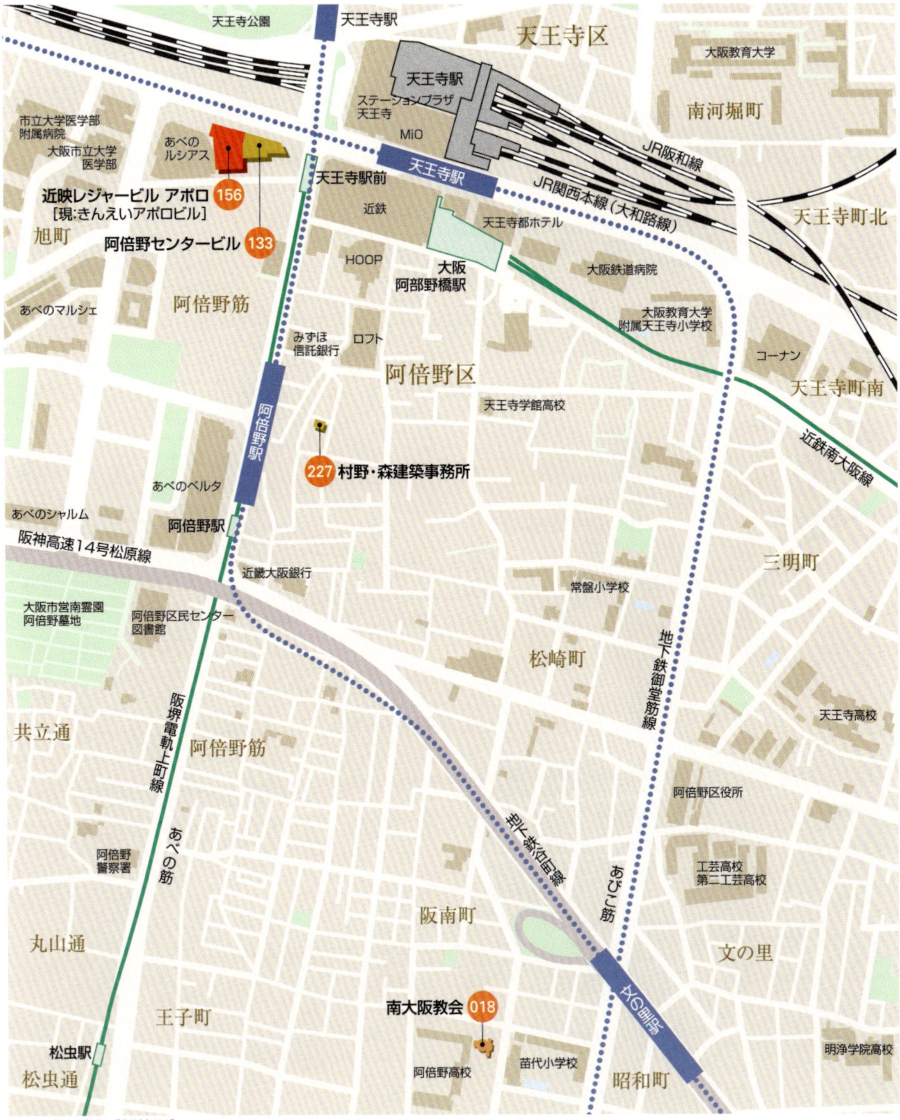

map23　大阪[阿倍野] 1:10,000

大阪府・奈良県

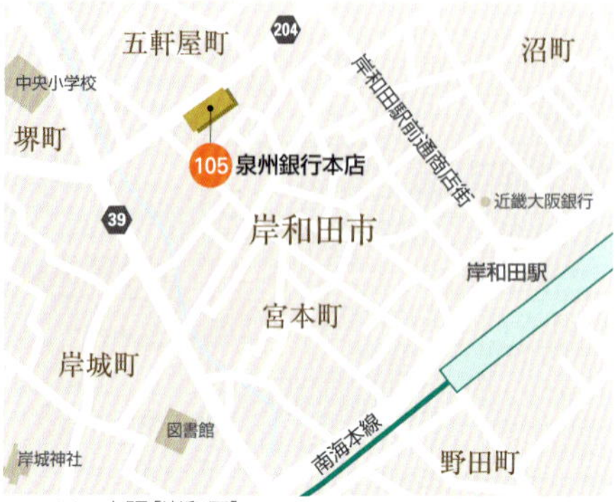

map24　大阪［岸和田］1:10,000

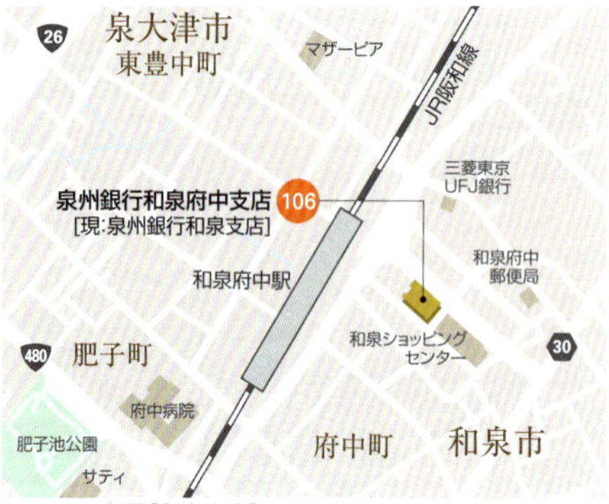

map26　大阪［和泉府中］1:10,000

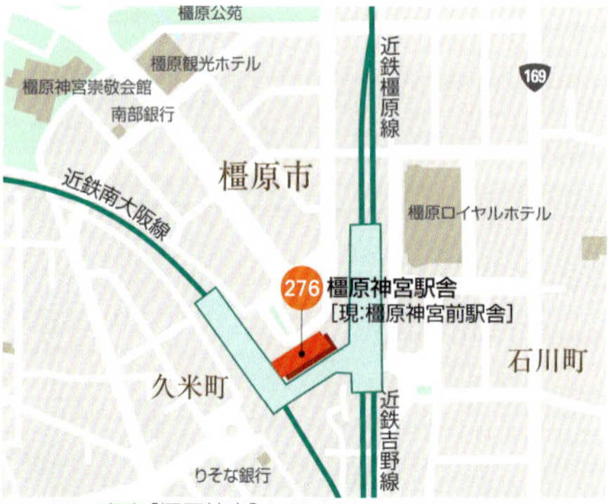

map28　奈良［橿原神宮］1:10,000

map29　奈良［信貴山］1:100,000

map25　大阪［千里］1:30,000

map27　奈良［大渕池］1:30,000

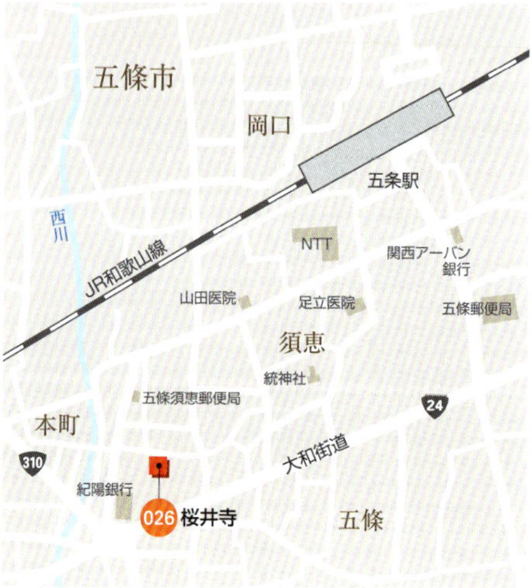

map30　奈良［五條］1:10,000

map31　京都［宝ヶ池］1:30,000

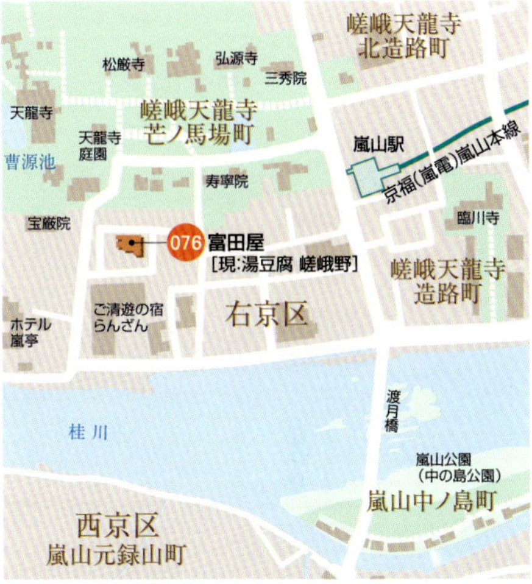

map32　京都［嵐山］1:10,000

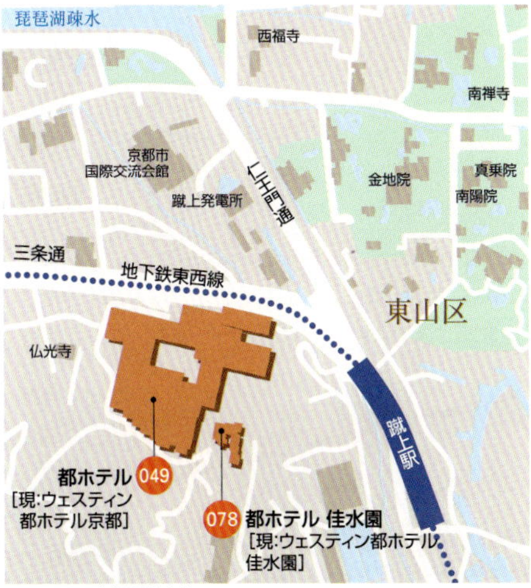

map33　京都［蹴上］1:10,000

map34　京都［京都駅南］1:10,000

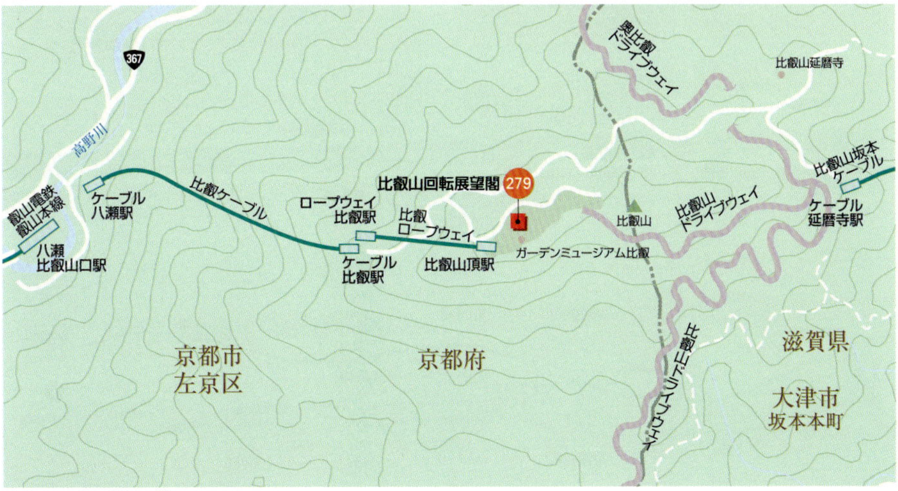

map35　京都［比叡山］1:30,000

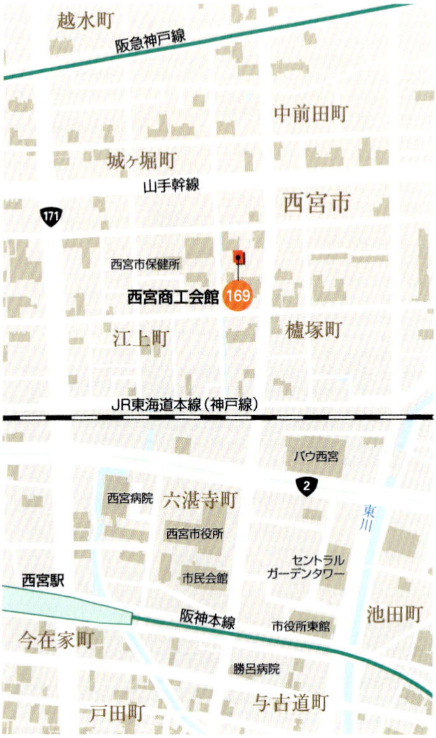

map36　兵庫［西宮］1:10,000

map37　兵庫［宝塚］1:10,000

map38　兵庫［尼崎］1:30,000

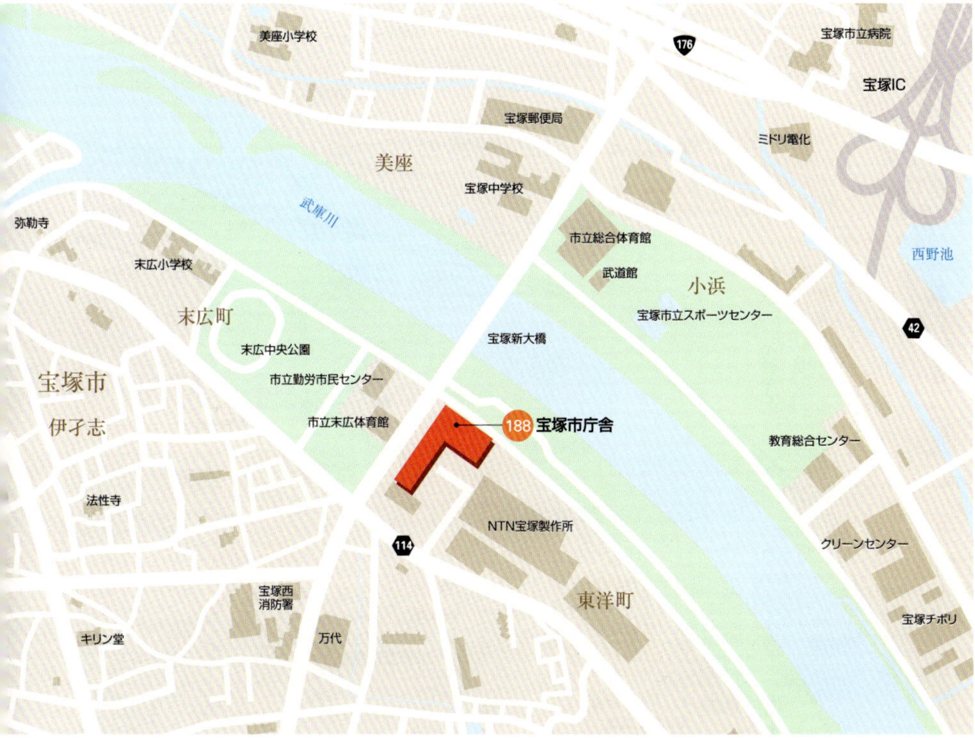

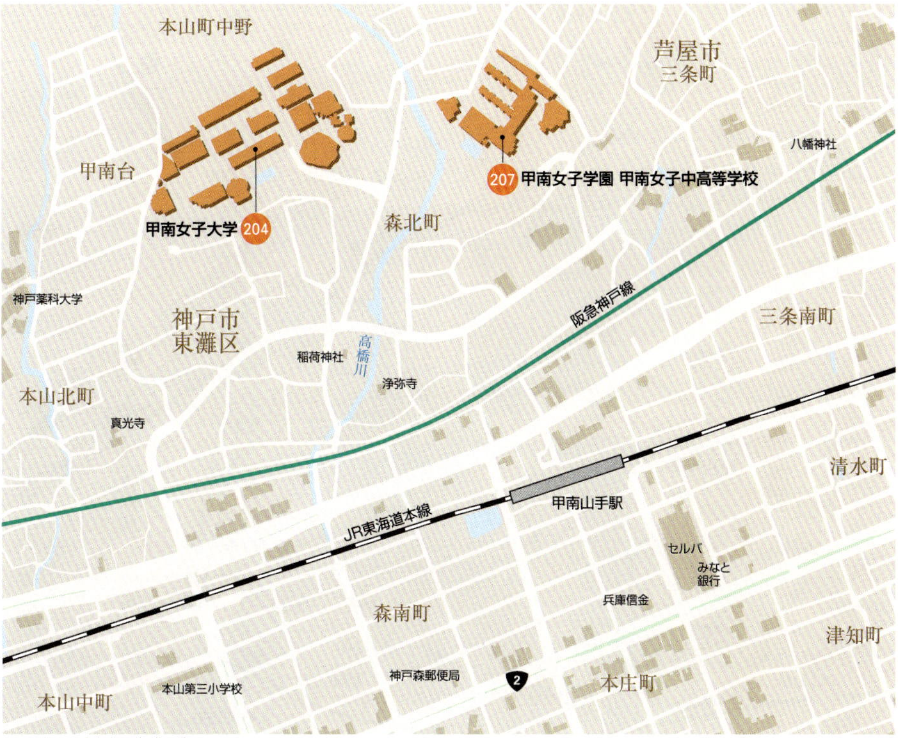

map39 兵庫［甲南山手］1:10,000

兵庫県・岡山県・鳥取県・広島県

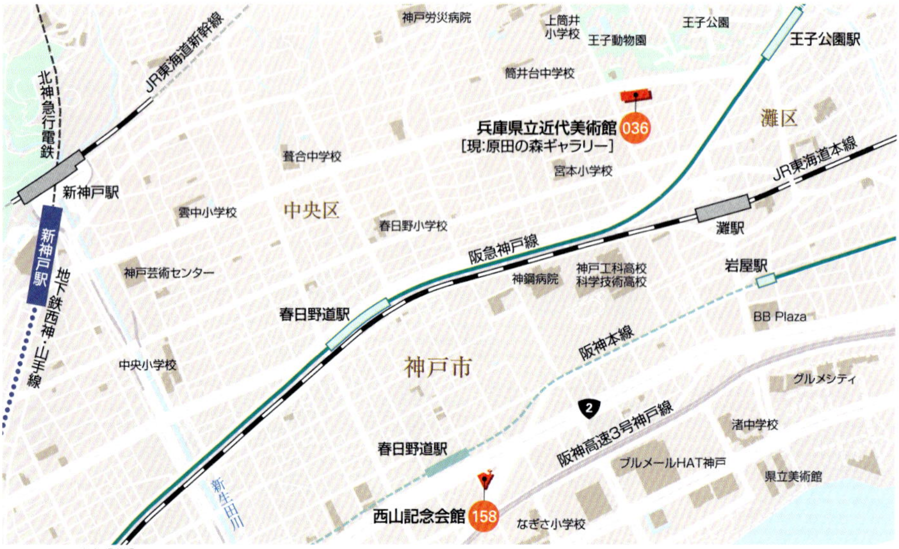

map40　兵庫［灘］1:20,000

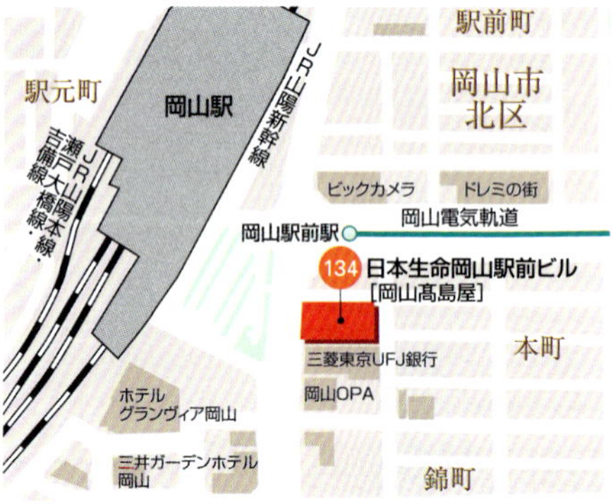

map41　岡山［岡山駅東］1:10,000

map42　鳥取［米子］1:30,000

map43　広島［広島／幟町］1:10,000

map44 山口[宇部] 1:10,000

map45 高知[高知/鷹匠町] 1:10,000

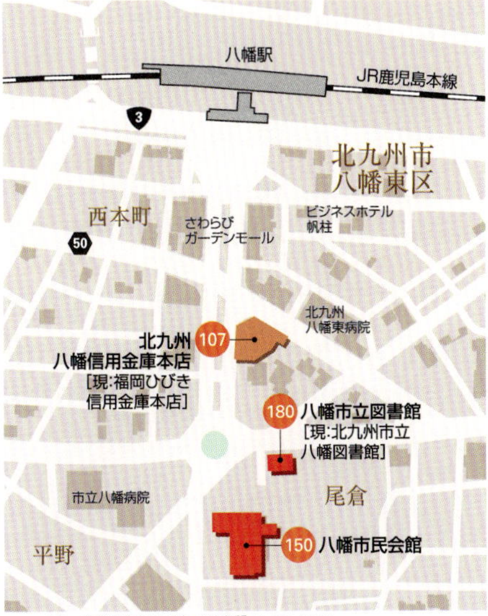

map46 福岡[北九州/八幡] 1:10,000

村野藤吾 建築案内

2009年11月26日　初版第1刷発行

編者 ―――――――― 村野藤吾研究会
発行者 ―――――――― 遠藤信行
アートディレクション ―― 松吉太郎
デザイン ―――――――― 政成裕之［松吉太郎デザイン事務所］
印刷・製本 ―――――― 株式会社東京印書館
発行所 ―――――――― TOTO出版（TOTO株式会社）
〒107-0062 東京都港区南青山1-24-3
TOTO乃木坂ビル2F
［営業］TEL＝03（3402）7138
FAX＝03（3402）7187
［編集］TEL＝03（3497）1010
URL＝http://www.toto.co.jp/bookshop/

Printed in Japan
ISBN978-4-88706-306-8